东莞理工学院学术著作出版基金资助

中国行业协会的转型与治理研究

石碧涛　著

北　京
冶　金　工　业　出　版　社
2018

内 容 提 要

本书提供了一种研究行业协会的新视角，书中构建了一个关于行业协会研究的框架，引入了青木昌彦提出的“域”的概念，即组织域和社会域（分别对应组织治理和行业治理），注重从行业协会的两个治理维度（组织治理和行业治理）来分析转型时期我国行业协会的治理，对组织治理的内容、特征和治理失灵，行业治理的内容构成和治理失灵，行业协会治理失灵的应对策略等进行了详细阐述，并基于问卷调研的数据，从统计学和计量经济学的角度对本书的理论框架和观点进行了实证论述。另外，提出了完善行业协会治理的相关政策建议。

本书可供从事行业协会管理和研究的人员阅读，也可供大专院校相关专业的师生参考。

图书在版编目(CIP)数据

中国行业协会的转型与治理研究/石碧涛著. —北京：冶金工业出版社，2018. 4

ISBN 978-7-5024-7766-0

Ⅰ. ①中… Ⅱ. ①石… Ⅲ. ①行业协会—组织管理—研究—中国 Ⅳ. ①F203. 9

中国版本图书馆 CIP 数据核字（2018）第 071078 号

出 版 人　谭学余
地　　址　北京市东城区嵩祝院北巷 39 号　邮编　100009　电话　(010)64027926
网　　址　www. cnmip. com. cn　电子信箱　yjcbs@ cnmip. com. cn
责任编辑　杨　敏　美术编辑　吕欣童　版式设计　禹　蕊
责任校对　卿文春　责任印制　李玉山
ISBN 978-7-5024-7766-0
冶金工业出版社出版发行；各地新华书店经销；三河市双峰印刷装订有限公司印刷
2018 年 4 月第 1 版，2018 年 4 月第 1 次印刷
169mm×239mm　11. 75 印张；227 千字；175 页
58. 00 元

冶金工业出版社　投稿电话　(010)64027932　投稿信箱　tougao@cnmip. com. cn
冶金工业出版社营销中心　电话　(010)64044283　传真　(010)64027893
冶金书店　地址　北京市东四西大街 46 号(100010)　电话　(010)65289081(兼传真)
冶金工业出版社天猫旗舰店　yjgycbs. tmall. com

序　言

今年是改革开放40周年。40年来，中国特色社会主义市场经济体制不断发育完善，已经由当初的以计划为主市场为辅，发展到今天“使市场在资源配置中起决定性作用和更好发挥政府作用”的阶段。经过40年实践，我国社会主义市场经济体制已经基本建立，但仍然存在不少问题，主要是市场秩序不规范，以不正当手段谋取经济利益的现象广泛存在，要素市场发育滞后，市场规则不统一，市场竞争不充分，部门和地方保护主义大量存在等，这些问题阻碍着经济转型升级和经济发展由高增长阶段向高质量阶段转变。党的十八大以来，以习近平同志为核心的党中央做出经济发展进入新常态的重大判断，形成了以新发展理念为指导、以供给侧结构性改革为主线的政策框架。而要完成这一艰巨任务，经济体制改革仍然是全面深化改革的重中之重，经济体制改革的核心依然是处理好政府与市场的关系。

在如何处理好政府与市场关系问题上，人们往往习惯于非此即彼的二元思维，认为政府与市场功能边界分明，相互替代和补充，彼此弥补对方的失灵。但在现实经济生活中，市场与政府之间还存在大量“两不管”的灰色地带。如对于一些细小交易，市场机制可能失灵，但靠政府干预成本又太高，市场与政府两种机制可能同时失灵，因此还需要有第三种治理机制。在此仅举身边的两个例子：例一，我最近乘机前往一个小城市，该市的机场远离市区，去的出租车少，卖方垄断使出租车司机之间形成潜规则，机场拉客不打表，一口价（自然是高价），要求打表的乘客被拒载。由于乘客多为匆匆过客，故大多选择逆来顺受，甘于“被宰”，基本无人去投诉这种违规行为，因为人在囧途投诉成本太高，且往往无果而终。于是，一个市场与政府“两不管”的潜规则就这样年复一年地延续下来了。例二，同样是在这个小城市，一个开发不久的小区由于地理位置较偏远，快递公司不愿投送快件到小区，总是通知收件人自己去公司转运站取件。不堪忍受的小区业主们自发组织起来，建立了一个名为“要求快递公司送货”的微信群，规则是每个入群业主必须拒绝快递公司自行取件的要求并进行热线投诉，博弈的结果是快递公司最终屈服，按网购规定送货上门。这两个例子为何结局如此不同？前者由于消费者均为“散兵游勇”，无法组织起有效的集体行动；后者则不同，业主们具有长期的共同利益和社区的实体与虚拟组织，组织集体行动的成本低、效率高，最终成功地捍卫了自身利益。诺贝尔经济学奖获得者埃莉诺·奥斯特诺姆指出，现实生活中许多集体行动困境的解决方案既不是依靠更强的政府管制，也不是采取私有化方案，而是通过社团组织的自我治理来解决的。保证民间自治有效运作的关键是互惠、声誉和信任关系等社会资本。这种在市场和政府之外的第三种治理机制，在配置和管理社区性公共资源上具有政府和市场所难以企及的效率，是现代市场经济中不可或缺的治理结构。

在社团治理结构中，行业协会、商会等社团属于生产者（供给侧）的自治组织。目前，我国正在大力推进供给侧结构性改革，在规范行业秩序、淘汰落后产能、履行社会责任和践行绿色发展等方面，如果没有商协会的自治、自律、自我服务及其对政府政策的积极响应，单靠不成熟的市场机制和自上而下的行政手段，很难想象供给侧结构性改革能够顺利完成，即便在政府的强推下取得一些成效也一定是事倍功半。中国的经济结构转型升级迫切呼唤有能力有作为的行业自治组织，以及对行业自治组织的结构和机制展开深入系统的研究。

正是在此背景下，我欣喜地看到石碧涛博士的专著《中国行业协会的转型与治理研究》行将付梓。数年以前，我曾经得到国家自然科学基金项目资助，从事过我国转型时期的行业协会研究，当时石碧涛博士是团队的重要成员，对行业协会的内部治理结构进行了深入研究。在此基础上，他又运用青木昌彦教授的“社会域”和“组织域”的理论范式，进一步拓展自己的研究领域，优化研究方法，分别探讨了行业治理和组织治理两种类型治理的概念、内容、特征和治理限度，并着重运用计量经济学和实地调查方法，以粤、浙等沿海发达地区的行业协会调研样本为基础，对民间行业协会的治理结构进行了综合研究，重点对行业协会的社会资本以及对协会治理绩效的影响进行了实证分析；书中还对组织治理域内出现的失灵，如大企业控制、内部人控制、过度商业化经营和集体行动困境等问题进行了分析。他认为，作为行业协会治理的两大组成部分，行业治理与组织治理是相互关联和彼此作用的。行业治理是协会的基本目标和主要功能，组织治理是行业治理的基础和保障，两者互为条件，共同促进。他对这两个领域的两种治理结构的相互关系进行了分析，提出应当建立两类治理域的协同治理机制。最后，在综合研究基础上提出了解决行业治理和组织治理失灵、完善行业协会协同治理的若干政策建议。

对行业协会的研究，不仅是推进供给侧结构性改革的需要，同时也是中国走向成熟市场经济和建立现代公民社会的基础性工作，其重要性不言而喻。希望石碧涛博士的这本专著能够引起有关各方的关注和跟进，以便厚植行业协会的成长土壤，使中国的第三方治理机制逐渐“登堂入室”，真正形成市场、政府和社团三位一体的现代国家治理体系。

张　捷

2018年1月

前　言

行业协会是一种重要的治理形式，在市场经济条件下具有不可替代的作用，充当了政府与市场的桥梁和纽带，为规范行业管理和建立维护市场秩序提供了有效可行的路径和手段。但我国的行业协会发展由于受特定历史条件的限制，呈现出与成熟市场经济国家不一样的发展路径和组织特色，特别是在我国经济转型时期，发挥着特殊的作用。2015 年 7 月，中央两部委联合下发《行业协会商会与行政机关脱钩总体方案》，为行业协会的发展提供了前所未有的机遇，但也对行业协会治理提出了新的挑战和要求。在我国供给侧结构改革的大背景下，如何充分发挥行业中介组织熟悉政府、贴近市场的优势，进而为我国的行业管理和市场经济秩序建立提供新的有效工具是今后一段时期行业协会面临的新课题。现有关于行业协会的研究学术成果也比较丰富，但真正系统提出行业协会治理内容、治理特点及治理限度，并基于实际调研数据进行计量经济学分析的成果却不多，本书正是提供了一种新的研究视角，丰富了现有的行业协会研究成果。

本书是在我的博士论文的基础上修改完成的，也是在东莞理工学院学术著作出版基金的资助下完成的，在此，首先特别感谢我的导师张捷教授和母校——暨南大学对我的教诲和培育，张老师还特意为本书作序，对我提出了不少褒奖和期望，我会将此转化为以后工作和研究的动力，希望能够以此为起点，再在学术道路上取得新的成绩。同时特别感谢东莞理工学院学科建设管理办公室的全体同仁，感谢东莞理工学院经管学院的领导和教授委员会对本书的内容提出的指导意见。

本书虽然提供了一个研究行业协会的新思路和新角度，采用了不同于以往成果的研究方法，也得出了一些新的结论，提出了若干新的对策建议，但毕竟水平有限，难免出现一些考虑不周的地方，还望各位专家学者和各方有识之士多提批评指导意见。

作　者

2018 年 2 月于松山湖

目　录

1 绪　　论

1.1 引言

行业协会和商会（以下统称行业协会）是由同行业或同一地区的企业为聚合、表达共同的利益诉求而发起并组建起来的互益性会员制团体，属于非营利组织之一。对应的英文词条包括“Business Association”“Industry Association”“Interest Association”等。虽然表达不一样，各国对应的定义也有所不同，但一般认为行业协会是一种旨在促进行业发展、规范行业秩序的社会经济组织形式。在我国，行业协会属于社会团体的范畴，后者作为我国《民法通则》定义的四大法人，除包括行业协会外，还包括学术性、专业性团体等。

我国行业协会（早期被称为行会）的发展历史比较早，但现代意义上的行业协会组织则起步于改革开放以后，特别是我国确立建立社会主义市场经济体制的目标之后。近年来，以行业协会为代表的产业中间组织的发展日益受到人们关注。

一方面，当时我国处于由计划经济向市场经济过渡的阶段，许多企业、商家的生产经营和竞争活动中不规范甚至混乱行为时有发生。如20世纪80~90年代期间，我国家电行业特别是彩电市场曾经历过惨烈的价格战，在面临严重的产能过剩和供需矛盾以及残酷的价格竞争导致利润下降和产品质量参差不齐的情况下，各路厂家和商家又渴望能将彼此的利益协调起来，试图通过组织力量的斡旋或调停来避免内耗，结果却非常失望，因为当时的家电协会、家电价格联盟等组织在功能上还不健全，组织治理结构和机制较为混乱，无法将众多企业黏合起来，以形成维护产业良好发展的市场秩序。进入21世纪后特别是在2005年以后，我国食品领域接二连三地爆发食品卫生安全事件，重重地挑动了国人的神经。在牛奶乳制品行业爆发三聚氰胺事件、大头娃娃事件、皮革奶事件，在食品添加剂行业出现苏丹红事件，在食用油行业出现金浩茶油致癌事件，在餐饮业爆出地沟油事件、化学火锅底料事件，甚至在服务行业也爆发了惊人的“3Q之战”，此外，还有牛奶业出现的恶性口碑营销丑闻，世界拉面协会中国分会的联合涨价事件，广州“眼镜直通车超市”状告广州市眼镜商会案件等层出不穷，人们在谴责厂商或商家缺乏良心和道德的同时，也不禁要拷问我国的行业协会组织，本应肩负维护市场秩序和产业发展环境使命的你们，何以如此不作为？食品卫生领域暴露出的众多问题不仅严重扰乱了国内的市场竞争秩序和营商环境，而且严重损害了“中国制造”产品的国际声誉，我国出口的产品接连曝出出口日本毒饺子事件、输往美国的玩具铅超标、西班牙焚烧温州皮鞋事件、华商在俄罗斯遭遇“灰色清关”等问题，更为严重的是，国内厂家的低价竞争和简单营销直接导致出口产品频繁遭受其他国家的反倾销、反补贴调查和其他限制。可悲的是，在众多针对中国出口产品的反倾销诉讼中，国内企业应诉或胜诉的案例屈指可数，使得我国出口产品在国际市场上不断遭受他国的围追堵截，损失惨重。据WTO统计，在全世界每年针对出口产品提起的反倾销调查中，中国出口产品遭受的调查占20%~30%左右，并呈逐年扩大趋势。人们不禁要问：如何构建以行业协会为基础的反倾销诉讼或应诉机制，发挥行业协会保护国内企业和市场的功效？与此相对照的是，在市场经济相对发达的其他国家，行业协会等中间组织在弥补市场失灵和政府失效方面已经做出了成功的表率，特别是在维护相关产业发展秩序、保护企业利益方面早已相对完善。于是我们看到，经常对我国出口产品提起反倾销、反补贴、特保调查（甚至树立贸易保护主义壁垒）的正是这些活跃在各国产业前沿的行业协会组织。我国的产业中间组织如何发挥功效，承担起维护产业发展秩序的重任？

另一方面，我国正在大力推进政府机构精简和政府职能转变，推行“政企分开”、“政社分开”等行政管理体制改革，调整“全能型”政府的社会控制结构模式。2004 年中共十六届四中全会提出“建立健全党委领导、政府负责、社会协同、公众参与的社会管理格局”，2007 年十七大也提出“必须在经济发展的基础上，更加注重社会建设，着力保障和改善民生，推进社会体制改革，扩大公共服务，完善社会管理，促进社会公平正义”，2008 年国务院提出要“加强社会组织建设，健全基层社会管理体制。发挥社会组织在扩大社会参与、反映群众诉求方面的积极作用，增强社会自治功能”，2010 年十一届全国人大三次会议提出要重视公共服务和社会管理，扩大基层民主，健全基层自治组织和民主管理制度，这不仅为我国大量的官办协会（即所谓的体制内协会）实行民间化改造和自发形成的民间协会（即所谓的体制外协会）健康发展提供了良好的契机，更对我国的行业协会组织提出了新的更高的要求，行业协会等中间组织应勇于承担起政府退出某些市场管理领域后所空出的服务责任，履行提供政策咨询、管理并服务企业、发挥行业自律等职能，我们甚至还期待，作为一种“压力集团”，行业协会的发展壮大能为我国的政治体制改革和公民社会建立出一份力。因为从理论和国外成熟市场经济体的发展实践来看，行业中间组织还能发挥监督政府、发扬政治民主的功能，在确立小政府大社会的改革路线和目标之后，行业团体组织理应履行参政议政和压力集团职责。但我们也要警惕一些阻碍行业协会长远发展的动向，如官办协会的逆民间化、假民间化，借民间化改造之名趁机敛财，“二政府"假借管理市场名义随意干预正常竞争秩序、阻碍企业生产经营活动，或巧立名目大肆寻租行为，同时也要防止政府对协会重新进行不当掌控，阻碍业已进行的行政体制改革。为此，如何摆正政府对行业协会的监管地位？如何认识行业协会的寻租、营利行为？怎样对行业协会进行适当的规制管理才能保证其在追求自身利益最大化的同时不造成自我利益的过度膨胀，甚至以牺牲社会公共利益为代价？怎样在保持行业协会自律的合理限度条件下引入他律机制？如何处理好行业自律与他律的关系？这些问题值得我们深思。

除此之外，我国行业协会的发展还面临法律制度不健全、政府相关配套设施不完善、行业协会内部职能发挥不理想、自主治理能力不足等问题，这些都涉及行业协会的治理。本书将以我国行业协会的组织治理和行业治理为主线，以沿海发达地区的行业协会和会员企业为样本，对我国行业协会的转型与治理若干问题进行相关研究。

1.2 国内外研究现状

有关行业协会的研究成果比较丰富。学术界关于行业协会的研究主要是从行会历史、形成机理、治理功能及特征、治理困境、最优规模边界、行会与政府的关系等角度展开的。本书从行业协会的一般研究与治理研究两方面予以简要说明。

1.2.1 行业协会的一般研究

对于行业协会的历史研究和形成机理，学者们取得了较为成熟的看法和一致的观点。在历史研究方面，汤蕴懿（2009）对行业协会的基本性质、经济职能、政治职能、社会职能以及行业协会的发展历程进行了考察研究。张捷、徐林清、张媛媛（2010）从组织演化和制度变迁的历史视角考察了我国行业协会的发展历程，并基于沿海地区的数据进行了经验分析，发现行业组织的发展与工业化水平、政府对经济生活的干预等因素相关。全汉升（2007）、彭南生（2003）、朱英（2008）、魏文享（2007）、彭泽益（1995）等也对我国行业协会的历史发展、制度变迁作了深入探讨。在行业协会的形成机理和性质的研究上，学界形成了几种有代表性的观点或理论框架，如市场失灵论、政府失灵论、交易成本论、志愿失灵论、契约失灵论、压力理论、治理理论和公民社会理论等（Burton Weisbrod，1974；Henry B. Hansmann，1980；L. M. Salamon，1981；J. R. Hollingsworth & Leon Lindberg，1985；Waarden，1992；Hollingsworth Schmitter，C. Philippe & Streeck，1994）。国内学者康晓光（1999）提出了社会转型论，余晖（2002）则从制度动力学视角分析了行业协会的成因，苏力（1999）对协会的合法性问题进行了研究，王名（2001）从社会选择角度予以探讨。

如果把行业协会的研究分为“为什么存在”和“怎样存在”两个部分，则上述历史研究和形成机理研究比较好地回答了行业协会“为什么存在”的问题，但对于行业协会“怎样存在”，即行业协会的发展路径、治理机制的研究还没有完善的理论和取得统一的认识，然而也形成了丰富的研究成果。

1.2.2 行业协会治理（绩效）的研究

1.2.2.1 行业协会的治理

行业协会属于非营利组织之一，因此有关行业协会治理的文献大都是从非营利组织治理的角度展开。毛刚（2005）重点研究了非营利组织的内部治理结构与运作机制，构建了非营利组织治理结构的理论基础，他认为三权（所有权或委托权、控制权、受益权）分离是治理前提，委托-代理关系是治理基础，利益相关者是治理的主体，公共问责是治理的依归。并且他把非营利组织治理结构与营利组织（主要是企业）进行比较：非营利组织缺乏个人利益所在、缺乏提高效率的竞争机制、缺乏显示组织利润和相应的业绩评估指标，归纳出非营利组织治理结构形式表现为外部功能性治理明显强于内部结构性治理，关键在于寻求两者（内部治理与外部治理）之间的平衡点的结论。虽然其认识到非营利组织治理包括内外部治理两方面，但没有对外部治理作深入探讨，只对非营利组织的内部治理结构作了详尽分析。尽管如此，他仍然从组织权力机构、决策机构、执行机构、监督机构、治理权配置等方面详细分析了非营利组织的内部治理问题，他还特别对管理者的激励机制进行了理论探讨，建立了组织管理者的薪酬激励和非物质激励模型。

在管理学中，治理可以从广义和狭义两个方面加以理解。从广义上说，治理是一个比管理更宽泛的概念，它由确定组织使命、制定组织政策、决定控制机制相关的决策和行动构成，用以配置权力、建立决策过程以及完成具体任务的程序。狭义的治理指的是组织的法人治理方面的安排，其核心问题是组织的理事会。

非营利组织的治理应该包括内部职能机构设立（即狭义上的治理机构）和运作机制两个方面，也可以视为静态和动态两个组成部分。刘春湘（2007）较早注意到了治理与治理结构的区别，指出非营利组织治理是通过一系列方式与策略动员资源以实现组织使命，治理更强调动态制衡过程，而治理结构偏向于从静态的角度规范组织内部的权力配置机制，强调组织内部分权与制衡的关系。她提出非营利组织治理结构的基本框架，不仅对内部的机构设置和权力分配进行综合分析（主要从董事会治理、监事会监督等角度展开），而且对组织的外部监管，如政府、其他利益相关者等主体监管作了详细论证。孟唯（2003）认为非营利组织的治理包含两层含义：一层是理事会自身的治理，即理事会要做出正确有效的决策，不能由某个人来决定事务，同时要实行理事会领导下的首席执行官制度；二是理事会成员必须以志愿身份参与。金锦萍（2005）对非营利法人和营利法人的治理进行了系统的分析比较，并且提出了非营利法人组织具体的治理框架，包括意思机关（权力机关）、执行管理机关（理事会）和监督机制等。张明（2008）构建了一个研究非营利组织治理机制的一般框架，对非营利组织的内、外部治理机制作了深入的探讨，指出非营利组织治理的核心是要解决非营利组织在所有权、控制权和受益权分离的情况下所产生的种种问题，只有建立起良好的法规政策环境、组织内部自律及行业自律机制，完善的信息披露和独立第三方评估机制，充分发挥社会舆论监督作用，才能够形成非营利组织自我约束和控制的保障体制。钱颜文、姚芳和孙林岩（2006）也对非营利组织和营利组织从行业环境、内部组织、公共关系等方面进行了比较分析。

显然，非营利组织是一个比较宏观的概念，虽然其包括了行业协会，但非营利组织的治理并不能完全等同于行业协会治理，因为非营利组织中的民办非企业、基金会等机构与行业协会的形成、运作机理并不一样。因此，为了剖析行业协会组织独特的治理特点，众多学者单独对行业协会的治理问题展开了研究。

张捷等（2009）以公司治理为参照系，分析了商会治理的基本特征，提出了商会治理的弱型治理命题，指出弱型治理效率的高低主要取决于商会能否利用独特的社会资本优势来弥补其在物质资本和正式规则上的劣势。付小飞（2010）对行业协会的权力予以研究，重点分析了行业协会的行业管理权、行业自律权等的性质和特点。郑成林等（2006）、张冉（2007）重点研究了我国行业协会的内部治理结构。陈剩勇等（2004）分析了行业精英的出现对行业协会的组建与发展产生的巨大作用。Rees（1997）详细论述了美国的化学工业协会领导人的招募和甄选过程等。沈晓彦（2005）重点探讨了行业协会的政府监管机制。魏静（2007）从法律角度论及了行业协会的内部治理结构和监督管理制度，指出行业协会最本质的特征在于自治。才国伟等（2010）分析了政府支持、行政干预与行业协会发展之间的关系。

郑江淮、江静[1]指出，行业协会的治理包括内部治理和外部治理。内部治理主要处理三个方面的问题或压力：（1）成员对达成一致的协议进行欺诈时的处理；（2）与新成员加入等有关事宜；（3）当市场条件变化后对于价格、市场份额以及产量配额的修正等。内部治理的核心就在于建立在一人一票基础上的投票制度。外部治理主要包括处理与政府关系和完善市场竞争两个方面。郁建兴、宋晓清（2009）注意到了行业协会组织的内、外治理问题，但他们将这两者合称为

[1] 来源：郑江淮，江静. 理解行业协会——有关行业协会职能、治理和绩效的文献综述［EB/OL］.［2010-12-20］. www. crcpp. org/cpipp_ files/2006081613385374978. doc.

组织治理，并给出商会的组织治理的定义是商会在与企业、政府的长期互动中，界定自身的性质和相互间关系，并据此不断完善自身治理结构的动态演进过程。他们认为组织治理一方面包含内部治理结构，另一方面还强调和组织外部因素协调的互动过程。根据这一思路，他们提出了分析商会治理的新框架，并指出影响商会组织治理的因素包括组织规模、社会资本、资金结构以及产品性质等。值得一提的是，在分析行业协会的治理问题上出现了一种新的思路，即将行业协会的内外部治理以不同类型的服务或产品的提供来代替，从行业协会的内在功能和外在服务视角进行治理分析。虽然这不免被认为仍然属于协会的功能或性质研究，但笔者认为这种思路提供了研究行业协会治理的新视角，更有利于我们认清和把握其治理的内在逻辑。冯巨章（2006）提出商会的产品分为公共产品、俱乐部产品和私人产品。徐林清、张捷（2007）从行业协会功能角度提出可以将协会分为俱乐部型协会和集体行动型协会。俱乐部型协会主要向会员提供俱乐部产品，目标是实现会员利益的最大化；集体行动型协会则主要倡导和提供集体行动，主要解决对整个利益集团的代表问题。而那些同时提供两种产品的混合型协会则必须在利益最大化与代表资格的广泛化之间进行某种折中。赵永亮、张捷（2009）也对商会的公共产品和俱乐部产品两种服务功能作了深入探讨，对影响商会功能服务和产品提供的内外部因素进行了实证分析，指出行业商会的规模、自治程度、收支结构、会员性质、组织特征及行业竞争程度等是影响商会产品提供的重要变量，并首次通过计量模型予以验证。张捷、王霄、赵永亮（2009）提出了一个由分摊成本、决策成本和拥挤成本构成的综合成本最小化公共经济学模型，分析商会分别提供公共产品、俱乐部产品和混合产品时的组织边界形成机制。郁建兴、阳盛益（2007）基于浙江省温州市行业协（商）会的问卷调查及利用 SPSS 工具的统计分析，对近年来温州工商行业协（商）会的绩效与发展进行了简单的统计分析与描述性比较，对温州行业协会的总体治理状况进行了相对深入的探讨。可惜的是，他们没有利用调查数据进行计量回归分析，缺少对行业治理绩效影响因素的定量研究。另外，对于行业协会治理绩效的评估过于主观和简单，只是通过设计直接的问卷问题，如“行业协会认为行业内自我组织、自我管理程度（很高、较高、一般）”来评估绩效。阳盛益、郁建兴（2007）也作了类似的评价分析。

此外，还有一些学者从其他角度对行业协会的治理（自治）进行了研究。第一，政治学、法学和社会学角度。魏静（2009）、黎军（2006）从行业协会治理规范的角度探讨了行业协会的自治问题，指出行业协会自治规范包括组织规范、行为规范、惩罚规范及争端解决规范等，并分析了行业自治规范的法律效力及其与国家法律的区别、联系。Garvin（1983）比较早地提出了自治（self-regulation）的具体内涵和范围。Maitland（1985）也认为存在三种形式的自治手段：

企业层面（firm level）的自治、行业层面（industry level）的自治和经济（产业）层面（economy level）的自治。并且首先提出了行业自治面临着集体行动的难题，即囚徒困境（pisoners' dilemma，PD）和保证问题（assurance problem，AP）。Gunningham and Rees（1997）重点从组织中介（mediating institution）、行业道德（industrial morality）、组织责任（institutionalizing responsibility）、组织外部压力反应（responding to external pressure）、国家和第三方机构的作用（roles of the state and third parties）五方面探讨了行业自治的优势和劣势。Doyle（1997）比较系统地讨论了法律规制（statutory）和自治各自的优势和劣势所在，并且分析了在哪些条件下法律规制比自治更为有效，在哪些条件下自治比法律规制更为有效。第二，信息经济学与博弈论角度。Nunez（2001）采用委托-代理方法，分析了以声誉为基础的激励机制在行业自治（其称行业协会为 self regulatory organization，SRO）中的作用原理。Runge（1984）针对集体行动中的保证问题（assurance problem）探讨了建立组织（institution）的必要性，分析了静态条件下组织的形成对于（他人是否会提供公共产品）预期的重要作用，同时也对动态条件下组织的作用给予了归纳性分析。Ashby 等（2004）比较系统地归纳了行业协会自治中的博弈类型。重点分析了完全信息条件下的斗鸡博弈（chicken's game）、囚徒困境（PD）和保证博弈（assurance game），指出各行业面临的博弈类型取决于政府授权行业协会进行管制后的成本收益比较、行业协会的管理成本和会员企业的守法成本收益比较等因素，行业协会的自治效率也与上述因素紧密相关。其还以英国的广告行业、出版行业和保险行业为例进行了验证分析。第三，福利经济学角度。Shaked and Sutton（1981）从福利经济学角度考察了专业性行业协会（professional association，如律师会计协会）的自治对于消费者福利、会员企业收益以及社会整体福利的影响。Leland（1980）则探讨了由（专业）行业协会组织制定和实施质量标准（即行业自治）对于行业整体产品标准的影响，认为行业自治或者大大提高或者大大降低行业整体的产品标准，如果满足一定的条件，则产品质量提高这一结果会出现，从而有利于行业的自治。Gehrig and Jost（1995）的研究指出，企业组成行业自治组织的激励与该组织的事前监督成本以及会员数量呈反向变动关系，即行业自治组织的事前监督成本越高，会员数量越大，则该行业自治组织形成的可能性越小，反之亦相反。从整体福利来看，行业自治对于价格和产品质量的影响作用与法律规制这种手段相差不大（只要市场参与者和社会管理者之间存在信息不对称）。鲁篱（2003）综合运用社会学、政治学、经济学、法学等相关理论，从法律的视角对行业协会的经济自治权进行了较为系统和深入的研究。提出协会自治权要充分实现其功能，取决于以下几个变量：成员企业对自治权的认同程度、自治权内部的结构分化水平、自治权行使主体管理活动能力的大小、国家对自治权的认同和约束程度、社会一般公众的评判标准。陈剩勇等（2004）认为行业协会要真正实现自治性，必须满足四个条件：行业协会的领导人必须要由会员企业民主选举产生（人员保障）；行业协会的经费必须来自于会员（经费保障）；要有比较健全的组织结构和治理机制（组织保障）；具有规范行业秩序、化解纠纷的功能（功能保障）；孙丽军（2004）通过对古今中外行业协会的存在、发展及其基本功能的考察梳理，运用经济学的交易成本理论和博弈论分析工具，围绕行业协会为什么会存在的问题，构建了一个用于解释行业协会产生、存续的内外机制的理论框架，并对中国转轨经济时期行业协会发展的内外部机制进行了实证研究。

1.2.2.2 行业协会的治理失灵

行业协会作为一种治理机制，也存在失灵，即所谓的自愿失灵。其既包括内部的组织治理失灵，也包括外部的行业治理失灵。

在组织失灵方面，陈剩勇等（2004）指出商会运作过度依赖精英使得民主的内部治理机制面临寡头化危险。石碧涛、张捷（2011）对行业协会的精英治理现象的性质、形成原因及如何解决过度依赖行业精英问题等进行了探讨。行业协会的内部人控制、大企业控制等失灵现象也应引起重视。

在外部失灵方面，汤蕴懿（2009）认为行业协会组织具有的潜在风险包括：行业协会的垄断倾向（结成价格同盟、谋取行业垄断）、帮会倾向和与政治权力的非法结盟、借助民主形式进行反政府的政治活动等。侯雪梅（2005）也对行业协会限制竞争的行为作了详尽分析，她认为行业协会的反竞争行为包括对非协会会员正当竞争的限制、对协会会员正当竞争的限制、协会与协会之间的反竞争行为等。刘梅（2007）、梁上上（1998）也提出了类似的分析思路。程子娴（2008）对商会的寻租行为进行了详细的考证。谢喜超（2008）重点考察了行业协会的价格协调功能，对行业协会组织的协商定价和价格联盟进行了区别分析。朱展斌（2006）、王永治（2003）、贾西津等（2004）、文武汉（2004）、蔡宁和张彬（2004）等也都对行业协会的价格协调问题进行了详尽分析。徐林清、张捷（2007）就我国行业协会的营利倾向与治理困境问题进行了深入探讨。

有些学者注意到了行业治理失灵的两个方面。郁建兴、黄红华（2004）以温州商会为例，基于调研数据，考察了商会的成立缘由、办公场所、收支情况、组织形式、人事安排、组织章程、决策方式和职能发挥等内外治理状况，发现温州商会已取得一定的自组织能力和独立性，但仍然存在一定的限度，特别是在自主治理与政府的关系处理上还有缺陷，如政府对温州商会的影响力和干预程度比较大，温州商会存在对政府的过度依赖等。江华（2008）也对民间商会的失灵问题进行了综合探讨。张捷、徐林清等（2010）对商会的政府控制、大企业控制与内部人控制，搭便车行为与集体失灵，寻租和营利倾向等问题进行了全面的分析。

1.3 现有研究存在的不足

如上所述，有关行业协会治理的研究成果比较多，但也存在不足，主要表现为：要么以静态的观点孤立地研究协会内部的组织结构，从机构设置、组织权限等角度进行讨论，忽略了组织机构之间的动态关联和变化演进；要么单独从协会的行业治理视角来开展研究，如行业协会的政府监管，忽略了外部治理与内部治理的相互关联和影响。虽然也有将组织内部和外部治理结合研究的成果，但大都着眼于非营利组织，范围宽泛，忽略了行业协会的独有特征——弱型治理及组织属性——互益性会员组织，因而适用性不足。本书正是基于自治视角，研究了行业协会治理的弱型组织特征，从组织和行业两个治理维度进行了分类探讨，并对行业治理和组织治理之间的关系进行归纳分析，以尝试探寻适合我国国情的行业协会发展道路，为培育公民社会，构建社会主义和谐社会提供有益的参考和启示。

1.4 本书研究的基本内容、方法及创新之处

1.4.1 研究的基本内容

本书从组织治理域和行业治理域两个维度展开研究。“域”（domain）最早是由青木昌彦（2001）提出来用以形容参与人的行动集合的综合（称为“博弈的域”）。显然该概念并非静态而是动态的，是行为人（参与人）不断与他人互动、调整预期并做出决策的过程。本书将“域”的概念引入行业协会的治理中，意在表明行业协会虽然表面上是一种静态组织，但实际上是在内部成员（会员与会员、会员与协会、协会各组织结构间）不断互动以及协会与政府、外部利益相关者持续沟通博弈的过程。因此行业协会的治理，是在组织域和社会交换域中分别完成组织治理和行业治理的过程。值得说明的是，青木昌彦提出的“社会交换域”表述的是一个社区，属于比较微观的概念，本书用“社会交换域”来表达一个更宏观的范围，这个域由行业协会、政府、同行业企业、消费者等共同构成，因此而成为广义和延伸的“社会交换域”（以下简称为社会域）❶。

从制度安排的角度来看，行业协会治理可以分为内部治理和外部治理。前者主要指协会内部的治理结构及治理机制；后者主要指协会的外部利益相关者，如政府、社区和其他利益集团等对协会行为的约束和利益协调。而如果从协会治理的主体和客体（即治理对象）的角度来看，协会治理又可以分为对自身的组织

❶ 青木昌彦（2001）将政治域（该域包含政府这一独特的中心参与人）单独列出并与社会交换域相区别。本书延伸的社会域概念实际上包含政治域。

治理和对行业的治理。协会的组织治理即协会的成员为了确保其建立的组织能够有效地代表和实现其共同利益及共同目标所实行的一套制度安排，属于一种狭义和原生的治理；协会的行业治理则是协会为了保证会员的共同利益和维护正常的行业秩序，针对行业（地区）的营商环境而建立和实施的一套规则体系。行业治理属于一种广义的治理，也可以视为协会提供的行业公共产品。其治理对象不仅包括协会会员（如对会员行为的规制和约束），也包括对非会员的治理，如协会与政府的职能界定与权衡，协会对非会员及利益相关者的利益协调与制衡等。

作为行业协会的治理域，组织域与社会域并不是孤立和分离的，而是紧密联系、相互作用的。组织域是基础和条件。企业之所以加入行业协会，是因为它能从中获取各种利益。只有通过一定的层级机构设置和权力配比，将不同特征和不同目的动机的会员凝结起来，将协会与会员黏合起来，才能形成权责分明、民主管理、相互制约和科学决策的团体。行业协会首要处理的问题是内部的利益整合和矛盾协调，并组织集体行动，表达利益诉求，争取有利于协会会员的政策和发展空间。而协会的集体行动、利益聚合与拓展势必要将协会治理的维度扩展至各个社会域，即行业协会要处理与政府、消费者等利益相关者的关系协调与利益纷争，如政府政策和法律规章决定行业协会的政治发展空间，行业协会作为企业间联合体，也有侵害消费者（通过价格同盟）的私利动机，行业协会还要负责规范本行业的发展秩序，组织反倾销诉讼和应诉等活动。因此，社会域是目的和结果。企业加入行业协会的最终目的是为了获取各类物质利益和声誉效益，但要通过组织域进行整合、对外联络，并通过社会域获得与政府、消费者等主体对话的空间，从而实现其个体和组织利益。

另一方面，两个域的治理特征又不一样。在组织域，由于固有的组织属性和法律规定，行业协会内部治理属于典型的弱型治理，一种缺乏强治理动机、物质激励而依靠声誉、重视自律的治理方式。弱型治理条件下，起重要作用的因素是社会资本，即内部的信任、规范、支持、参与、互惠合作等非正式规则。而在社会域，行业协会表现出自主治理的特征，强调协会拥有独立且不受政府干预的自主管理、自主约束和自我发展的权利，但这种权利又是相对的，必须与他律结合起来。

综合来看，行业协会治理是一种基于弱组织特征的自主治理。同时在每一个治理域，行业协会都存在一定的限度或失灵。如在组织域，如果协会内部的组织机构设置不规范，治理机制作用发挥不理想，就极易形成诸如大企业控制、内部人控制、集体行动困境等弊端。在社会域，如果任凭协会的自治权限发展而不加以约束，就会形成对消费者、行业内非会员企业利益的不合理侵害，如价格同盟、集体抵制、利用行业标准来限制竞争，也会与政府攀附在一起，形成协会被政府控制的局面。为了纠正这些失灵现象，我们需要从建立健全协会内部组织结构、规范协会选举治理机制，培育协会社会资本，加强外部监督和他律等方面下足功夫，这样才能引导行业协会走上可持续发展的道路。

依照上述思路，本书结构安排如下（见图 1-1）：

第一部分：理论基础。将从行业协会的基本概念入手，在对前人和已有的文献进行综述和总结的基础上，界定研究的对象，介绍研究的方法、框架和主要内容。

第二部分：行业协会的组织治理及其失灵。组织治理亦称为内部治理，是指作为互益性、非营利性会员制团体组织，行业协会处理的组织域内的会员与会员、会员与协会之间的关系和利益协调。而会员间、会员与协会间的关系主要通过协会内部的各类机构设置和运行机制来疏通和调和，因而内部治理包括行业协会的组织机构设置和组织治理机制两部分。本书将以内部治理特征为主线，分析其内部治理机构设置和治理机制，对行业协会社会资本及其对协会治理绩效的影响进行探讨，对行业协会内部治理失灵予以解析，并提出完善协会内部治理的解决办法。

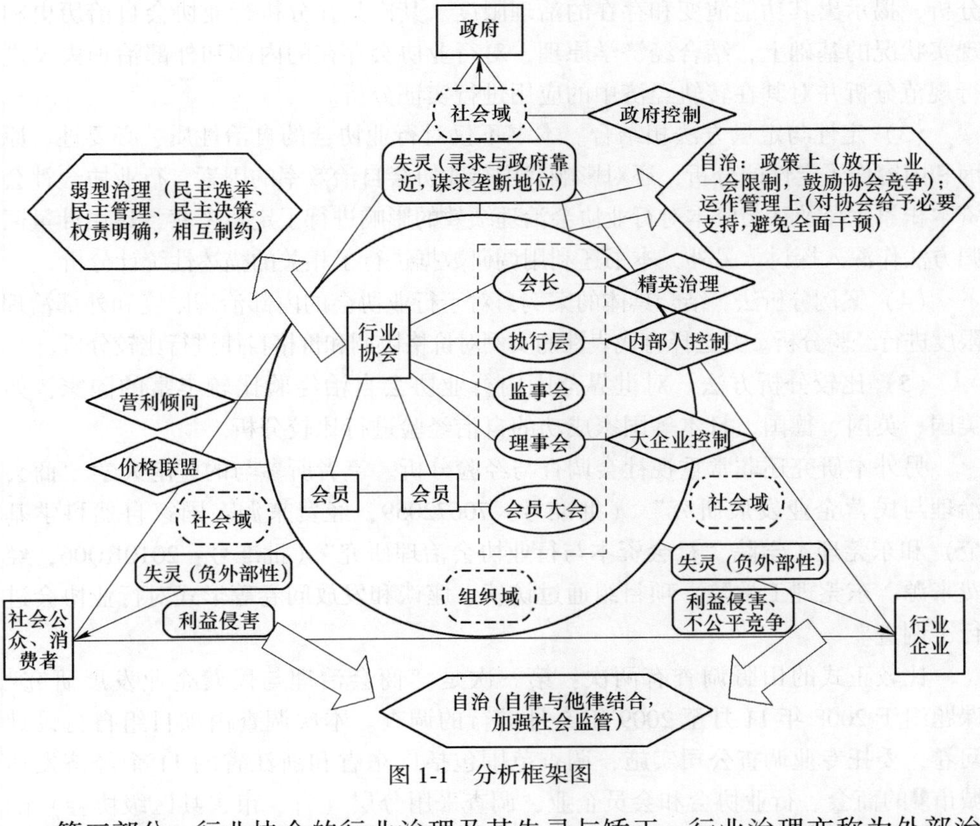

图 1-1 分析框架图

第三部分：行业协会的行业治理及其失灵与矫正。行业治理亦称为外部治理，是指行业协会作为第三方治理机制（或组织化私序）的运作效果，主要是指行业市场秩序和行为规范（即所谓的行规行约）的建立和实施，包括在社会域内如何处理好与政府、消费者、客户和非会员企业等之间的关系与利益分配。本篇主要包括行业治理的内容（协会与政府的关系、协会的社会形象—与消费者和非会员的关系），行业治理的限度，行业治理失灵的矫正。

第四部分：结论与政策建议。对全书的内容做出总结，对文章分析的结论予以归纳，并提出完善行业协会治理的相关政策建议。

1.4.2 研究方法

在具体运用的方法上，主要有：

（1）多学科视角相结合。综合运用经济学、管理学、政治学、社会学和法学等学科视角对于行业组织治理的特征，行业自治的定义、内容和行业治理结构、治理效率进行考察分析。

（2）规范分析和实证分析相结合。首先是对行业协会的历史渊源进行实证分析，揭示出其功能演变和存在的治理限度。其次是在分析行业协会自治历史和现实状况的基础上，结合经济学原理，对行业协会存在的内部和外部治理失灵进行规范分析并对其在转轨经济中的应用进行实证分析。

（3）定性与定量方法相结合。本书不仅对行业协会的自治性质、必要性、原因和内容作了定性的分析，还对影响我国行业协会自治效率的因素、行业协会社会资本积累途径及社会资本对行业协会治理绩效的影响进行了定量考察，运用计量回归方法作深入探讨。另外，本书还利用调研数据进行了相关的描述性统计分析。

（4）案例分析法。结合具体的案例，对于行业协会的内部治理限度和外部治理限度进行经验分析。并选择有代表性的实例对价格协调和价格自律进行比较分析。

（5）比较分析方法。对世界范围内行业协会自治经验比较丰富的国家，如美国、英国、德国、日本等国家成功的自治经验进行比较分析。

另外本研究还非常重视社会调查与经验分析。笔者所参与的暨南大学“商会治理与民营企业发展研究”（批准号：70672059，经费来源：国家自然科学基金）和东莞理工学院“社会资本与行业协会治理研究”（批准号：2010RQ06，经费来源：东莞理工学院）项目组通过访谈、座谈和发放问卷等形式对行业协会进行了调查。

比较正式的田野调查有两次：第一次是“商会治理与民营企业发展研究”课题组于 2008 年 11 月至 2009 年 5 月进行的调查。本次调查由项目组自行设计问卷，委托专业调查公司实施，调查范围包括广东省和浙江省的 11 个经济发达城市❶的商会、行业协会和会员企业，调查采用分层（省、市、县区级协会）随

---

❶ 调查城市包括广东的广州、深圳、珠海、中山、佛山和东莞；浙江的杭州、嘉兴、湖州、温州和金华。这些城市的经济发展水平和民间行业协会、商会的发育程度都较高。

机抽样、调查员登门访谈的方式，共获得204家会员企业和120家协会单位的有效样本。

第二次是由笔者所负责的“社会资本与行业协会治理研究”项目组于2010年4~6月进行的调查。本次调查目标区域为广东省东莞市，以第一次问卷调查为基础，并进行了调整，主要就行业协会社会资本与治理绩效的关系进行调研分析。本次调查全部由东莞理工学院本地学生在东莞市内采用上门访谈并亲自填写问卷的方式进行。采用有针对性重点性调查，虽然前期甄选了大约120家目标协会，但由于条件限制和拒访，最后只获得了47份调查样本，其中有效问卷44份，另外由于某些问题回答不全面，导致某些数据分析样本数少于44。即便这样，这次问卷所反映的问题仍然具有一定的代表性和说服力，因此具有研究的价值，也比较适合回归和统计分析。

关于两次问卷调查所得数据在本书中的使用基于这样一种安排，除了有特殊说明之外，一般都使用第一次的问卷，主要考虑到第一次问卷覆盖的区域较为广泛，样本量比较充足，代表性更强，数据分析所导致的系统误差要小。同时还应指出，暨南大学商会项目组的调研对象主要是民间商会，也包括部分由体制内协会向民间协会转型的半官半民型协会。另外，本书使用的计量分析软件主要是SPSS18.0，当然个别地方根据需要使用Eviews 5.0软件。

1.4.3 本书的创新之处

(1) 首次将“域”的概念应用于行业协会的治理实践中，并提出行业协会的治理域包括组织域和社会域两个维度。

(2) 提出行业协会的治理是基于弱组织特征的自主治理。该治理特征是组织弱型治理和行业自主治理的结合体。

(3) 分析了行业协会的组织社会资本，并且提出行业协会组织社会资本由内部社会资本和外部社会资本组成的命题，并对社会资本形成的因素进行了回归分析，对行业协会社会资本对协会治理绩效的影响进行了实证分析。

1.5 本书有关研究对象的界定

1.5.1 行业协会的名称演变及定义

行业协会对应的英文词条有多个，如“Trade Association”、“Business Association”、“Business Interest Association”、“Trade Promotion Association”等。同时，中文语境下的商会、职业协会、同业公会等词汇也表达与行业协会相同或类似的含义。在日本，行业协会被称为“事业者团体”，德国称之为“企业协会”。美国一般以“行业协会”和“职业协会”来指涉行业协会。在台湾地区，有“商业同业公会”和“工业同业公会”之称。

现代的行业协会、商会、同业公会等与历史上的行会存在某种继承关系。最早有文献记载的行会，可追溯到公元7世纪中国的唐初，迄今已有1300多年历史。此后历史上的行会名称又经历了行、团（团行）、作、市、会、堂、庙、殿、宫、阁、庵、社、院、馆、帮、门、祀、公以及行会、同业公会、协会、公所、会馆等20多种形式变更❶。纵观中国古代行会的这些称谓，不难发现多数带有情感和准宗教色彩，表现了人们离开原生态的家庭、血缘、村社之后的心理恐惧，以及个人面对独立行动时本能产生的对未知后果的畏惧和对祖宗先人的依恋❷。欧洲的行会最早出现在9世纪末至10世纪初的东罗马帝国拜占庭时期，至少在称谓上比中国晚了200多年。欧洲早期的行会带有更显著的宗教色彩和性质，甚至直接借用宗教团体的称谓来命名，如西欧中世纪的行会组织也被称为“基尔特”（Guild），包括手工业基尔特和商人基尔特。基尔特在德语中的原意是“崇拜英雄的年轻男士的兄弟会”，最早出现在公元450年左右，用以表示共同宗教信仰和世俗团结❸。西欧最早的行会之所以被称作“基尔特”，主要是为了借鉴其“团结”的象征和“兄弟会”所体现的自愿结合的组织宗旨。与中国古代行会不同的是，西欧行会的宗教意义更浓厚也更直接。但毕竟利益才是驱动行会制度发展的主要动力。早期的行会对当时恶劣的政治、经济环境极为敏感，行会的规则规约也随环境变化而改变。随着商品经济的发展，行会的自治、自律和自主性质越来越清晰，而宗教色彩则日趋淡化。相应地，行会名称也得到规范。近代工业革命以后，行会的原生态名称逐渐消失，取而代之的是行业协会、商会、同业公会等更能体现“行”、“业”特征的称谓。

到了现代社会，行业协会、商会、工商会所等名称几乎成了民间自发形成的经济组织的专门称呼。但是对于行业协会的定义却缺乏统一规范的表述，以至于它作为民间自治、自律与自我维权组织在人类历史长河中流淌了一千多年，但在不同国家里仍然对应不同的定义。例如美国《经济学百科全书》的定义是：“一些为达到共同目标而自愿组织起来的同行或商人的团体”。英国的权威性定义被描述为：“由经营单位组成、保护和增进全体成员既定利益的非营利组织”❹。日本经济界给出的定义为“行业协会是指事业者以共同利益为主要目的而组织的事业者的联合”❺。Joseph，F. Bradley认为，“行业协会是由参加相同或类似商业活

---

❶ 曲彦斌. 行会史［M］. 上海：上海文艺出版社，1992：2.

❷ 汤蕴懿. 行业协会组织与制度［M］. 上海：上海交通大学出版社，2009：20.

❸ 浦文昌，等. 市场经济与民间商会：培育发展民间商会的比较研究［M］. 北京：中央编译出版社，2003：47.

❹ ［英］斯坦利·海曼. 行会管理［M］. 北京：中国经济出版社，1985：125.

❺ 翟鸿祥，等. 行业协会发展理论与实践［M］. 北京：经济科学出版社，2003：3.

动的公司所组成的为了解决共同问题或利益诉求的组织。它亦是由单一行业的竞争者所构成的非营利组织”❶。在我国，行业协会的概念也有不同的表述。如《温州市行业协会管理办法》第三条规定“行业协会是指由同一行业的企业、个体商业者及相关的企事业单位自愿组织的民间性、自律性、非营利性社会团体法人”。《深圳经济特区行业协会条例》第二条规定“行业协会是指依法由本市同行业的经济组织和个体工商户自愿组成的非营利的自律性的具有产业性质的经济类社团法人”。此外，出于研究目的，张理泉（1991）、陈宪等（1999）、余晖等（2002）、贾西津等（2004）❷ 也给出了相应的定义。

尽管上述概念表述和定义不尽相同，但从本质内涵看，行业协会具有以下特征（见表1-1）：（1）非营利性。即行业协会不能将营利净收入用于分配给任何监督与经营协会的人或会员。（2）互益性。指作为会员制团体，会员入会后可以享受协会提供的各种产品，特别是俱乐部产品，而这以会员交纳会费、让渡部分权利为条件，即属于双向或多向受惠。（3）民间性。即协会不是政府及其附属机构，也不隶属于政府或受其支配。（4）自愿性。奉行入会退会自由，并不强制成员参加或进行资源集中。（5）自治性。指协会拥有独立的决策和执行能力，能够进行自我管理❸。本书正是在上述五项基本内涵的基础上将行业协会视为一种互惠性会员制团体组织来分析其治理特征和运行机理。

表1-1 行业协会的性质及与其他组织的区别

协会的性质	基本含义	比照/区别对象
非营利性	不以营利为目的，盈余不能用于分配	营利组织、企业
互惠性	为会员提供俱乐部产品，会员让渡部分权利	基金会、民办非企业单位
民间性	独立于政府，不受政府支配	政府机构、事业单位
自愿性	入会退会自由	旧式封建行会
自治性	独立的决策和执行能力，完整的治理结构	虚拟联合机构

资料来源：根据张捷、徐林清等（2010）第8页整理而成。

1.5.2 行业协会的基本范围

基于表达习惯和语言同义现象，在现代社会具备上述基本特征的经济类社团

---

❶ Joseph, F. Bradley. the role of trade association and professional business society in America [M]. Pennsylvania: The Pennsylvania Stafe University Press, 1965: 4.

❷ 张理泉. 工业行业管理 [M]. 北京：中国人民大学出版社，1991：89. 陈宪，徐中振. 体制转型和行业协会：上海培育和发展行业协会研究报告 [M]. 上海：上海大学出版社，1999. 余晖等. 行业协会及其在中国的发展：理论与案例 [M]. 北京：经济管理出版社，2002：8. 贾西津，沈恒超，胡文安. 转型时期的行业协会：角色、功能与管理体制 [M]. 北京：社会科学文献出版社，2004：11.

❸ 此外，还有学者提出行业协会具备中介性、经济性、公益性、非垄断性、合法性、非政治性等特征。可参见鲁篱（2003）第5页、范省伟（2005）第28页、张捷、徐林清等（2010）第4~9页。

组织还有同业公会、职业协会和商会等。

（1）同业公会。同业公会在内涵上与行业协会等同。我国当前的银行业和保险业、证券业多以同业公会命名，仍然属于现代意义上的行业协会。因而本书研究包括同业公会。实际上，在本书研究所进行的问卷调查中，也有一些受访的协会是以“×××同业公会”来命名的。

（2）职业协会。指对专业技能或从业资格有特殊要求的从业者组建的组织。其特点在于这些行业具有个人开业的特征，即职业表明了行业属性，如律师、会计师、证券分析师等。本质上职业协会属于与行业协会同类型的事物，因此也属于本书的研究对象❶。在本书研究所进行的调查中，涵盖了相当大一部分职业协会，如“×××保险业协会”“×××信用担保协会”“×××注册会计师协会”“×××律师协会”等。但这里排除了各类体育运动协会，因为在当前我国政治体制下，各类体育运动协会（如中国足球协会、中国篮球协会）仍然属于政府主导，靠财政吃饭和执行国家职能的准政府机构，缺乏民间性、自治性，因而不属于本书研究范围。另外，其他性质的协会，如音乐协会、象棋协会等具有类似职业性质的协会（学会、研究会）也被排除在研究之外，它们属于较低层次的兴趣爱好组织。

（3）商会。虽然在多数场合，商会与行业协会是隶属于不同范围的两个概念❷，也有学者对两者作了详尽而明晰的区分❸，但本书并不打算将二者分离开来，原因在于，实践中很多协会、商会并无地域与行业的明显界限，或同时具有地域和行业性质，如温州地区的很多商会即属此列，仅通过名称难以区分开商会和行业协会。因此，本书将两者统一起来，并以行业协会来统称。另外，关于众多的异地商会也属于本书的研究范围❹，虽然这类组织的“乡缘”色彩较为浓厚，但是基于“业缘”而成立的，也具有一般行业协会的特征。

本书行业协会的研究范围见表 1-2。

表 1-2 本书行业协会的研究范围

包含在内	排除在外
行业协会、商会、同业公会、职业协会（包括职业类研究会、学会）、异地商会等	体育运动协会、兴趣爱好协会（研究会、学会）、同乡会、老乡会、基金会、慈善会等

1.5.3 本书所研究的行业协会的历史起点与逻辑起点

虽然笔者赞同不少学者做出的认为现代市场经济中的商会和行业协会起源于

---

❶ 还有很多以“研究会”、“学会”命名的职业类协会也在本书研究之列。

❷ 如汤蕴懿（2009）指出，行业协会是以行业为主线，带有专业性质的组织；多数商会是以区域为主线带有综合性质的组织，国家级商会则同时反映了产业性质和国际贸易分类的特点。

❸ 如梁上上（1998），孙丽军（2004），游钰（2006）。

❹ 这里排除了各类同乡会、老乡会等非经济类异地人商会组织。

中国古代的行会和欧洲中世纪的基尔特的判断，但本书并不打算对中国古代行会和欧洲中世纪基尔特做详尽的考察，因为从行业协会的非营利性、互益性、自治性、民间性等基本内涵出发，只有现代意义上的商会和行业协会才具备完整的特征。与之相对应，本书亦无意论证行业协会和商会的早期生发过程，而将研究重点放在对现代行业协会的治理特征和运作机制的探究上。另外，本书着重研究经济转型期我国行业协会的治理问题。经济转型时期的重要表征之一是旧有制度体系已经不能适应生产力发展要求而趋于解体，同时新型制度体系短时间内还没有效建立起来，在此断档期内，经济行为面临无序化和无组织化竞争，容易出现交易成本高昂、合约无法顺利履行等问题。随着经济结构的调整和市场放开，国内厂商之间的竞争也非常激烈。经济转型期行业协会的特点是，它们从旧有制度的行会衍生或转变而来，但又尚未完全具备现代产业组织的民主高效运行机制（这在西方发达经济体中得到完整的体现），因而内外部治理存在诸多不成熟、不健全的地方。这是本书的研究起点。

2 行业协会治理概述

行业协会的兴盛得益于20世纪70~80年代以来在全球范围内兴起的公共治理大变革，是对经济市场化、社会自治化和政治民主化的具体回应。而行业协会治理问题的出现，则主要由其对局部或部分利益的过分追求、私利动机的凸现、特殊的组织属性、集体行动的困境等所引致。如何看待行业协会的成员关系、协会与会员的关系的协调，行业发展与政府目标的追求、消费者利益的保证的平衡？这些都涉及行业协会的治理问题。

2.1 治理概述

20世纪70~80年代兴起的全球大变革，在政治领域的表现是由传统的官僚制迈向民主的多中心治理，在社会生活领域的表现即为萨拉蒙（Lester M. Salamon）所认为的“全球结社革命”。萨拉蒙表示，“历史将证明，这场革命对20世纪后期世界的重要性丝毫不亚于民族国家的兴起对于19世纪后期世界的重要性。其结果是，出现了一种全球性的第三部门即数量众多的自我管理的私人组织，它们不是致力于分配利润给股东或董事，而是在正式的国家机关之外追求公共目标”❶。在经济领域，新制度经济学（NIE）尤其是交易费用经济学（TCE）对于传统的治理机制谱系之“两极”——市场和企业科层组织——进行了丰富而成功考察的同时，提出了包括非营利组织、门阀、公社等“混合型”治理机制。与之相对应，强调多权力主体、多向度运作，以平等、互信、协商、共识、合作为核心要素的治理理论于20世纪90年代兴起。可以说，治理理论的兴起体现了在市场失灵和政府失效都可能出现的新形势下，人们探寻一种政府与市场、社会之间实现有效合作的崭新路径。因为治理理论所包含的“权力的多主体、多中心”“回应性”“公开性”“互动”“透明度”“法治”“公正”“有效”❷ 等可用于突破市场和政府双重失灵的两难选择，从而展示出一种全新的社会公共事务管理的局面。

“治理”概念的提出最早可追溯到世界银行1989年的报告《撒哈拉以南非

---

❶ ［美］莱斯特·萨拉蒙. 何增科，译. 非营利部门的兴起［M］//何增科. 公民社会与第三部门，北京：社会科学文献出版社，2000：243~246.

❷ 李风华. 治理理论、渊源、精神及其适用性［J］. 湖南师范大学社会科学学报，2003，（5）：46.

洲：从危机到可持续增长》。后来很多学者都提出了治理的概念或含义，但最为明晰的治理定义莫过于全球治理委员会所提出的，即："治理是各种各样不同的个人、团体（公共的或个人的）处理其共同事务的总和。这是一个持续的过程，通过这一过程，各种相互冲突和不同的利益可望得到调和，并采取合作行动。这个过程包括授予公认的团体或权力机关强制执行的权力，以及达到得到人民或团体同意或者认为符合他们的利益的协议。"❶ 治理含义的不一致并没有影响治理理论的运用。相反，治理理论显示出了强大的生命力和广泛的理论解释力，已在非政府组织、社区治理、乡村治理、地方治理等诸多领域得到了大范围的应用。此后，"公民社会""公民参与""社会资本""公共产品供给主体的多元化"等关键词频繁出现在人们的视野当中。

2.2 行业协会治理

近年来，非营利组织（NPO）、非政府组织（NGO）、民间组织的治理日益受到关注。原因在于，虽然非政府组织填补了市场失灵和政府失效所造成的治理空白，为培育公民意识，构建公民社会做出了重要的贡献，但也暴露出了很多问题，如管理不善、目标不明、定位不准、资源依赖等❷，引起了人们关于非营利组织治理的思考。由此，学者们对于非营利组织的内部结构构建与运作、外部环境等给予了更多的重视，相关的研究也颇为丰富。就国内而言，蔡磊（2004）、金锦萍（2005）、段军（2006）、陈晓军（2007）等从法学途径研究了非营利组织法人治理机构、法律制度等问题。另外更多的是引进国外非营利组织的研究成果，从经济学、管理学等学科视角，重点借鉴公司治理理论来展开研究。如陈林等（2003）、曾维和（2004）、李炳秀等（2005）、李晗（2005）、马迎贤（2006）、周美芳（2005）、杨团等（1998）、邓国胜（2001）、王伟昌（2005）分别从非营利组织监督模式、内部人控制和治理结构关系、审计制度、委托代理关系、非营利组织的产权结构特征、治理评估等角度的研究。马迎贤（2005）、刘宏鹏（2006）和张洪武（2005）分别探讨了中国非营利组织的理事会现状与

---

❶ ［瑞典］英瓦尔·卡尔松、［圭］什里达特·兰法尔. 天涯成比邻：全球治理委员会的报告［M］. 赵仲强，李正凌，译. 北京：中国对外翻译出版公司，1995：2.

❷ 如在中国发生的"中华体育基金会"2000万元、"宋庆龄基金会"1810万元"丢失"事件；云南"丽江妈妈联谊会"法人代表胡蔓莉违规使用善款，用社会捐赠资金购买私宅并送女儿出国留学事件；中国残疾人联合会所属的康华公司私设子公司事件等；在国外，美国联合道路（The United Way of America，美国最大的慈善基金会之一）前任主席 Bill Aramony 因为46.3万美元的工资与奢侈消费以及诈骗120万美元而被捕；俄克拉何马州儿童福利院的主体因滥用资金而被迫辞职等。分别参见沈亚平，陆明远. 公益与效率：中国非营利组织的目标体系研究［J］. 学会，2006，(5)：9~14。金锦萍. 非营利法人治理结构研究［M］. 北京：北京大学出版社，2005：3. 叶常林等. 非政府组织前沿问题研究［M］. 合肥：中国科学技术大学出版社，2009：116.

发展和多中心治理模式。另外，也有学者对非营利组织进行了宏观层次或综合性的研究，如萧新煌（2000）、王名（2002）进行的非营利组织或社会中介组织的管理研究，贾西津（2005）进行的非营利组织战略研究，郭于华等（1999）、周志忍等（1999）、孙立平等（1999）进行的非营利组织制度与运行机制研究，以及刘春湘（2007）进行的非营利组织治理结构研究等。

但正如前文所述，大多数研究忽视了非营利组织和现代企业组织之间的本质差异，似乎更强调公司治理模式对于非营利组织治理的宣示效应，而只有较少的成果对其适用性展开讨论。其次，非营利组织中的公益性组织与行业协会等互益性会员制组织被混淆或等同，因此适用性不够。再次，大多数研究致力于内部治理或外部治理的孤立式研究，忽略了内外治理之间的内在关联❶。因此必须有一种新的比较合理的分析框架产生。

事实上，对于行业协会治理的关注也缘于其面临的众多的理论和现实问题。如在行业协会的组织结构和内部运作机制上，存在所有者缺位而导致激励不足，由于对精英治理的过度依赖而导致的内部人控制、大企业控制，由于搭便车等机会主义行为而导致的集体行动困境等问题。因此，需要解决的问题有：如何设计协会领导人的激励机制，既保证其对协会的适度领导，又不至于造成协会对其过度依赖，甚而产生大企业控制、内部人控制等；如何设置协会内部的组织结构和治理机制来保证协会的正常运转和长远发展；如何鼓励会员参与协会治理从而避免搭便车、集体行动的困境等。在对外关系上，协会极易利用自治的权力从事限制竞争、排挤对手，保护垄断的活动，导致经济无效率，降低整个社会的福利水平，即存在反功能（鲁篱，2003），表现为：反竞争、保护狭隘的行业利益、阻碍效率、增加企业成本、不合理的集体抵制等。存在的问题有：在行业协会的治理中如何通过制度设计来保障行业协会在追求自身利益的同时又不造成自我利益的过度膨胀，甚至以牺牲社会公共利益为代价；如何建构行业协会的他律机制；如何处理好行业自律与他律的关系；在保持行业协会自律的合理限度条件下引入他律机制等。

2.2.1　行业协会治理的组成

根据联合国“全球治理委员会”，治理具有四个方面的特征：治理不是一整套规则，也不是一种活动，而是一个过程；治理过程的基础不是控制，而是协调；治理既涉及公共部门，也包括私人部门；治理不是一种正式的制度，而是持

---

❶ 张明（2008）注意到了非营利组织的内外部治理机制研究及两者的关联。参见张明. 非营利组织的治理机制研究［D］. 广州：暨南大学，2008.

续的互动[1]。行业协会的治理至少涉及治理的两方面特征——协调与持续的互动。具体表现为：行业协会治理强调会员与会员之间、协会与会员之间的关系协调；强调协会与政府、国家，非会员，消费者之间的持续互动和沟通。对应地，行业协会治理可以分为组织治理（内部治理）和行业治理（外部治理）两部分。

2.2.1.1 行业协会的组织治理

协会的组织治理是指协会对会员之间的利益、协会与会员之间的关系的协调与安排，不仅包括内部各组织结构之间的静态设置，更应包括机构、会员与协会的动态运作机制。从这一点来说，以往的研究大都将治理与治理机构等同起来，从而将研究视角局限于一种封闭、静态的内部结构考察上，只重视会员大会、监事会、理事会、执行层的职责与权力配置，而忽略了协会的所有权、治理主体的动机和目标等方面的特征，更忽略了蕴含于弱型治理、非科层沟通网络和熟人社会等组织特征中社会资本对协会治理绩效的重要作用。为此本书在组织域中将协会的组织结构与动态运作机制结合起来，研究协会的组织治理问题。

首先，从内部结构上看，协会不仅要设立各类机构——会员大会、理事会、会长副会长、执行层——来构建决策、监督机制，还要重视协会的产权特征、治理目标不明确而形成的复杂的委托—代理关系，更要注重监事会对理事会、监事会对会长、执行层的监督制衡作用，以形成决策民主、相互制约的内部结构和运作机制。

其次，从内部关系来看，行业协会通过向会员收取会费、提供服务获取收入并利用协会名义摄取、调度会员资源来生产各类产品，包括面向所有行业企业的公共产品和仅供会员享用的俱乐部产品，会员以通过交纳会费和让渡部分权利来获取相应的资源，既包括有形的产品，也包括声誉、强势协会所带来的身份地位等无形收益，同时还要处理与其他会员的关系，进行沟通、互惠合作。如何进行协会内部关系的完整和协调？以信任、参与为形式的社会资本将是影响这些关系的重要变量。

2.2.1.2 行业协会的行业治理

从机构设置和内部运作的角度可以将行业协会视为一个“黑匣子”，但这个“黑匣子”也不是孤立的。会员组建或参加行业协会的最终目的都是为了获利并建立获利所需的良好行业市场秩序和规范，因此不可避免地，协会在逐利过程中会涉及与外部利益相关者以及外部环境因素的互动，这就构成了协会的行业治理。行业治理就是指行业市场秩序和行为规范的建立和实施。因此，行业治理是在不同的社会域发生的与政府、消费者、行业企业的协商与妥协。

在与政府的关系处理上，协会需要不断争取政治发展空间和相对独立的自治地位，要谨防行政干预对协会民主机制的不良侵蚀；在与行业企业的互动中，既

[1] 全球治理委员会. 我们的全球伙伴关系［M］. 牛津大学出版社，1995：23.

要保持行业发展，保障完整的竞争规范和秩序，又要防止协会权限扩张而造成对其他企业的不合理抵制；在与消费者、社会公众的交往中，协会既要为其提供产品和服务，也要注重对消费者权益的保护，以防出现非理性侵害或利用行业力量优势挤兑消费权益。因此协会的行业自治是一种相对自治，需要依靠他律机制来保障公众利益。在行业治理中，政府与协会的关系最为重要。

2.2.1.3 组织治理与行业治理的关系

事实上，我们不仅要考察行业协会基于组织特征而于组织域发生的内部治理和于社会域产生的外部治理，更需注重内外部治理的相关关联和作用。这是行业协会的弱组织特征所带来的责任机制缺乏的必然要求，即由于协会缺乏个人利益动机，缺乏提高效率的竞争机制，缺乏利润等相应的业绩评估体系，故容易引致对外部利益相关者的侵害，因此，协会更需要强调内部治理与外部治理结合，重在构建协同治理。所以，本书认为行业协会治理是一种基于弱治理特征的自治模式。总体来看，组织治理与行业治理是互补关系，两者互为条件，相互促进。

（1）组织治理是基础。组织治理是行业治理的内生性制度安排，是提高协会治理效率的关键。如果对内的治理安排特别是权力配置的调整一旦惯例化、制度化，就意味着组织治理结构固定下来。同时组织治理是行业治理的基础和保障，要达到行业协会的有效率治理，必须建立完善的内部治理结构，例如行业协会要开展集体行动（反倾销诉讼或应诉），有效地将会员企业动员组织起来发挥团体力量，避免搭便车等困境，就必须要获得会员的支持与认可和拥有足够的威信，而该支持与认可的取得、威信的建立，在很大程度上取决于行业协会内部治理效率的高低，取决于诸如社会资本等内部治理影响要素。

（2）行业治理是协会的基本目标和主要功能。长期来看，外部组织环境也会通过组织治理的变化影响到组织的内部治理结构。例如，行业协会必须处理好与政府的关系，无论是在法团主义还是在多元主义制度下，抑或在我国准法团主义条件下，都要保持与政府良性互动，以争取有利的发展空间和政治合法性，同时也要保持适度的独立，谨防演变成政府的附属，被政府控制，丧失自治的本性。从行业协会的生发原理来看，行业治理更为基本。

总的来说，虽然有人认为协会的外部功能性治理明显强于内部结构性治理❶，但在内部治理与外部治理的关系上不存在孰轻孰重或厚此薄彼的问题，行业协会治理的重点在于寻找两者之间的平衡点，保持协同治理。

2.2.2 行业协会治理的分析框架

基于上述对行业协会治理的认识，本书提出一个分析框架❷：

❶ 毛刚．我国非营利组织内部治理机制研究［D］．成都：西南交通大学，2005：66.

❷ 这里参考了郁建兴等（2008）第 81 页提出的分析框架。

从经费来源来看，行业协会主要有三大类收入：

第一类来自会员的经费，主要有会费、捐赠资金和赞助费等。在组织域协会按照互益性非营利方式运作该笔经费：由会员组成的会员大会选举产生理事会，并将主要的决策权和经营权委托给理事会，并保留所有权；会员基于所有权中的剩余控制权，行使对理事会的监督权利，并通过设立监事会代为行使对理事会、执行层的监督权；会员基于所有权中的剩余索取权成为该类经费的受益人，有权享有协会提供的各种产品和服务。

第二类来自政府的经费，包括政府财政拨款和补贴等。在社会域（主要是靠近政府一侧）按照“公益产权”的方式运作该笔经费。政府将资金（来自各类税收）的控制权委托给协会，并将所有权中的剩余索取权交给社会公众或某一不特定群体（行业企业），只保留部分的剩余控制权，即委托权，有权对协会进行包括财务审计和行政监管在内的监督。由于政府的资金主要来自社会公众、行业企业等纳税主体，所有包括行业企业、社会公众在内的外部相关者都有权利实行对获得政府资助的协会的监督。社会公众或行业企业，作为受益人有权享有协会提供的公共产品性质的服务。

第三类，协会取得的各类营业性收入，包括向会员、政府或其他人提供有偿服务取得的收入。实际上这类收入作为协会的主要资产，是归全体会员所有，因此可以从性质上归入第一类。而由于协会存在非分配限制，这部分收入仍然由会员通过会员大会按照委托方式交由理事会来运作。

因此行业协会通过向会员收取会费取得会员的认可，并据以提供俱乐部产品；会员通过缴纳会费并让渡部分权利而获取享受俱乐部产品和其他公共产品的待遇。行业协会根据法律和章程的规定设置内部组织结构和治理机制，如会员（代表）大会、理事会、会长副会长秘书长、监事会等，形成权责分明、决策民主、彼此协调和相互制衡的结构体系，以增进全体会员或行业的整体利益，并防止内部人控制或大企业控制协会，避免出现集体行动的困境，这构成组织域内的组织治理。行业协会通过提供服务，面向政府、公众消费者，以此获得维持组织运转和集体行动所需的资金，还可以通过捐助、补贴等方式获得资源，鉴于行业协会固有的局部利益代表性、与政府关系的复杂性等特点，需要在给予其自主治理权限的同时，进行必要的外来监督和他律机制的设计，包括来自法律、政府、中立第三方、消费者和社会舆论等，以保障行业协会在谋取局部利益时不侵害其他外部相关者的整体利益，从而构建良好的行业市场秩序和行为规范，这构成社会域内的行业治理，如图 2-1 所示。

本书提出了分析行业协会治理的尝试性框架，并非设立协会治理的既定方向和思路，也不是对前人研究的摒弃或否定，只是为后来的研究提出一些建议或看法，起抛砖引玉作用。正如 2009 年诺贝尔经济学奖得主之一奥利弗·E·威廉森

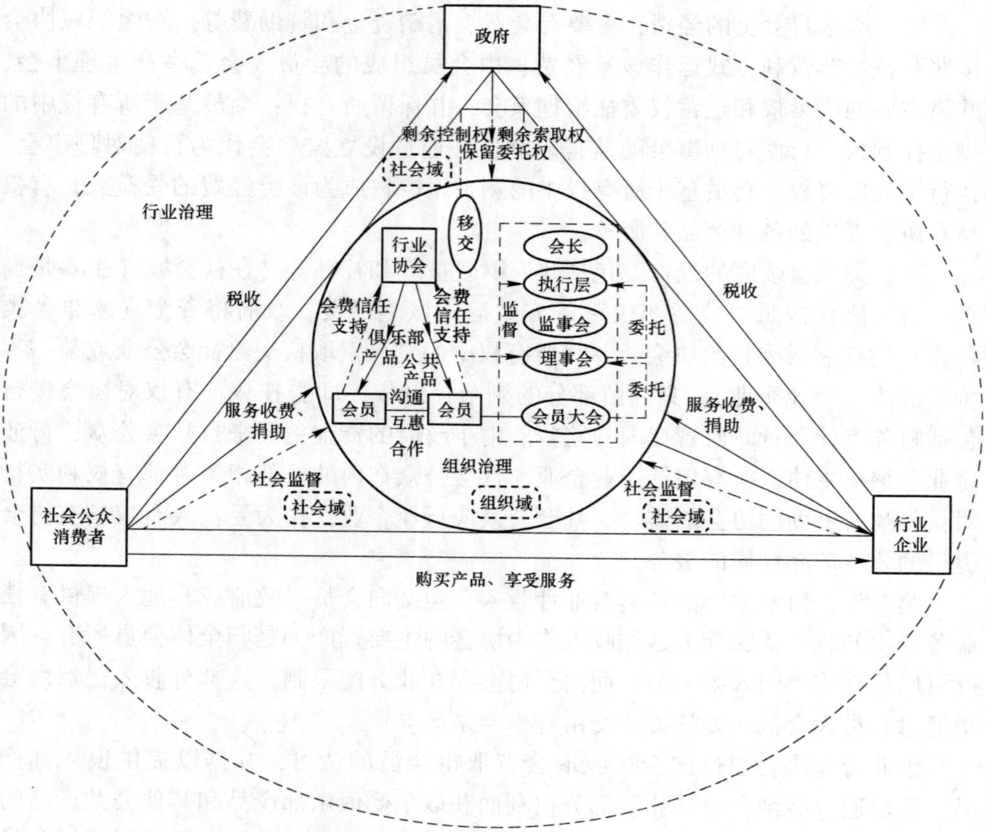

图 2-1 行业协会分析的逻辑思路

(Oliver E. Williamson) 在其名著《治理机制》(The Mechanisms of Governance) 的序言中提到的那样:"虽然不确定性与有限理性 (bounded rationality) 和机会主义 (opportunism) 的结合而产生的极多风险,使经济组织变得越发复杂,但人们常常能洞察这些风险,并且在构建能够减轻风险的制度方面表现得相当擅长,甚至是富于创造性的……为此,人们设计和选择了各种有细微差别的治理结构"❶。

另外需要说明的是,本书将行业协会治理分解成组织治理与行业治理,并不是要将两者割裂开来,而是为了研究和行文方便。事实上两者不仅是相互关联,有时候甚至是相互交叉的,例如行业协会组织治理中的结构设立是作为组织域对

❶ [美] 奥利弗·E·威廉森 (Oliver E. Williamson). 王健,等译. 治理机制 [M]. 北京:中国社会科学出版社,2001:11.

象进行研究的，但实际上组织治理结构的设立，不仅是内部权力配置的需要，也是不断适应社会域中外部环境变化的结果。只有反应灵敏，能感知环境变化并适时进行自我调节的治理结构才是现代协会的发展方向。另外就协会的监督机制而论，不仅在组织域内部有监事会对理事会、执行层的监督，而且有来自社会域内，即外部的政府和利益相关者的监督。

3 行业协会的组织治理

行业协会作为一种特殊形式的非营利组织，具有互益性、自治性、自愿性等特征，其组织属性和产权特征决定了它拥有一套不同于营利性企业和其他公益性非营利组织的治理结构和治理机制。

3.1 行业协会组织治理及其构成

3.1.1 组织治理的含义

行业协会组织治理源于公司内部治理，实际是对公司内部治理的延伸和扩展。公司内部治理是以产权为主线的企业内部的权利安排，主要是指公司内部股东大会、董事会、监事会、经理层的权利和责任及其相互制约的关系，还包括激励合同、债务融资、大股东治理等问题。相应地，行业协会的组织治理是指协会与会员、会员与会员的关系的处理与协调，实质上是各权力机关相互间的权利制衡关系，表现为某种组织结构和制度安排。

3.1.2 组织治理的构成

行业协会组织治理包括治理结构和治理机制两部分。

3.1.2.1 治理结构

行业协会内部治理结构是指其内部各机构的设立及职权配置，包括会员大会、理事会（董事会）、会长、执行层等机构设立和权力配备，是组织治理中的静态、封闭的部分。但在很多语境下，治理结构与治理被等同起来。实际上两者含义有别，并不能彼此互用。治理是协会通过一系列方式与策略动员资源以实现组织使命的过程，更强调内部结构之间的动态制衡与演进。

对于行业协会而言，合理的治理结构首先要求结构清晰完整。结构明晰完整的突出表现是权责明晰，各司其责。在分解权力的同时，首先要确保每一项具体权力必须交由一个独立机关（部门）行使，令出多门无疑会造成效率低下；而结构设立不完整也会造成信息沟通和执行机制不畅，甚至造成垄断而引致效率降低。再者，必须确保各机构行使的权力能形成相互制衡。一般而论，行业协会治理权力可以分解为决策权、执行权和监督权，分别由会员大会、董事会（理事会）、监事会分享，各自能够彼此制约、相互协调。

3.1.2.2 治理机制

治理机制即为确保内部治理结构能够正常运作，达到治理目的以实现组织使命的动态化制度设计。行业协会的治理机制确立的终极目标是要在协会内部形成决策民主、权责明晰、彼此协调和相互制约的管理制度和运作方式。具体包括决策机制、激励机制、约束惩罚机制和监督机制。下面将对各机制的运作机理和彼此之间的关系做详细分析。

3.2 行业协会组织治理特征

行业协会作为一种会员制互益性团体组织，在产权性质、治理结构和治理机制上都表现出典型的弱型治理（weak governance）特征。所谓弱型治理，是指与主要依靠经济激励和强制执行的正式制度、规则等治理方式相比较，一种更加依靠道德约束、以非正式的制度安排（如声誉机制、社会资本等）为主的，治理特征弱化的治理模式（张捷等，2009）。

在组织域，弱型治理主要表现为：治理主体的治理动机较弱、治理目标趋于模糊、治理机构的制衡效能不足等。

3.2.1 产权性质——主体多元化、产权模糊化

行业协会属于会员制互益性组织，其财产（收入）大致有三种来源：会费，政府拨款、资助，社会捐赠。因此，从理论上讲，会员、政府和捐赠人都属于协会的“所有人”。对于后两者，往往是政府和捐赠者以放弃资产的所有权（让渡给行业协会）为条件，要求或希望资产运用服务社会公众或符合特定公益目的，因此大多数资产来源多样化的协会同时兼具互益性和公益型组织属性，并不存在一个单一的产权主体。另外协会会员所缴会费并非会员行使剩余索取权的依据，只是他们取得会员资格和享受协会服务的条件。由于受非分配约束（即不能将协会收益分红给会员），会员对协会资产拥有的剩余索取权具有不可分割和非量化性，因而理论上是属于全体会员的整体权利，故单个会员只拥有残缺产权，不能据此主张分红，甚至不能转让。从而，行业协会的产权主体是多元化的，产权关系由此也模糊不清，难以界定。这种产权特征必定导致产权主体治理动机的弱化，削弱协会会员参与协会管理的动机，疏于管理或不关心协会的治理。这也为后面论及的治理失灵——大企业控制或内部人控制提供了温床。

3.2.2 委托代理机制——治理目标多元化、委托代理复杂化

在所有权与控制权相分离的条件下，行业协会内部也必然存在委托代理关系。另外，行业协会的非营利性、志愿性以及治理结构的特殊性和信息的不对称性更增加了其委托代理问题的复杂性。

3.2.2.1　治理目标

行业协会具有多种功能，既要提供俱乐部产品（如向会员提供收费服务）以满足会员的特定需要，也要提供行业公共产品以实现和增强行业公共利益（如游说政府出台有利行业发展的政策）（徐林清、张捷，2007），即治理目标是多元的。更为严峻的是，行业协会提供的许多产品属于非市场产出的准公共产品，缺乏相应价格信号或消费者自由选择，难以用质量、数量、成本、利润加以度量，因此，治理目标的多元化和治理绩效非度量化导致行业协会治理中的委托人对代理人的监督变得异常困难，而这将进一步弱化委托人对代理人的治理动机。

3.2.2.2　委托代理关系

行业协会的委托代理包括以下两个层次：

第一层：会员大会-理事会委托代理。理事会应会员大会委托，负责制定协会重大战略决策和监督执行者（秘书长），但由于受到非分配约束限制，包括会长和副会长在内的理事会成员均以志愿身份参与管理，不索取或只索取少量报酬，大多凭借满腔热情或使命，社会责任或社会声誉，这必然会影响他们的工作投入度和积极性。再加上理事成员多为大企业的所有者或老板，平时商务繁忙，无暇甚至无心顾及其协会兼职。而协会的普通会员往往是中小企业的企业主，其影响力有限，且彼此之间存在竞争，虽然凑在协会这一“大家庭”内，但终究“各怀鬼胎”，难以真正团结起来形成合力参与协会的监督。因此协会的会员大会极容易蜕变为一年一度的聚餐酒会或联谊会。

第二层：理事会-执行者（秘书长）委托代理。协会的秘书长类似于职业经理人，属于协会的雇员。非分配约束使协会对秘书长的物质激励极为有限，更缺乏类似企业对职业经理人的股票、期权等强物质激励。由于缺少个人利益关联，协会理事会难以履行利益相关者职责，从而丧失对执行者监管和控制的动力。同时协会的非营利性决定秘书长难以获得物质激励，进而参与协会管理的工作积极性便大打折扣。由于存在非分配约束限制，协会的收入和所得不能分配给内部成员或会员，加上所有者虚拟化，因此其治理结构不能借助利益驱动机制，转而由理事会和执行长共同担负起治理重责。至于行业协会的理事会与执行长之间的关系，应该在强调理事会权威的同时，更应寻求理事会与执行长之间的协调运作和相互促进。

3.2.3　内部治理结构与机制

治理结构是组织中利益制衡机制的制度安排，是对组织实施治理的基础。一般认为，治理结构有两个组成部分：组织内部结构设置和组织机构运行规范。内部治理结构包括权力机构，决策机构、执行管理机构以及监督机构。组织结构运行规范主要指机构之间形成权责明晰、运转协调、决策科学和相互制约的统一机制（金锦萍，2005）。

3.2.3.1 协会治理结构设置

行业协会的内部组织机构大致包括会员（代表）大会、理事会、常务理事会、秘书处、会长、副会长、监事会等。其中，会员大会一般是协会的最高权力机构，行使最终控制权和对理事会的监督权；理事会作为决策机构和监督机构，行使经营决策权和对执行者的监督权；秘书处作为执行机构，行使日常营运权和经营指挥权。监事会并非法定设立机构，我国行业协会的监督管理职责由登记管理机构（一般为民政局）和业务主管机构（一般为工商联或经贸局）来履行。值得关注的是，现阶段一些大型协会出于各种需要也设立了监事会或监事，但由于所有者缺位和监督主体动力不足、能力有限，导致其监督职能弱化，效率低下，内部监督机构大多流于形式，并无实际效能。东莞市餐饮行业协会（东莞市烹饪协会）组织结构如图 3-1 所示。

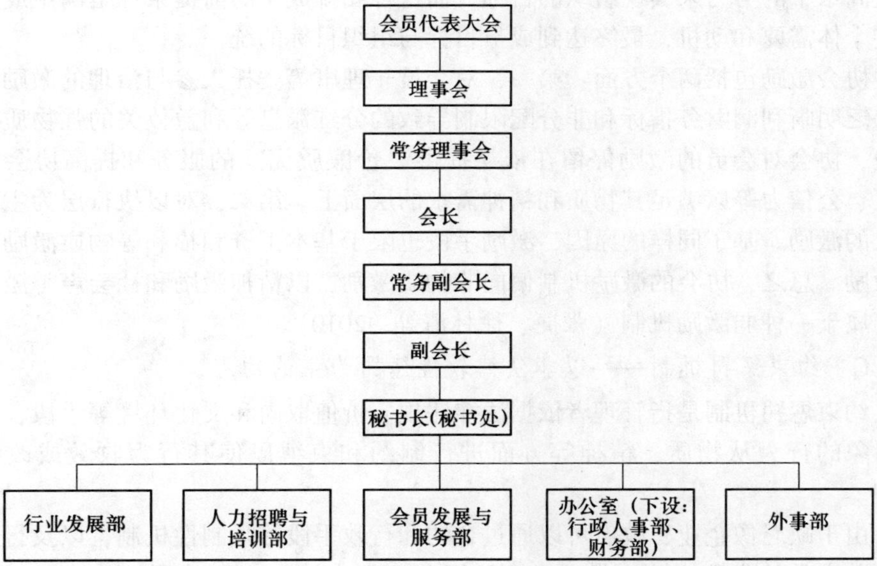

图 3-1 行业协会内部结构设立——东莞市餐饮行业协会（东莞市烹饪协会）组织结构

（来源：http://www.dgcanxie.com/cn/Company.asp? EnterpriseId=4）

3.2.3.2 内部治理机制

如果将协会的治理机构设置视为静态功能的实现，那么治理机制则是协会静态功能的动态化。一般认为，协会内部治理机制包含决策机制、激励机制、约束机制和监督机制等组成部分（张捷等，2009）。

A 决策机制——层级制决策下的民主治理

决策机制是指决策权在组织内部不同行为人、机构之间的分配原则及方式，包括决策主体的确立、决策权划分、决策组织和决策方式等。协会的决策机制仍然属于权力分配机制，为层级制决策。但是行业协会的层级制又具有鲜明的特征，实行不论资本实力或职位高低，所有会员一律平等，一人一票和同票同权的决策原则，即使有些会员缴付了相对其他会员较多的会费，也不能就此主张大于他人的权利。在确立以会员（代表）大会作为协会最高权力机构和决策机构的原则下，协会采取投票表决制度，不论会员规模或资本大小，以会员投票数的多寡来通过决议。如是观之，行业协会组织治理属于一种民主治理。不过这种治理方式也有一定的局限性，如会员异质性过大，利益分化严重，则协会治理也会显现出决策效率低下等通病。

B　激励机制——轻物质重声誉的弱型激励

激励机制是通过一套合理的制度来反映激励主体与激励客体相互作用的方式。对组织来说，是指其对成员施行的以增强其工作动力的制度安排，确保成员通过高水平的努力来实现组织的目标，而这种安排成立的前提条件是满足成员的某些个体需要和动机，最终达到成员目标与组织目标的统一。

协会激励包括两个方面：第一，对会员、理事等委托人参与治理的激励。由于缺乏明晰利润财务指标和非分配限制导致的分红派息等利益攸关的强物质激励缺失，协会对会员的激励停留在依靠提供“价廉质优”的服务和提高协会的知名度、公信力等以满足其物质和精神需求的层面上。第二，对以执行层为主的代理人的激励。基于同样的原因，激励手段也限于基本工资和福利等物质激励和声誉激励。总之，协会的激励机制偏向非物质激励，以精神激励和社会声誉激励为主，属于一种弱激励机制（张捷、徐林清等，2010）。

C　约束惩罚机制——以非法律软性惩罚为主的约束

约束惩罚机制是指管理者依据法律法规、价值取向和文化环境等手段，对管理对象的行为从物质、精神等方面进行制约和束缚以使其行为收敛或改变的机制。

由于缺乏像企业、政府可以通过合约和行政手段等强制性机制，以及行业协会公共产品的非排他性、非竞争性特征和“熟人社会”组织属性，协会只能依靠软性的、自我执行的约束机制。如通过订立自律规范、协议等来促使会员遵守行规行约。在惩罚机制上，除非得到政府或法律的授权，协会的手段也极其有限，主要限于批评教育、内部通报、行业曝光、罚款、集体抵制、开除会籍等非法律惩罚形式。这些手段和措施的效力极其有限，如行业曝光等对会员信息的保密和协会的团结造成不利影响，所谓“家丑不外扬”；开除会籍也属于协会“可望而不可即”的“尚方宝剑”，看起来很具有威慑力，但实际上几乎不用或怕用（对那些规模不大、影响力有限的协会来说更是如此）。

因此，协会最常见运用的惩罚约束机制是依靠多边声誉机制来对会员违规行为进行预防、警示和制约。但协会与会员之间又存在一种双向约束（治理者自身被治理的悖论）：一方面，会员是协会内部治理的主体，有权（通过会员大会）监督约束协会的领导层和执行层；另一方面，会员反过来是协会实施行业治理的对象，自身也要接受协会规约的约束。这导致协会约束惩罚机制偏“软”，更具柔性。

D 监督机制——所有者缺位决定的搭便车和监督弱化

监督机制是指组织系统内部及各构成要素相互作用的关系及其运行方式。对于行业协会来说，监督机制包括两个层面：对内由于所有者缺位导致监督主体缺乏，监督机制较弱；对外由于“一业一地一会”的政策和管理体制导致的“市场竞争”缺位造成外部监督机制的弱化。概言之，协会治理结构的内部制衡机制不足，关键原因不在于机构设置，而在于作为非营利的互益性组织，行业协会缺乏真正意义上的股东，尤其是治理动机强的大股东。“所有者”缺位加上民主治理所要求的一人一票的决策规则，导致协会极易受到集体搭便车的困扰。

会员如果采取“搭便车”等机会主义策略，则会导致行业协会治理的失灵：第一，大企业控制。即协会的运作经营被少数强势会员（往往是大企业）所左右。协会会员搭便车主要表现为：不愿意（有时没有机会）参与协会的治理和监管，如不出席会员大会，不履行对理事会或其他领导层的监督义务，甚至不交纳会费等等。搭便车将会使协会内部治理的制度安排流于形式，治理结构混乱和治理功能萎缩，其结果是形成少数大企业或强势会员对协会的掌控。而由于这些强势会员又多为明星企业或经营精英，担任协会的领导职务，并通过认捐、赞助等手段，操控选举，独揽会务，使会员大会沦为摆设，甚至连理事会和秘书长等亦成为他们控制的工具。他们或许会为其他会员或行业争取一定利益，但更多地是利用协会来提升自己的社会和政治地位，甚至绕过协会直接替自己企业谋利。第二，内部人控制。即协会被以秘书长为代表的执行层所掌控。在一些以中小企业为主的协会中，如果会长和理事会疏于治理，协会大权旁落，则秘书长成为协会的实际领导人。这类秘书长往往具有职业经理人的本领，属于业界精英，质素较高，业务能力强，精明干练，且人脉资源丰富，有事业心和领导艺术，对协会发展具有重要的作用。但一旦协会被内部人控制，囿于非分配限制和弱激励等特征，协会极易产生营利倾向，沦为个人敛财的工具。第三，被政府控制。传统的体制内协会，目前仍有一些与政府有着千丝万缕的联系，有些甚至或明或暗地把持在政府手中，未能实现民间化。这些被称为“二政府”的协会，“戴市场的帽子、拿政府的鞭子、坐行业的轿子、收企业的票子”，其内部治理形同虚设，在服务会员上碌碌无为，主要通过寻租来维持生计，不少处于可有可无或濒临倒闭的境地。

虽然本质上是一种弱型治理，协会治理并非就是低效治理。与强型治理相比，弱型治理更具柔性，而非刚性特征；更偏好自律，而非重视他律；更倚重道德约束，而非依赖利益驱动；更多依靠非正式制度，而非凭借正式制度（张捷等，2009）。必须认识到，弱型治理是行业协会作为一种非营利互益性组织和非科层化的平等沟通网络及企业之间自愿结成的自治团体的必然要求。行业协会既不具有政治威权和强制力，也并非拥有雄厚的经济资源，但在实现行业企业的共同利益上却具有独到的优势。协会存在的合理性和合法性不仅在于凭借组织的规模效应节约了政府与企业、企业之间、企业与社会之间的交易成本，更在于它有效地解决了行业企业集体行动中的“搭便车”问题，提高了集体行动的成功概率。奥尔森指出造成集体行动困境的关键在于缺乏“选择性激励”机制。此后的研究表明，充足的社会资本有利于生成这种机制，进而克服集体行动的困境。奥斯特罗姆认为：“当成员面对集体行动困境时，仅有意识形态、习俗等是不够的，还必须有作为社会资本重要形式的规则体系或制度的有效运作，否则搭便车或机会主义行为是相当难以克服的”❶。帕特南则明确指出：“集体行动困境，可以通过利用外部的社会资本加以克服”❷。青木昌彦也提出了类似的观点：“一个能产生足够规模的社会资本的社会交换博弈，就可能形成合作性规范，使集体行动的困境迎刃而解”❸。因此，行业协会的治理绩效的高低，能否克服搭便车问题、成功组织集体行动，除了受治理结构、制度环境、行业组织结构的影响外，更多地取决于其积累的社会资本存量的大小。

3.3 行业协会治理绩效与社会资本

3.3.1 协会治理绩效的影响因素

行业协会治理效果的好坏，除了受其内部治理结构等静态因素的制约外，还受到治理机制、组织规模、资金结构、产品性质和社会资本等动态性质要素的影响。

3.3.1.1 内部组织结构和规模

组织的产生和发展必须要能动员足够的资源。所谓动员，可以理解为“为追求集体目标而组成群体、团体、社团以及组织的过程”❹。行业协会作为一种组织并不是自发产生的，其建立和发展需要聚集和动用包括人力、财力和物质在内的各类资源。而这些资源的提供者只有在获得激励时才会提供。根据传统的组织

---

❶ Ostrom E. A behavioral approach to the rational choice theory of collective action. American Political Science Review，1998，1.

❷ 帕特南. 使民主运转起来［M］. 南昌：江西人民出版社，2001：198.

❸ 青木昌彦. 比较制度分析［M］. 上海：上海远东出版社，2001：212.

❹ 郁建兴等（2008）第75页。

均衡理论，组织参与者只有在其得到的回报不少于其所做的贡献时，才会继续参与该组织。而各个参与者为组织所做的贡献即为组织给予他们回报的源泉。因此，只有组织得到足够的支持与贡献，从而能够提供适度的回报以获得这些支持与贡献时，组织才会有主体性，才得以存在❶。另外，奥尔森的小集团理论告诉我们，小集团要比大集团更容易组织起集体行动，具有选择性激励机制的集团比没有该机制的集团更容易组织起集体行动。这意味着，当一个协会规模足够小时，少数精英成员的自发行动就有可能实现集体目标，而并不需要严谨的治理结构；只有当组织规模扩大，成员增加，异质性增强时，才需要有一套合理、正式甚至复杂的治理结构来提供选择性激励，对贡献者予以奖励，对“搭便车”者予以处罚。由此看来，协会发展初期对精英式人物的依赖以及在发展过程中的某些治理缺失可以用小集团理论予以解释。但当协会继续发展、规模达到一定程度后，治理结构必须能够得到完善。

3.3.1.2　协会的资金结构和组织性质

资金是维持协会运转的“血液”。如果营养丰富，协会的血液将会比较富足，如果营养源头贫乏，协会的供血就会不足，出现功能紊乱。协会的营养提供源头包括会员会费、会员捐助、服务收入、政府拨款和补助等。这些不同的营养源头不仅为协会提供了血液，而且源头特征不一样，将导致协会的性质也不一样。

其中，会费和会员捐赠是会员为了实现集体目标而缴纳给协会的资金，会员据此拥有无偿享有协会运用该笔资金而提供的服务（主要是俱乐部产品）的权利，非会员则无权享受该服务。但由于存在非分配限制，来自会员的项目经费或营业性收入不能分配给会员，协会对会费、捐赠和营业性收入的运作体现了协会的互益性非营利组织的性质。协会收入中来自政府拨款和补贴（还包括部分面向政府取得的服务收费，但这部分应该算作协会收入而由协会支配），是政府出于公共利益考虑，委托协会代为履行某种公共职责或提供公共服务（主要以公共产品形式）。因而协会运用该类资金提供的服务是面向全体社会成员的，不能被会员所独享。从而协会接受的这部分资金就已经具有了公益性质，不再是纯粹的互益性组织。

3.3.1.3　协会治理机制

作为影响协会治理的动态要素，治理机制将是绩效分析的重点考察指标，这包括对于各类决策机制、激励机制、约束惩罚机制、监督机制能否顺畅运行和达到预期目标的分析判断。它们与行业协会的理论关系已在前面作了说明。在实际分析中，基于研究方便，通常选取不同的机制作为考察因素，而不一定将这些机

❶ 斯格特. 组织理论［M］. 北京：华夏出版社，2002：159~160. 转引自郁建兴等（2008）第75页。

制全部包含在内。例如有时选取约束惩罚机制的指标，有时选取反映决策机制的指标。本书在下一节分析中重点考察了决策机制对于协会治理绩效的影响。

3.3.1.4　社会资本

社会资本是行业协会治理的重要影响变量，前人关于行业协会的研究并不多见，为了能对此有充分的研究和认识，本书在下面将其单独列出予以分析。

3.3.2　行业协会的社会资本

行业协会本质上是一种产业网络组织，具有强烈的自组织和协同治理特征。社会资本对于行业协会治理极其重要，甚至超过了治理结构等正式的制度安排（见图 3-2），但对于社会资本在行业协会中的具体表现形式和衡量方法，学界尚未形成一致的观点和看法。

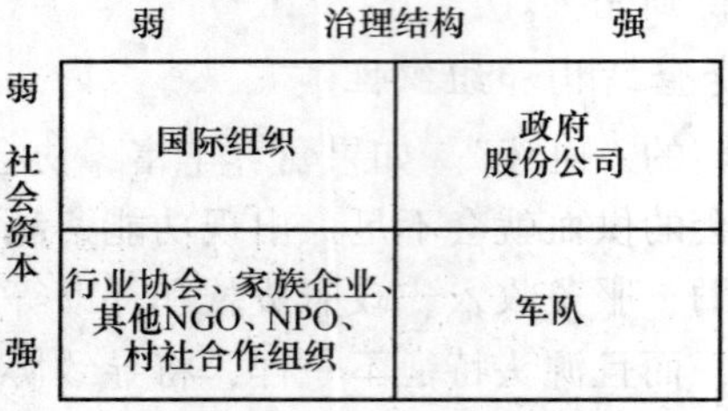

图 3-2　各类组织的正式制度与非正式制度[1]

3.3.2.1　社会资本概述

社会资本描述了这样一种资源，它推动了那种既非个人也非自然的，而是社会关系中所固有的某些特征。“社会资本”是由简·雅各布斯（Jacobs）首次使用的（巴尼亚斯科，2007）。但根据 Woolcock 和 Naranyan（2000）的研究，社会资本概念的正式提出，最早可追溯到海尼凡（L. J. Hanifan，1916）。此后，经过布迪厄（Bourdieu，1980）、弗拉普和格拉夫（Flap and De Graaf，1986）、詹姆斯·科尔曼（James Coleman，1988）、斯奇夫（Schiff，1992）、普特南（Putnam，1993）、福山（Fukuyama，1999）和林南（Lin，2001）等人的推广与发展，已经渗透到包括经济增长、金融、移民、企业治理、社区管理等诸多政治、经济和社会领域，发挥了强大的理论解释力[2]。不同的学者对社会资本的定义也不尽相同，据邹宜斌（2005）的统计，社会资本共有七种不同的定义。但其核心概念包括三个方面：网络资源、相互信任和合作行为。

---

[1] 转引自张捷、徐林清等（2010）第 172 页。

[2] 潘越等（2009）、刘兴国等（2009）、周红云（2007）、张科静等（2009）、Schatt and Brown（2000）、边燕杰等（2000）。

社会资本的使用层次大致包括两个方面：个人拥有的社会资本（社会网络中的个体利用网络关系和资源来实现自己的某些目标）和组织所拥有的社会资本（群体内部所拥有的可以促成集体行动的社会联结、互信和资源）。分别对应微观层次和宏观层次的社会资本（也有观点认为可分为微观、中观和宏观三个层次（Lin，2001））。布迪厄、科尔曼、伯特（Burt）、福山等都在微观层次上使用过社会资本的概念。帕特南在《使民主运转起来：现代意大利的公民传统》一书中，将社会资本概念的应用进一步扩展到更大规模的民主治理这一宏观层次上。帕特南这样定义社会资本：社会资本指的是社会组织的某种特征，例如，信任、规范和网络，它们可以通过促进合作行动而提高社会效益。因此，应用于行业协会治理的社会资本属于宏观层次或集体层面的含义。

3.3.2.2 行业协会社会资本

行业协会的社会资本是指行业协会内部成员在内部网络中可以利用的资源和行业协会在外部交往中获取稀缺资源的能力。关于集体或宏观层面社会资本的测量，各学者也提出了不同的观点。帕克斯通（Paxton，1999）认为集体社会资本有两个组成部分：个人之间的实际关联（association）和积极的"人际间情感（inter-subjective）"联系或关系。实际关联是在个人与邻居、朋友和自愿组织的成员所共同进行的社会生活中产生的。而积极情感则可以导致对同事的信任和对制度的信任。怀特利（Whiteley，1999）在研究国家社会资本的起源时提出，只有两类信任——对个人的信任和对国家的信任——才可能构成社会资本。因此，信任应该是测量社会资本的唯一要素。厄普霍夫（Uphoff，1996）将集体社会资本分解为结构性社会资本（structural SC）和认知性社会资本（cognitive SC）。前者主要是指客观和具体的组织和网络。后者包括一些主观和无形的因素，例如共同的态度、价值观念（信任、团结和互惠）和社会行为规范等。林南（2007）提出宏观的社会资本有两个部分：组织的内部社会资本（群体内部或参与者能够运用的资源）和外部社会资本（与其他群体所形成的网络和资源）。

比照上述集体社会资本不同的测量角度和方法，本书认为，行业协会的社会资本包含两个层次[1]：

第一，行业协会内部社会资本。主要表现为协会成员之间的信任和成员对协会的信任。为此，在问卷中[2]我们设立两个问题[3]来衡量协会内部社会资本，分

---

[1] 这里参考了边燕杰等（2000）关于企业社会资本的测量。

[2] 这里的数据来自东莞理工学院课题组对于东莞行业协会的调查。

[3] 会员对协会的信任对应问卷中的问题：行业/地区内的企业对贵会的支持程度是（备选项分别为：非常支持、比较支持、一般、不怎么支持、不支持）；会员之间的信任对应问卷中的问题：贵会的会员之间的相互信任程度如何（备选项：非常高、较高、较低、低、很少）。上述选项分别赋值5、4、3、2、1分。

别代表成员对协会的信任度和协会成员之间的信任度。这两个指标均考察协会内部的信任水平。必须注意的是，与其他衡量信任程度的社会资本指标方法一样，这种方法具有较大的主观性。

第二，行业协会外部社会资本。考虑到行业协会作为一种自治组织，需要处理好与外部利益相关者特别是政府的关系，尤其是在我国经济转轨时期政府对于行业协会发展具有重要决定作用的背景下。这里有两点考虑：首先，行业协会需要获得政治合法性（高丙中，2000），必须处理好与政府的关系，才能争取到比较好的政治发展空间；其次，与其他外部利益相关者的良性互动和沟通有利于行业协会争取社会合法性（高丙中，2000）和市场空间。

为此，本书选取两个指标分别来衡量外部社会资本。（1）行业协会成员中是否有人大或政协代表。以此来表示行业协会获取政治合法性的能力。因为在我国当前的政治体制下，争取优惠政策或可以有效影响政府决策的主要途径是通过“两会”提交相关提案，使之形成有利行业发展和会员利益的政策或法律；（2）行业协会经费支出中是否有用于公共关系的支出。以此来代表行业协会获取社会合法性和市场空间的能力。如果行业协会利用自身优势和力量来改善与消费者、供应商和其他利益相关者的关系来提升协会形象，则能极大地拓展市场空间，增强其社会合法性。

上述四个指标虽然符合行业协会社会资本的定义，但是不完全，未能涵盖行业协会社会资本的全部内容。作为第一次提出和使用这一概念的研究者，本书的测量只是一次初步尝试，四个指标的信度也须在今后的研究中得到验证。

为了便于资料简化和理论概括，本书将四个指标用因子分析的方法进行合并。原始数据经过 KMO（0.518）及 Bartlett's 球形检验（Bartlett's 值为 17.739，自由度为 6，sig = 0.007），比较适合因子分析。本书以主成分分析法进行因子分析，并以 Varimax 方法进行因子旋转，分析结果如表 3-1 所示。从表中可知模型共提取两个特征值大于 1 的因子，特征值分别为 1.691 和 1.054，解释变异量分别为 42.275% 和 26.354%，累积的解释变异量达到 68.629%，表示因子分析的结果能较好地代表原始变量[1]。从旋转后的因子载荷量可知，因子一可以命名为“相互信任与支持因子”或“内部社会资本因子”，因子二可命名为“外部社会资本因子”。

如何衡量行业协会社会资本的多少呢？本书首先计算出两个因子得分，再以旋转后因子的方差贡献率为权数，将样本协会的综合得分函数 STA 表达为：

$$STA = 0.5816\times 内部社会资本因子 + 0.4184\times 外部社会资本因子 \tag{3-1}$$

[1] 另外，碎石图（scree plot）显示提取两个公共因子即可。计量方法可参见 Cattell（1966），转引自王保进（2007）第 65 页。

根据式（3-1）即可计算出各协会的社会资本存量大小。

表 3-1 行业协会社会资本变量的因子分析结果

因子 变量	因子一 相互信任与支持因子	因子二 外部社会资本因子	共同性
1. 企业之间的相互信任❶	0.903①	0.014	0.816
2. 企业对协会的支持❷	0.873①	-0.176	0.793
3. 公共关系支出	0.009	0.801①	0.641
4. 人大或政协代表	-0.135	0.690①	0.495
特征值	1.691	1.054	2.745
解释变异量	42.275%	26.354%	
累积解释变异量	42.275%	68.629%	

①因子载荷量大于 0.5。由于数据缺失，只有 38 家行业协会参与因子分析。

3.3.2.3 社会资本影响因素分析

行业协会社会资本的原始形态是标准分变量，均值为 0，标准差为 1，最小值为-1.785，最大值为 1.533。为了理解方便，可将原来社会资本因子加上 2.785，使最小值为 1（占 2.6%）；最大值为 4.318（占 2.6%）。总体分布呈现“W”形（如图 3-3 所示），表明东莞市行业协会目前的社会资本存量分化比较明显，社会资本比较丰富和比较贫乏的行业协会占比比较大，而处于中等社会资本水平的协会相对比较少。上述数据分析也表明行业协会的社会资本存量是不均等的。

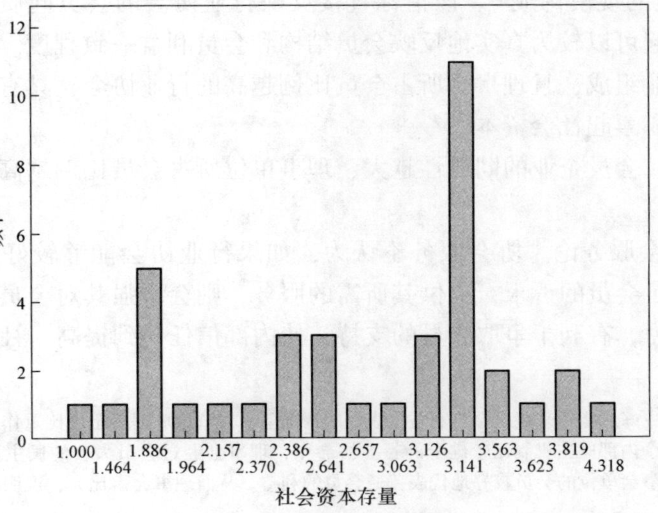

图 3-3 社会资本存量分布图

❶ 问卷设计的备选项为：非常高、较高、较低、低、很少。分别赋值 5、4、3、2、1 分。

❷ 问卷设计的备选项为：非常支持、比较支持、一般、不怎么支持、不支持。分别赋值 5、4、3、

2、1分。

由于本书选取内部社会资本因子作为行业协会社会资本代理变量，因此行业协会内部的组织结构特点，特别是会员之间的同质性和利益共同性以及协会服务会员企业的状况将会决定行业协会社会资本存量的高低。为此，本书对上述现象给出三方面的解释：

（1）会员结构与利益共同论。Rademakers（2000）将行业协会的信任增进功能归纳为基于（交易）过程的信任（process-based trust）、基于交易特征的信任（characteristic-based trust）和基于制度的信任（institutionally-based trust）。普遍信任产生互惠合作，但信任与合作都源于一个基础条件——组织成员之间的共同利益。增进会员的共同利益是行业协会的宗旨和立会之本。而行业协会成员利益的共同性主要源于其个体特征（包括企业的业态、规模和产权特征等）方面的同质性。会员之间的同质性越强，则彼此的共同利益越多；反之，则容易产生利益分化，进而不利于行业协会内部的社会资本积累，引致治理绩效的下降。

本书选取两个指标来衡量会员的同质性与利益共同性：1）会员企业中理事单位所占的比重。行业协会理事会是会员大会的执行机构，有权选举和罢免会长和副会长、聘免秘书长、制定内部管理制度、决定重大事项等，在行业协会治理中扮演着极为重要的角色。如果理事会不能代表广大会员的利益❶，将会导致会员的分化，降低会员对协会的信任度，从而降低社会资本存量和治理绩效；2）会员企业的规模构成❷。该指标直接反映行业协会的会员同质状况。两个指标结合在一起可以较为真实地反映会员结构和会员利益一致程度。显然，越是由大量同质企业组成，且理事会所占会员比例越高的行业协会，具有的共同利益越多，越容易积累起社会资本。

假设一：会员企业的同质性越大、理事单位所占会员比例越高的协会，社会资本存量越高。

（2）协会服务论。协会服务论认为，如果行业协会能够较好解决会员之间的争端和满足会员的诉求，提供其所需的服务，则会增强其对会员的吸引力，扩大协会影响力，有利于争取会员的支持，使内部信任得到提高，社会资本存量也

---

❶ 在缺乏更好的指标来代理会员利益代表性的情况下，文章选取理事单位比重作为次优选择。这主要考虑到，在一个内部民主机制比较健全的行业协会中，理事会经过会员大会的民主选举产生。理论上讲，能够入选理事会单位的会员较好地代表普通会员的利益。从而理事会占比大，说明会员代言人比较充裕。

❷ 问卷设计的备选项为：会员基本上是行业内的大企业、会员基本上是中小企业、会员由多数大企业和少数中小企业组成、由少数大企业和多数中小企业组成。分别赋值4、3、2、1分。这里主要考虑到如果协会基本上由大企业会员构成且数量有限，则其同质性最佳；基本上由中小企业组成的协会，会员规模相当且数量适度，则同质性次之；而以大企业为主构成的协会和以中小企业为主的协会，其会员呈倒“T”字结构，异质性较大。

因而增加。为此，本书用来代理协会服务状况的指标为：协会在多大程度解决争端和满足会员诉求❶。

假设二：协会越能解决争端和满足会员诉求，社会资本存量越高。

（3）协会规范论。协会规范论认为，对于运作规范、决策民主且受到会员普遍认可的行业协会，在执行协会规章制度和行规行约方面应该做到赏罚分明，一视同仁。只有这样才能树立行业协会的威信，建立互惠性规范❷，培养内部社会资本。为此，本书选取“会员违反章程或行规时行业协会的态度”作为指标变量进行衡量❸。

假设三：越是赏罚分明，严格执行规章制度和行规行约的协会，其社会资本存量越高。

为了考查以上关于行业协会社会资本决定要素的三种假设的正确性，本书进行了回归分析。分析使用的软件为 Windows SPSS18.0❹。因变量为行业协会会员之间的相互信任程度❺。自变量分别取自上述假设中所选定的评价指标。回归结果如表 3-2 所示。

表 3-2 行业协会社会资本决定要素回归模型

自变量	标准差	回归系数	
		非标准化系数	标准化系数
理事单位占会员比重	0.630	1.095①	0.299①
会员企业的规模构成	0.114	-0.099	-0.163
协会解决争端和满足诉求	0.134	0.244①	0.309①
企业对协会的支持程度	0.182	0.478②	0.464②
会员违反章程或行规时的态度	0.125	0.022	0.03
常量	0.752	1.208	
R^2 0.496	调整 R^2 0.381		
F 值 4.325③	D-W 值 1.278	样本数	28

①显著性水平 $p<0.10$；②显著性水平 $p<0.05$；③显著性水平 $p<0.01$。

上述回归结果比较好地验证了本书所提出的后两个假设（协会对待会员违规

❶ 问卷设计的备选项为：基本上能解决所有的问题或诉求、较好地解决或满足、解决或满足少部分、几乎不能解决或满足。分别赋值 4、3、2、1 分。

❷ 互惠性规范也属于 Putnam（2000）提出的社会资本形式之一。

❸ 备选项为：严格按章程进行惩罚；视情节轻重而定，有时惩罚，有时不惩罚；视会员的地位或作用而定；几乎不惩罚。分别赋值 4、3、2、1 分。

❹ 下面的回归分析亦使用该软件。

❺ 该变量在内部社会资本因子具有很高的载荷量。

的态度没有表现出显著性水平)。即协会越是能严格执行各项章程和规定，越能解决争端和满足会员诉求，社会资本存量越高。从而正面支持了本书提出的协会服务论和协会规范论。

但是实证分析结果与第一个假设不太吻合（尽管规模构成系数不显著)。理事单位占会员比重越大，越有利于协会社会资本的积累，而规模构成表现出与社会资本存量的反向相关关系。这也许是由于问题本身设计得不尽合理，有待在以后的调查中改进。对上述结果的可能解释是，现阶段理事单位占会员比例的扩大意味着协会的代表性和民主性在增强，会员对协会的信任感在增加，从而有利于协会治理绩效的提高。另一方面，从理论上讲，协会会员同质性的增加有利于共同利益的扩大和社会资本的积累。但也必须认识到，会员作为同行业企业，同质性越强，相互之间在业务上的竞争性也越强（所谓同行是冤家)，而非同质性的企业（如大企业与中小企业）之间的竞争反而较少。因此，企业的同质性与企业的共同利益及社会资本之间的关系，是一个相当复杂的问题，需要进一步探讨。鉴于目前我国行业协会的决策权大多被控制在少数行业大企业手中，实证分析带给我们的启示是，要增加会员对协会的信任，提高社会资本水平，必须扩大理事单位的比重，吸收更多中小企业会员进入协会的决策层或监督层，让小企业会员的利益诉求能够充分体现在协会的各项政策中。

3.3.3 社会资本与协会治理绩效的关系

行业协会作为一种互益性的非营利社团组织，存在典型的弱型治理特征，其治理绩效的高低主要取决于行业协会所积累的社会资本存量大小。为了验证这一点，下面我们利用回归方法对社会资本对行业协会治理绩效的影响进行实证分析。

3.3.3.1 影响行业协会治理绩效的其他因素

如前文所述，行业协会社会资本存量是影响其绩效的主要因素之一，此外还有其他因素，如协会的专职人员数量与素质、决策方式、收支状况、会员参与度、会员地位平等状况等，也将对协会的治理绩效产生影响。

(1) 专职人员配置。我们主要选取协会专职人员占该协会会员总数的比重作为评价指标。专职工作人员的多少往往决定协会管理的规范性和专业化水平。直观来看，该比率越大，表明单位会员数量所对应的协会专职人员越多，其分工越细，越有利于协会的运作管理，从而有利于治理绩效的提高。但是这里有一个前提条件，即专职工作人员必须具备基本的职业素质和操守。如果协会工作人员中来自退休官员等“闲人”比例高，则尽管该协会的工作人员数量较多，但其治理效率不一定高。

(2) 协会收支状况。协会运作需要足够的资源，会费是协会主要的收入来源❶。这里选取会费占全部收入的比重作为评价指标。该比值越大，可能表明会员对协会的支持度越高，从而有利于协会治理。但是，作为自愿性的非营利组织，协会的会费标准往往较低，如果会费占总收入的比重过高，则意味着该协会的收入来源单一，可支配的财力有限，这必然会影响到其各项职能的履行，从而不利于协会绩效的提高。

(3) 会员权利平等与民主决策。协会的民主治理要求实行一人一票的决策规则，虽然有些会员缴付了比其他会员更多的会费或捐赠，也不应就此主张大于其他会员的权利。事关协会共同利益和行业整体利益的决策应该实行民主表决，防止出现大企业控制和内部人控制。为此我们选取两个指标：协会重大决策的决定方式❷、会员权利是否平等。

(4) 会员参与状况。如果全体会员能够积极参与协会的治理，认真履行各项权利，将会在一定程度上防止协会被大企业或内部人控制，促进民主管理，提高协会治理效率。为此本书选取一个指标：通常情况下参加年会的会员企业占全体会员的比例❸。

为了能集中反映社会资本以外的变量对行业协会治理绩效的影响，本书亦采取因子分析法来提取主要影响因子，同时也有利于做出理论解释。因子分析结果如表 3-3 所示。

表 3-3 行业协会社会资本以外的变量因子分析结果

因子 变量	因子一 组织结构与参与因子	因子二 民主决策因子	共同性
1. 参加年会的比例	0.770①	-0.135	0.612
2. 会费所占比重	0.730①	-0.058	0.537
3. 专职人员比重	0.664①	0.204	0.483
4. 重大事项决策方式	-0.107	0.826①	0.694
5. 会员权利平等	0.098	0.817①	0.677
特征值	1.591	1.411	3.002
解释变异量	31.816%	28.219%	
累积解释变异量	31.816%	60.035%	

①因子载荷量大于 0.5。

❶ 问卷中涉及到协会的收入来源包括：会费、对会员的服务收费、协会对外的经营收入、捐款和赞助、政府购买服务和拨款补贴等。

❷ 备选项：由会长或会长办公会议决定、由秘书长决定、由秘书长决定后提请理事会批准、由理事会或常务理事会决定、由理事会决定后提交会员大会批准、其他（请注明）。分别赋值 1、2、3、4、5、6 分。在所有样本中只有两家协会选择“其他”，并注明为“民主集中制”和“章程”，据此可以判断赋予它们 6 分比较合适。

❸ 备选项为：90%以上、80%~90%、70%~80%、60%~70%、50%~60%、50%以下。分别赋值 6、5、4、3、2、1 分。

分析主要指标为：KMO = 0.537，Bartlett's 球形检验值为 14.522，自由度为 10，sig = 0.150，表明比较适合因子分析。碎石图（scree plot）显示提取两个公共因子较为合适。因子一可解释“专职人员配置、会费支出和会员参与度”，故命名为“组织结构与参与因子”；因子二可解释“重大事项决策方式和会员权利平等”，故命名为“民主决策因子”。

3.3.3.2 行业协会治理绩效测量

由于缺乏与公司等营利组织类似的利润指标，且存在治理目标多元化特征，学界对于行业协会治理的绩效度量一直没有取得共识❶。行业协会的宗旨在于提供各种产品或信息，服务会员，增进行业共同利益。因此，行业协会绩效的高低在很大程度上只能通过其提供的各种产品或服务体现出来，即可以通过协会提供的俱乐部产品和行业公共产品对绩效予以评估。为此，本书采用因子分析法对协会提供的 8 种俱乐部产品和 9 种行业公共产品❷（如表 3-4 所示）进行因子归纳，以提取适合测度治理绩效的指标。

表 3-4 行业协会治理绩效：测量及因子分析

产品类型	因子载荷系数
行业协会提供的俱乐部产品	
1. 提供行业信息	−0.019
2. 举办展会，开拓市场	0.650
3. 技术和职业培训，人才交流	0.244
4. 参观考察、联谊和对外交流	0.263
5. 为会员企业提供融资服务	0.633
6. 制定行约行规，维护会员合法权益	0.605
7. 调解内外部的各种纠纷	0.119
8. 产品质量检测，进行各种认证	0.292
行业协会提供的公共产品	
9. 与政府沟通，争取对行业有利的政策措施	0.163
10. 组织涉及行业工资和其他事项的集体谈判	0.462
11. 参与制定行业标准和行业发展规划	0.375
12. 评选行业名优产品，创建区域品牌	−0.085
13. 组织反倾销应诉或反倾销上诉	0.591
14. 价格协调，规范竞争行为	0.052
15. 组织会员开展各种社会公益事业	0.679
16. 打击假冒伪劣，维护会员企业品牌	0.530
17. 兴办经济实体，壮大协会经济实力	0.598
因子值	
均值 0.000　标准差 1.000	
最大值 2.207　最小值 −2.039	
样本数 42　解释度 29.498%	

❶ 张捷等（2009）提出选取组织覆盖率、组织资源和组织产出等多个指标来测度商会治理绩效。陈俊龙等（2003）、胡杨成（2005）、唐跃军等（2005）、仲伟周等（2006）提出了评鉴非营利组织的方法和评价体系。

❷ 这里的数量获取方法为：由受访协会对 17 项指标进行打分。打分标准是将协会对 17 类产品的实施力度分为很强、较强、较弱、很弱和没有实施等五个层次，分别对应 4、3、2、1 和 0 分。

因子分析的各项指标如下：KMO = 0.543，Bartlett's 球形检验值为 272.041，自由度为 136，sig = 0.000，比较适合因子分析。碎石图（scree plot）显示提取一个公共因子较为合适。最终提取的治理绩效因子为标准分变量。为了便于理解和叙述，将所有治理绩效因子得分提高 3.039。统计显示，绩效因子最高为 5.22，占 2.4%；最低为 1.00，占 2.4%。绩效得分分布比较均匀，表明现阶段东莞市行业协会的治理绩效处于均衡发展态势。

3.3.3.3 行业协会社会资本与治理绩效回归模型

将社会资本因子和组织结构与参与因子、民主决策因子引入行业协会治理绩效的回归模型中，结果如表 3-5 所示。为了使模型更具有适用性，这里将内部社会资本因子和外部社会资本因子同时引入。结果分析如下：

表 3-5 行业协会治理绩效回归结果

自变量	标准差	回归系数	
		非标准化系数	标准化系数
内部社会资本因子	0.173	0.347①	0.346①
外部社会资本因子	0.169	0.016	0.015
组织结构与参与因子	0.178	−0.482②	−0.470②
民主决策因子	0.161	0.291①	0.284①
常量	0.163	0.027	
R^2 0.284	调整 R^2 0.185		
F 值 2.872②	D-W 值 2.239	样本数	34

①显著性水平 $p<0.10$；②显著性水平 $p<0.05$。

（1）社会资本对治理绩效的影响。从上述回归结果来看，行业协会的社会资本越丰富，其存量越大，越有利于其治理绩效的提高。无论是内部社会资本，还是外部社会资本，都显示出与治理绩效的正相关关系，但外部社会资本系数小且不显著。这表明现阶段增强行业协会的内部信任，包括会员之间的信任和会员对行业协会的支持与信任，将提高行业协会的绩效水平。外部社会资本未通过显著性检验，表明行业协会虽然致力于改善与以政府为首的外部利益相关者的关系，但却并没有使协会的治理绩效得到显著改善。这也与中国目前的实际相符。在大政府小社会的格局下，目前我国的行业协会尚未成为真正的自治组织，其与政府的关系基本上还是一种在依附状态下寻租的关系，协会即使有心参与政治和影响政府决策，但仍然缺乏平等博弈的地位和制衡政府的手段。据我们的调查，在明确回答会员或管理层中有人大代表和政协委员的协会中，对于问题“人大代表和政协委员的产生与协会的影响力大小有无关系”[1]，回答为“有很大的关系”

[1] 备选项：有很大的关系、有一定关系、关系很小、毫无关系。

的样本只有15.8%；对于问题"协会的人大代表或政协委员在参政议政过程中，能否代表本行业的利益"❶，回答为"很大程度上代表了本行业的利益"的样本占40%；对于问题"协会的人大代表或政协委员在参政议政过程中，是否从全行业的利益出发，提过有关议案、提案，或为行业发展和会员的利益向政府部门呼吁"❷，回答为"非常多、经常呼吁"的样本占50%。以上情况表明虽然行业协会较为重视外部社会资本的作用，但外部社会资本现阶段尚未发挥出为行业协会争取社会资源和发展空间的效能，未能显著提高协会的治理绩效。

（2）社会资本以外的因素的影响。回归结果表明，组织结构与参与因子同协会治理绩效之间呈现负相关关系。由于参加年会比例、会费所占比重以及专职人员比重在该因子上具有较大的载荷量，可以近似认为三个指标变量与协会绩效反方向变动。这种情况与本书的理论假设有一些出入。第一，会员参加年会的比例表现出对治理绩效的负向影响需要在以后的研究中确证。我们推测，这可能与现阶段行业协会年会的性质有关。年会本应是全体会员就关系到协会或行业利益的重大事项进行讨论和民主表决的会议，但现实情况却是，由于缺乏民主治理机制，许多协会的年会已蜕变为每年一次的聚餐酒会，丧失了其最高权力机关的功能，这显然不利于协会治理绩效的提高。第二，会费占收入的比重与治理绩效负相关的原因可能在于，目前我国行业协会的会员数量普遍偏少，会费标准偏低，如果缺乏其他收入来源（即筹资能力低下），主要依赖会费收入来维持协会运转，将使得协会行使各项职能的经费严重不足。摆脱困境的出路之一是加强协会的服务功能，提高服务性收入在协会收入中的比例，以增强协会的财务自主性。第三，关于职员占会员比重与治理绩效负相关的可能解释。在经费不足的情况下，提高职员占会员的比重，只会令协会更加捉襟见肘，经费将主要用于给职员发工资，无力开展其他的服务活动。协会尸位素餐、不起作用，会令会员的数量进一步减少，形成恶性循环。相反，在职员数量不变甚至减少的情况下，会员的数量增加，不仅使得协会开展活动的资源变得宽裕，同时也表明协会的功能增强，对会员的吸引力增大。因此，在现阶段协会的代表性严重不足的情况下，职员占会员比重低的协会，其治理效率反而可能较高。

民主决策因子与协会治理绩效之间呈现正相关关系。由于重大决策方式以及会员权利平等在该因子上具有较大的载荷量，可以近似认为这两个变量与协会绩效正方向变动。这与本书的理论假设相符。会员地位越趋于平等，同票同权原则贯彻得越彻底，越有利于吸引会员参与协会管理，履行各项职责，同时内部决策

❶ 备选项：很大程度上代表了本行业的利益、一定程度上代表了本行业的利益、不能代表本行业的利益、仅仅代表了他个人的利益。

❷ 备选项：非常多；经常呼吁；一般；有，但很少；没有。

越民主，则越有利于协会绩效的提高。

3.3.3.4 结论

以上实证分析表明，行业协会的社会资本积累会显著影响其治理绩效。社会资本存量越大，协会的治理绩效越高。协会的社会资本包括以会员之间的信任、会员对协会的支持为代表的内部社会资本和以公共关系支出为代理变量的外部社会资本。分析表明内部社会资本因子已经发挥出对治理绩效的显著促进作用，但现阶段行业协会的外部社会资本还没有显著影响协会的治理绩效。社会资本的积累包括多种途径，行业协会可以通过增强会员的同质性和利益的共同性，加强理事会成员选举的民主性并适当扩大理事会成员的比重（特别是中小企业会员的理事占比），提高协会服务水平，积极满足会员需求和及时解决内部纠纷，严格执行协会的章程规约等途径来增加社会资本。值得注意的是，在现有体制下，片面追求会员同质性，将协会变为大企业俱乐部和将中小企业排斥在外的做法，其实并不利于协会社会资本的积累。此外，协会的组织结构、会员参与度以及决策的民主化也将对协会治理绩效的提高产生显著影响。

3.3.3.5 思考与建议

对广东东莞的行业协会调查分析表明，协会的横向内部信任、纵向外部关系是形成和发展协会社会资本的重要渠道，在当前的发展阶段下，内部社会资本与协会治理绩效之间具有显著直接的正向关联。但是仍然有两个问题值得进一步思考。

第一，行业协会属于集体行动组织，其社会资本属于宏观层次的社会资本。根据林南（2007）提出的“宏观必须要以微观为基础”的观点，行业协会社会资本形成的基础在于会员、管理者和组织结构。会员和管理层自身所拥有的社会资本对协会社会资本具有重要的影响和作用，特别是在当前很多行业协会依赖于所谓“行业精英”治理的背景下，这些精英所拥有的个人社会资本对于协会发展和壮大也具有重要的意义。如何将这些个人拥有的社会资本整合到行业协会中去，值得我们进一步研究。

第二，我们多次强调，协会所处的发展阶段与其积累的社会资本、治理绩效紧密相关。这里隐含的可能假设前提是，处于发展初期的行业协会，其治理绩效主要受制于社会资本的积累量，而正式制度（如决策规则、治理结构）的作用尚未发挥出来。据此初步判断，在中国的社会组织尚处于行政主导、缺乏法律保障的初期发展阶段，社会资本在行业协会的起步时期具有更加重要的作用，而在协会发展步入法制主导的成熟阶段后，社会资本的作用会逐步下降。相对应的是，正式制度的影响在协会起步阶段不甚显著，但在协会发展走上规范运作的轨道以后就应该“大显神通”。这是否成立也有待于实践的检验。

4 行业协会的组织治理限度及其矫正

行业协会作为除市场和政府之外的第三方社会治理手段的出现，是为了弥补市场和政府在各自发挥作用的领域内的治理失灵，即市场失灵和政府失效。Doner and Schneider（2000）将协会弥补市场失灵和政府失效的功能分别称为市场补充（market-complementing）和市场支持（market-supporting）活动。但由于存在弱治理特征和私利倾向，行业协会亦存在治理限度，在其治理领域内也会发生失灵，称为“志愿失灵”（voluntary failure）（Salamon，1987）。也就是说，在最适宜由行业协会介入的地方，或者由行业协会提供公共产品的效率应该最高的情况下，协会反而不能很好地发挥作用。行业协会的治理失灵具体表现为协会的调节机制失效、功能不能够充分发挥，或对政治的强依赖性等，既包括在组织域发生的精英治理过度依赖、大企业控制、内部人控制和集体行动困境与搭便车问题，也包括在社会域出现的政府控制协会、协会寻租、协会功能蜕变等现象。本章主要探讨组织域内的治理失灵及其矫正，而将社会域内的治理失灵放在第 6 章中进行详析。

4.1 行业协会的精英治理

行业协会属于典型的经济精英结社的组织。无论生发机制如何，在行业协会治理过程中往往存在一种看似矛盾的现象：一方面，为了整合行业利益，表达利益诉求或应对威胁行业整体发展的危机，行业的龙头企业领导人或明星人物利用自身的人格魅力、威望和人脉关系，通过主动认捐筹建费用（甚至长时间向协会提供办公场所），动员行业内的企业参与组建协会；另一方面，待到协会发展壮大后，部分行业精英对协会实行“家长式”统治，独断专权，阻碍民主选举，制定有利于大企业的规约，或撇开协会的章程规约，通过控制协会为自己的企业谋取私利，导致协会内部管理混乱，规约章程遭到践踏，民主机制缺失，人心涣散，会员流失。郁建兴等（2008）将这种行业精英既能激活行业协会、又能导致其衰落的现象称为“精英悖论”。精英治理悖论的根源是什么，它给行业协会的民主治理和长远发展带来什么影响，如何解决这种悖论，本节将对此做一些初步探讨。

4.1.1 行业协会治理精英的来源

“精英”一词最早出现在 17 世纪的法国，意为“精选出来的少数”或“优秀人物”。第二次世界大战以后，意大利思想家帕累托（Vilifredo Pareto）、莫斯卡（Gaetano Mosca）、米歇尔斯（Robert Michels）发展了政治精英理论，其逻辑起点是社会异质性，即首先承认在人类社会中社会资源分配的不平等性，进而肯定在政治权力领域少数人统治多数人现象的普遍存在与必然性❶。后来，韦伯和熊彼特将价值引入精英理论体系，从而把民主与精英主义调和起来。在此基础上，美国政治学家罗伯特·达尔（Robert A. Dahl）构建了“精英多元主义”的理论体系，使精英理论和民主理论有机结合起来。也就是说，社会精英的治理方式是一种现实民主的模式。社区层面上的精英就是指具有较强的公共参与意识和掌握一定社会资源因而能够对社区公共事务产生影响的人群。

行业协会的精英主要是指能够对协会的组建、运作和发展发挥重大作用和产生深刻影响的个人或企业家。它对应于协会组织结构中的领导层人物，包括会长、副会长、秘书长（执行长）等，但总体来看，主要是指行业协会的会长。根据 Andrew A. Procassini 对德国、日本和美国的行业协会的研究，作为一个行业协会的领导人，它必须具备所属行业的知识、公司执行官的能力、外交才能以及处理争议事项的勇气和立场❷。我国的实践也表明，行业协会的领导人绝大多数是从协会的成员企业中选举或推举产生的❸。表 4-1 和表 4-2 分别列明会长来源和产生途径。

表 4-1 行业协会会长来源（协会样本）

会长来源	所占比例/%
会员企业	79. 31
行政部门	5. 17
事业单位	0. 86
业内专业人士	11. 21
其他	3. 45

注：有 116 家协会回答了该问题。

❶ 张小劲，景跃进. 比较政治学导论［M］. 北京：中国人民大学出版社，2001：228.

❷ Andrew A. Procassini. Competitors in Alliance［M］. Westpurt：Quorum books，1995：276. 转引自鲁篱（2003）第 219 页。

❸ 即使体制内的行业协会，其领导人大多来自退居二线的前政府官员，他们往往享有较高的个人声望，具有高度的政治公关能力和大量的人脉关系资源，亦可称得上精英。

表 4-2 会长和副会长的产生途径（协会样本）

产生途径	所占比例/%
完全由理事会投票决定	72.5
由内部协商产生	16.67
由主管部门制定	5
根据企业捐款数额确定	2.5
由大企业家轮流担任	2.5
其他[1]	16.67

注：有 120 家协会回答了该问题（该问题设置为多选项，故总比例会超过 100%）。

4.1.2 行业协会精英治理现象产生的原因

事实上，行业协会的精英治理现象并非我国独有，其他国家如美国、荷兰等[2]也大抵存在类似问题。那么，造成这种现象的原因是什么呢？本书认为，精英治理现象与行业协会的组织属性、治理特征和发展阶段紧密相关。具体来看主要有如下两方面的原因：

（1）在组建时期，行业协会的本质属性决定了行业精英必须承担主要的发起责任。行业协会是由企业家自愿、自发组建的行业管理组织，其成立大致源于现实的环境威胁或共同的利益诉求。由于存在搭便车等机会主义倾向，小企业往往无力也不愿意承担发起成立行业协会的责任，而大企业领导人或行业精英的利他主义或智猪博弈中的“大猪”动机、小集团行动（奥尔森，1995）便利为他们主动筹建协会提供了动力保证。具体来说，作为行业精英，其所在的大企业往往要为协会的建立提供宝贵的资金资源，积累解决集体行动困境的社会资本，增强对中小企业的号召力和影响力。

1）精英或企业提供组建、启动协会的资金资源。公共选择学派的研究表明，在社团组建之初，企业家必须投资，以便于为团体行为提供支持，从而使人们获得成员身份的收益大于投入。实践亦证明，多数行业协会的会长、副会长和理事单位都是行业内的大企业，协会的主要领导基本上由行业内有影响的大企业负责人担任。与一般会员只缴纳会费不同，会长、副会长和理事往往还要缴纳数目不菲的赞助费，这笔经费依据协会实力和职务层级而各异（如表 4-3 所示）[3]。在实力强大的协会中，会长的赞助费比较高，中小型企业往往难以承受。此外，大企业可能还向协会提供办公场所、经营场地等资源。这表明，行业精英及其所属

---

[1] 绝大多数回答为“其他”的协会中，会长、副会长的产生途径为：先由会员（或部分核心会员）自由提名，再由会员大会投票决定。

[2] 如 Rees（1997）和 Waarden（1992）分别对美国化工行业协会（CMA，Chemical Manufacturers Association）和荷兰的商会（Business Interest Associations）的精英治理做了分析和研究。

[3] 普通会员缴纳的会费一般是数千元，但会长、副会长可能要缴纳数万甚至数十万的会费（含赞助费）。

的企业为协会的成立提供了大量必不可少的资金和资源。

表 4-3 团体会员的会费标准（协会样本）

选 项	所占比例/%
所有团体会员交纳同样的会费	10.17
按担任的职位高低交纳不同的会费或赞助费	81.36
按企业规模交纳不同的会费或赞助费	10.17
其他	1.69

注：有 118 家协会回答了该问题（由于有几家协会进行了多选，故总比例会超过 100%）。

2）行业精英有助于协会积聚和积累社会资本。行业精英所拥有的个人威望和广泛的人脉资源决定了他们具备丰富的社会资本，如有的协会会长是人大代表或政协委员。精英及其企业的加入，不仅增加了协会动员资源的能力，而且也扩充了协会的社会资本存量，使协会有更多更广的渠道和方式与政府打交道，来争取有利的政策和资源。同时，社会资本也是解决行业协会这类互惠性会员制团体所面临的集体行动困境的有力法宝之一。因此，在协会发展初期，行业精英将自身拥有的和分散在会员企业中的个人层次的、基于人际关系而非契约化的关系资本聚集起来，转化为协会的社会资本，以满足发动初期集体行动的组织之需。

3）行业精英的加入对中小企业具有宣示效应。精英不仅为协会的组建提供了宝贵的资金资源，而且起到了良好的示范效应。协会处于筹组阶段时，不仅资金短缺，人才不足，影响力亦有限，在行业中的号召力不强，大多数企业抱持一种观望态度。但是大企业的发起和精英的领导会起到一种示范效应。如果会长是行业内的龙头老大，其经营业绩出色，在行业内具有权威性，对于吸引骨干企业和中小企业入会，将那些有能力、有威信、有热情的企业家纳入协会领导层，就具有重大意义。特别是在精英踏踏实实做事、一心为行业谋发展、为会员办实事的情况下，协会将对中小企业产生很大的感召力，增强行业协会的社会合法性。

（2）协会治理的“关系合约”特征为精英治理的嵌入提供了合适的土壤。关系合约是基于合约多方的有限理性和交易成本的存在，使得合同是有缺口的，并且这种缺口无法通过合同法来弥补，而要依靠在一个关系体系中的连续的协商来解决的合约形式❶。

关系合约主要体现为人际关系的“嵌入性”。人的行动如果是嵌入在人际关系网络之中，行动者之间的合作往往并不是依据第三方制定以及强力执行的正式规则，而是依据关系网络中的信任以及约束机制。这种“嵌入性”的关系资本可以使较为复杂的合作过程变得可以预期，相互间也能够更容易沟通和合作，实际上也简化了信息传递、信息识别等问题从而降低交易成本。行业协会网络中的

❶ 刘世定. 占有、认知与人际关系——对中国乡村制度变迁的经济社会学分析［M］. 北京：华夏出版社，2003：74.

信任包括两方面的内容：会员之间的相互信任和会员对精英人物的信任。行业协会是一种同业组织和商业网络，熟人社会的约束规则和信任机制决定了行为人（会员）持有一种社会期待：不遵守社会契约的人将会受到应有的排斥和惩罚，而守信和合作将使各方受益。但总有一部分人违规，侵权、竞相压价等矛盾纠纷也会时有发生。这时，行业精英的出现充当了一种仲裁者的角色，正好能通过协商、谈判、斡旋的方式于内部消除这些不和谐“声音”，弥补了正式治理制度的缺憾。精英一般属于行业内的龙头企业，享有崇高的威望和较强的号召力，同时他们也非常珍视自己在协会这个共同体中的声誉，一般能持有公平公正的立场，秉公办事，不挟私偏袒，不会做太出格的事，从而巩固自己的声誉，积累更多的社会资本，同时对弥补协会内部制度化合作机制的缺失起到了很大作用。

4.1.3 行业精英治理带来的影响

行业协会的精英治理解决了协会成立初期面临的资金资源贫乏和集体行动的困境；但随着协会规模的扩大，精英治理所固有的家长式作风、独断专行、寡头治会等问题会日渐突出，协会发展过度依赖精英治理，将对协会的民主管理、规范运作和可持续发展带来重重阻力。

4.1.3.1 精英治理导致协会过度依赖个别精英而不利于协会的可持续发展

首先，精英往往是行业内的商业领袖，其拥有的人格魅力、人脉关系等个人社会资本一般不具有可转移性，其他人很难从其身上复制和传承。这意味着一旦旧的会长辞职或退休，凝结于旧会长身上的所有资源和关系资本也随之消散，新任会长很难进行复制。即形成依靠“个人”治会，而不是凭治理结构治会的不合理局面。如我们在暨南大学项目组所组织的调研中发现，广州市某协会的现任会长非常有人望和能力，将协会办得有声有色，但该协会现在却面临着会长年事已高即将退休的问题，如何寻找一位人望不逊色于现任会长的继任者成为困扰该协会的一大难题。

其次，作为商业领袖的精英除了要兼顾协会的工作外，还要将心思花在自己企业的经营上，而他们的精力和时间有限，两头都要兼顾对他们的身体和心理都是极大的挑战。企业和协会两边都打理好固然最佳，但现实往往并非如此。如果精英过多投身协会事务和管理，则会影响企业的正常运转，而企业管理不善或经营绩效受影响，反过来又会直接影响到其在行业内的声誉和威望，不利于其对协会的领导和治理。我们在广东调研时发现，不少民间协会的会长由于自身企业事务繁杂，加上社会兼职过多，已经几乎不再定期到协会视事，协会的一应事务全权委托秘书长处理，以致使会长治会嬗变为秘书长治会。

4.1.3.2 精英治理造成协会民主机制的缺失

上文分析的假设前提是精英大公无私，能够将精力花在协会治理上。但如果精英的私心过重，则可能导致其“非理性”治理——独断专行，假公济私，拒绝实行民主制度。霍尔（2003）对第三部门的研究表明，“自愿组织有寡头政治的倾向，当权者总想坐稳自己的位子，并努力设法使自己在组织中的职位能长久保持下去”❶。这与协会规模扩大后集体行动参与者收益的变化有关。协会最初面临的危机往往带有突发和临时性，它虽然威胁到了行业的整体利益，但破坏力不强，解除威胁所要采取的集体行动的代价和花费也并不大。那些在行业中拥有较大份额进而有较大利益关联性的行业精英，即使单独采取行动也足以承担所有的成本支出，而不论小企业是否参与行动。

但随着协会的不断发展，协会履行的职责和发挥的功能越来越多，相应的支出也会增加，这将导致精英成员单靠自身的力量已无法独立负担。此时，协会必须设计一系列“选择性激励”机制，让会员特别是中小企业会员按照各自在协会中的受益大小分摊费用，协会必须强化内部制度建设，来确保这些机制能够有效运作。这意味着协会必须改变创立初期依赖精英的人格化管理模式，代之以非人格化、制度化的管理模式。协会领导人面临以下两种抉择：要么用制度规范协会运作，着眼于协会的长远发展，但必须约束自己的权力；要么优先考虑确保自己的权力和利益。如果领导人选择第二种策略，拒绝建立规范化的制度，协会就很难建立起有效的“选择性激励机制”来分摊集体行动的费用。此时，领导人可以采取两种方式来平衡个人在协会中的收益投入比：通过吸引更多会员入会以增加会费；或者通过协会为自己谋取更多的利益。但前一种方式存在着难以调和的冲突：增加会员，意味着行业精英在协会中话语权的相对下降，使得他们缺乏动力去承担更多的费用；同时，由于会员密度增加，组织规模扩大，会员更容易“搭便车”，让协会集体行动成本的分摊更加困难。这促使协会领导人更加独断专行，更容易通过谋取私利来补偿对协会的付出，同时为了巩固自己的权力，他们会阻碍换届选举，甚至通过修改章程来谋求连任。但这些家长式的做法将会引发会员的不满，导致会员拒缴会费，“用脚投票”，这显然不利于协会的长远发展。

根据暨南大学项目组对会员企业的调研情况，有近一半的行业协会的民主决策现状不容乐观。如表4-4所示，有接近一半的协会能够在重大事项决策上比较好地贯彻民主机制，严格遵照议事规则和决策程序。另一方面，有33.82%的协会只能实行有限民主，还有16.67%的协会基本上未能实现民主决策❷，合计有半数以上的协会的民主决策和议事机制令人担忧。

---

❶ ［美］理查德·H·霍尔. 组织、结构、过程及结果［M］. 张友星等译. 上海：上海财经大学出版社，2003：168.

❷ 对于回答为“不清楚”的样本企业来说，我们有理由认为其所在的协会没有实现民主。原因在于，这些企业甚至都不知晓协会的议事程序和重大事项决策程序，这意味着他们根本不愿意或者没有机会参与本协会的重大事项决策。

表 4-4 协会重大事项议事规则执行状况及民主程度（会员企业样本）

重大事项决策的民主性及议事规则执行	样本比例/%
有规则，做到了民主治理	49.51
有规则，但遵守得不够好，部分做到了民主治理	33.82
未制订规则，决策不民主	3.92
不清楚	12.75

资料来源：根据商会项目组调研资料整理。总样本为 204。

4.1.3.3 精英治理极易在协会内形成大企业控制

如前面所述，精英一般都是会长级别的领导层。而协会内领导职位的高低在很大程度上取决于精英缴纳的会费和认捐的赞助费的多少。现实情况往往是，精英在协会内任职越高，缴纳的实际会费越多，中小企业无力承担这部分费用，因此协会的高级职位大都被大企业垄断。这种资本力量的分布不平衡格局和资本实力决定权位高低的模式将严重影响行业协会的治理结构和绩效。会员大会作为协会名义上的最高权力机构大都变得有名无实，协会的实际决策权往往掌握在会长、理事会等机构手中，协会的大小事务由大企业说了算，中小企业既无资质也无力来参与协会管理，从而形成大企业控制协会的局面。

如表 4-5 所示，在受调研的会员企业样本中，大企业和中型企业所占比例在 56%左右，小企业所占比例在 44%左右。而在大企业中，有 40%的企业是作为协会的发起人，并有 76.67%的会员担任了协会的领导层职位；中型企业也有 20.93%作为发起人，并有 62.79%的会员担当领导职务。对小企业而言，这一比例分别只有 15%和 37.5%。这样的结构分布意味着协会很容易被大中型企业所把持并服务于其利益。

表 4-5 企业所属类别及分类统计（会员企业样本）

企业所属规模类别	所占比例①/%	作为“发起人”的比重/%	担任领导层职位②比重/%
大企业	14.63	40	76.67
中型企业	41.95	20.93	62.79
小企业	39.03	15	37.50
微型企业	4.39	0	0

注：第二列和第三列的数据计算基数为第一列的数据。

①样本容量为 205；②这里的领导层职位是指：理事（副理事）、常务理事、会长、副会长。

另根据协会调查资料来看（如表 4-6 所示），在行业协会重大事件的决策方式选择上，有超过 30%的行业协会由会长、秘书长等领导层决定，超过 60%的行业协会由理事会或常务理事会做出最后定夺，只有不到 16%的行业协会将重大事件交由会员大会等民主方式来处理。由此可见精英治理容易造成行业协会民主机制的缺失和会员的离心倾向。

表 4-6 协会重大决策决定方式（协会样本）

重大决策的决定方式	样本比例/%
由会长或会长办公会议决定	31.67
由秘书长决定	1.67
由理事会或常务理事会决定	53.33
由秘书长决定后提请理事会批准	10.83
由理事会决定后提交会员大会批准	15.83
其他	2.5

注：该调研题目设置为多选，故总比例会超过100%（总样本为120）。

4.1.3.4 精英治理会诱致协会出现营利倾向

行业协会作为一种具有自愿性、自主性、自发性的非营利组织，存在非分配约束的限制，即行业协会虽然可以从事营利性活动，如提供各种服务来获得收入，但不能将其收益以红利方式发放给会员或内部员工。协会的会长、副会长及众多理事虽然参与协会的管理，但一般采取志愿兼职的形式，并不领取薪酬或仅取得少量象征性报酬，他们大都凭借责任感投入协会的工作，协会经营好了他们也不能从中分得任何红利，而只能获得良好的声誉或同行的赞誉，这种轻物质重精神的声誉激励机制，其作用总是有限的，很难保证精英能从类似志愿者的高尚目标中获得激励的同时，一定可以忍受比社会平均水平更低的工资（甚至是无偿付出），如果他们不能获得自己期望的报酬或收益，其努力程度可能也会受到较大的负面影响。但如果协会管理不善，他们易受到同行的非议和政府的问责。精英比较现实的选择是，增加协会的营利性收入。营利的手段大多是开办附属企业，这类企业或者登记为民办非企业单位，或者直接登记为营利性企业。这些附属的营利机构从事包括会展、营业性的研究和培训、营利性的信息平台和服务平台等在内的服务。营利机构的设立使行业协会在资金筹措和使用上具有更大的灵活性。包括会长、副会长、秘书长等在内的行业协会管理人员可以获得一定的股份，并从企业的利润增长中获得红利。但这最终可能使协会迷失办会方向，蜕变为个人的敛财工具。

表4-7所示的调研数据表明我国行业协会的营利倾向比较显著。被调查协会在回答如何增加经费收入时，多数行业协会将发展会员和增加服务性收入作为最重要的途径。

表 4-7　行业协会增加经费收入的途径（协会样本）

选　　项	第一重要	第二重要	第三重要	第四重要	第五重要	第六重要	第七重要	得分
A 发展会员，增加会费收入	42	22	10	7	2	1	0	512
B 吸收更多捐款和赞助	4	15	18	4	3	0	0	233
C 拓展对会员的服务领域，增加服务性收入	34	21	14	4	0	2	0	454
D 拓展对外营业性收费项目	7	8	10	6	3	2	0	184
E 争取更多面向政府的服务项目	14	13	11	5	7	1	0	274
F 争取政府拨款和补贴	3	12	11	11	4	4	0	212
G 其他	0	2	0	0	0	0	0	12

注：得分计算方法：收费途径按照重要程度分别赋权 7-1；然后计算每一项得分。总样本为 204。

从得分情况看，“发展会员，增加会费收入”排在首位。若将 C 项“拓展对会员的服务领域，增加服务性收入”和 D 项“拓展对外营业性收费项目”两项合并相加，统称为“服务性收费项目”，则其得分为 638，远远超过 A 项得分。这意味着多数行业协会将拓展服务性收费视为增加经费收入的主要来源，这也反映出行业协会的营利倾向变得越来越明显。

4.1.4　行业协会精英治理问题的应对之道

笔者认为，在组建初期出现的行业协会精英治理，是在小集团行动便利、利他主义倾向和智猪博弈策略下由其组织属性、治理特征等所决定的现象，有其合理性。但是，协会发展壮大后的“精英悖论”，则应该也可以通过规范协会议事程序，加强内部民主管理，实施激励相容机制等措施加以调整和矫正。

4.1.4.1　建立健全民主选举程序、规范协会的机构设置、完善监督机制

首先，协会会长要经过严格的民主程序（如差额选举，会员公开投票选举），甄选行业内有良好口碑、热心协会事业、具有全面管理知识和技能的人为协会领导人，防止各种形式的变相终身制。协会会长不仅拥有较大的职权，而且具备获取更多社会资本的条件和机会，会长单位因此可以获得其他企业的尊重和显赫的地位，故会长理应要对协会发展做出更大的贡献。但是绝不能因为对协会有功而“耍大牌”，摆家长作风，更不能长期把持会长职位，特别要防止少数明星企业、龙头企业垄断协会的领导职位，利用协会的社会资本牟取私利。

其次，要规范协会的议事程序，严格按照国家法律法规设立治理机构，切实贯彻同票同权，一人一票制度，杜绝规模和资本实力歧视，从而保证协会重大事项的决策能够符合大多数会员的利益，反映行业的整体需求。

4.1.4.2　完善激励相容机制、激发协会领导层的非物质动机

由于行业协会属于非营利机构，故不能通过传统的工资、股权方式激发领导

层的努力水平。避免大企业对协会控制的有效办法仍然是要完善协会内部的民主管理程序，建立有效的制衡机制，真正确立会员大会的最高权力地位，并通过设立监事机构来监督协会领导层和执行层的活动。更为重要的是，要激发领导层的非物质动机，如利他动机、声誉动机、成就动机等，保障他们将主要精力投入到公益性工作上。

4.1.4.3 注重个人关系资本向组织制度资本的转化、提升社会资本的层次与质量

行业协会建立初期所依赖的社会资本属于个体层次的、基于人际关系的资本。协会通过将行业精英所拥有的和分散在会员企业中的关系资本聚集起来，可以满足发动初期集体行动的组织需要。但随着组织规模扩大，熟人之间的人际关系也会日益疏远，集体行动的难度不断提高，仅仅通过关系资本的扩展，不再能够满足组织需要，而必须将基于个人的关系资本不断提升为基于群体的非人格化的制度资本（郁建兴、宋珧清，2009）。唯有如此，协会才可能克服初始社会资本的消极后果（如个体关系资本的耗散），才有可能代表行业群体的整体利益与外部利益者互动；协会和政府等主体间基于组织群体层次的社会资本才有可能产生。

4.1.4.4 鼓励协会开展竞争、建立外部退出机制

无论是强化内部监管还是提高效率、重视服务，都对协会的长期发展有利，但带给个体成员的利益有限，或许还会因此而触动某些既得利益，这就有可能导致协会变革的动力不足甚至遭到抵制。因此，有必要通过强化个体成员特别是治理精英——领导人的改革动机，来推进协会实现治理转型。在上位法规《社会团体登记管理条例》所确立的“一业一地一会”原则的既定约束下，地方政府立即放开同行业的协会的自由竞争并非现实选择。一种替代的做法是，通过细分行业，成立分行业协会或者整合现有小行业协会，使其成为上一级大行业协会的分会。可以在某种程度上避开“一业一会”的规制。或者也可以认为，协会之间彼此竞争的目的在于优胜劣汰，可以考虑遵照现行法规中有关规定，引入协会退出机制，对管理不善、运作不佳、已经无法达到行业协会成立条件或继续维持的协会实施劝退，从而在一定程度上发挥自由竞争、优胜劣汰的作用。同时还可考虑修改部分行业协会的成立条件，如不但要对会员绝对数量做出规定，还应增加会员需占全行业企业的最低比例限额，从而使得不同规模行业的协会面临相同的竞争压力。如此，即使在协会领导层专权、抵制换届选举、缺乏监督和改革动力的情况下，会员可以通过行使“用脚投票”的权利来退会，最终使“劣质”协会实现治理变革或被立志改革的“优良”协会所取代（郁建兴等，2008）。

总之，具有巨大个人能量并且热心公益事业、具有无私奉献精神的领导人，对协会的良好运作和长远发展具有重要意义。但是，正因为领导人对行业协会不

可或缺的重要作用，使部分协会的工作制度和民主机制无法真正实行，个人的意志和利益偏好经常凌驾于公共利益之上，导致制度化的内部监督机制无法有效运转。因此，有效实现协会运作资源来源的多样化，减少对行业精英的过度依赖，同时建立起民主的内部约束机制，健全选举制度、议事制度、财务制度，靠制度管人、靠制度治会，才能真正确保行业协会的健康和可持续发展。

4.2　行业协会的大企业控制

从性质上看行业协会属于一种民主、自治的非政府组织。该性质决定了在内部治理上协会的民主导向性，即重要事项和重大决策应该交由会员（会员大会、会员代表大会）经过充分的民主表决程序做出，排除任何形式的独裁式管理或寡头治理。但在实践中，协会的治理权和决策权往往由少数大企业或强势会员企业所掌握，协会的内部民主大都流于形式，成为一道摆设，即形成事实上的“大企业控制”。

4.2.1　大企业控制形成的条件及原因

大企业控制是指在会员实力悬殊或民主机制缺失的协会中，少数规模庞大、资金丰裕、实力雄厚的大企业通过各种方式来控制协会管理或运作，使协会为少数人或企业服务的现象，也有学者将其称为“寡头化现象”❶。

作为典型的精英结社形式之一，行业协会大都由行业内的大企业或明星人物发起成立，其筹建初期所需的费用大多由这些大企业承担，协会成立以后的主要营运资金和收入也来源于这些大企业，甚至在相当长的时间内，协会的办公地点就位于这些大企业的办公场所内❷。这样，尽管协会章程详尽规定了民主程序，但实际上大企业对协会的控制十分常见。同时，大企业对协会的控制并非我国所独有的现象。奥尔森（1995）在分析特殊利益理论时指出，行业协会一般都比较小，对这些小协会起有效性支持和决定性作用的会员通常不像人们想象的那样多。少数几个会员提供了半数以上的行业协会的费用的50%。这也是为数众多的行业协会存在的原因之一。奥尔森根据其小组织理论对全美制造商协会进行了分析，发现虽然该协会名义上有几千个会员，但实际上却由少数大企业资助和控制，5%的会员提供的资金占了全部经费的一半（张捷、徐林清等，2010）。

从条件及形成原因来看，主要有：

---

❶　江华. 民间商会的“一业多会”问题及其求解路径［J］. 中国工业经济，2008，（5）：25~35.

❷　根据暨南大学课题组对办公场所使用情况的调查，办公场所使用情况可以部分反映协会能否摆脱政府及大企业对协会活动的干预，独立运营和决策。从调查情况看，有79家协会租赁或购买了办公场所，占样本总数的73.84%；由主管部门提供办公场所或由协会领导企业提供办公场所的各占12.15%和13.08%。这些数据说明，总体来看，协会对政府和大企业的依赖在减弱，但二者之和仍然有25.23%。

（1）小集团行动原理决定了大企业提供了组建行业协会初期的原始资金。对于一个较大的集团，受搭便车倾向的困扰，有效开展集体行动的可能性比较小。因为集团越大，搭便车的人会越多，倡导集体行动获得的利益均摊到每一个成员身上会很小，因此很少有人积极参与集体行动。而对于一个较小的集团，集体行动获得的利益均摊到每一个成员身上会比较大，同时，小集团比大集团更容易就集体行动达成共识，因此组织集体行动的效率也比较高。

在协会组建初期，基于各类原因，需要大企业承担而且它们也有能力承担筹建的资金和费用，而不一定依赖其他中小企业来提供。这样，在协会成立后，作为对协会做出巨大贡献的企业，获得比较有实质意义的理事会、监事会、会长或副会长等领导职位也就名正言顺、理所当然了。

（2）智猪博弈模型中的“大猪”动机激励了大企业倡导集体行动。智猪博弈原理告诉我们，无论小猪是否行动，基于对自己的利益考虑，大猪都会主动按按钮以获得食物。如果协会成员众多，平均规模较小，则普通成员对协会的影响力便比较小，这时少数几个大企业容易形成对协会事实上的控制。因为相对来说，大企业在整个行业中的市场份额比较大，集体行动实现后得到的好处也比较多，所以他们有足够的激励去倡导集体行动。所以，有效的集体行动实际上是以作为行业代表的协会为旗帜，加上大企业的积极倡导和大企业的财政实力做后援，这些因素共同作用使协会变成一个强有力的博弈主体。

4.2.2 大企业控制与精英治理的比较分析

行业协会的大企业控制与精英治理都是作为组织域内的治理失灵现象，两者存在很多相似之处且相互关联，如过度依赖精英治理可能导致治理精英所代表的企业或利益小团体掌控协会，从而形成大企业控制。但两者又并不能完全等同，彼此存在细微的差别（见表4-8）。

表4-8 大企业控制与精英治理比较

比较对象	相同点	不同点		
		对民主治理的影响程度	实施范围	影响持续时间
精英治理	形成原因相同；对民主治理的影响性质相同	相对较小	小	短
大企业控制		比较大	大	长

4.2.2.1 相同点

（1）从形成的原因来看，大企业控制和精英治理大致相同。作为会员制互益性社团组织，行业协会的建立和运行都离不开大企业，需要它们提供初始的筹建资金和营运资源，需要它们提供大量的赞助费和高额的会费，需要它们积累和聚合分散的社会资本，需要它们提供有能力且乐于奉献的治理“能人”来管理协会。正是由于他们对协会做出了比其他会员更多的贡献，才使得他们更理直气壮地索取比其他人更多的回报，通过操纵协会形成大企业控制或精英式（独裁）治理的格局。

（2）从对协会的可持续发展来看，两者的影响比较相似，都是协会内部民主缺失、治理机制不完善的表现。因而长期是不可取的。

4.2.2.2 不同点

大企业控制和精英治理也存在诸多不同的地方，主要表现在：

（1）从造成的影响来看，大企业控制不利于协会的成长和发展，特别是将中小企业会员排除在协会的“决策圈”或“治理半径”之外，形成大企业会员欺压中小企业会员，强势（特别是资本雄厚）会员排挤弱势会员的畸形局面，增加了中小企业会员的离心力和对协会的不信任感，可能导致他们无心恋“会”，不参与协会活动和管理，甚至退会，最后反过来影响协会的代表性和公信力。同时大企业控制协会也是对协会内部民主机制和决策程序的彻底破坏，大企业往往利用职位便利和影响力，操纵协会，出台有利于自己企业的政策，而中小企业的利益则无法得到体现甚至受到侵害。

精英治理由于其造成的精英依赖或民主缺失等弊端，虽然从长远来看不利于协会的可持续发展。但也有一定的合理性，有时候甚至还有一定的必要性。毕竟，一个有能力且甘于奉献的精英在治理上要比群龙无首或平庸无为的会长要好。

（2）从实施的范围来看，精英治理往往局限于一两个人（会长、副会长等）对协会的主导性治理，如果出现私利倾向，治理精英代表的企业利益往往是单个企业的利益。而大企业控制则往往是几家大企业同时或联合控制协会，代表大企业共同体的利益，因而其“合法”程度要更高一些。如果以垄断的形式来比拟，则精英治理形似完全垄断，大企业控制更接近于寡头垄断。

（3）从持续的时间来看，精英治理的影响要短一些。如果治理精英实施“家长式”作风，“独裁式”管治，则协会的理事会或监事会或会员大会等监督机构还存在限制其非民主管理的可能性。但大企业控制则不一样，很多大企业本身就兼任理事会或监事会职位，如果他们垄断会务，把持协会，则他们很容易利用职位便利来掩盖事实或阻挠其他会员进行监管。因而大企业控制持续时间更长，对协会的消极影响也更大。

4.2.3 我国行业协会的大企业控制之实证分析

现阶段，我国行业协会受大企业控制的情况较为普遍，暨南大学商会研究课题组的调研数据印证了这一点。

（1）首先来看会员规模构成。在协会样本中，大企业参与行业协会的比率比中小企业要高。在接受调查的 95 个有效样本中，会员数占行业成员数的比重在 50%以上的行业协会共有 28 个，占样本总数的 29.47%；而从营业额来看，在 86 个有效样本中，会员营业额占行业营业额总量的比重在 50%以上的行业协会有 38 家，占样本总数的 44.19%（见表 4-9）。就是说，虽然行业协会的会员并不是很多，但能成为会员的，一定都是本行业规模较大的和有影响力的企业。而且在接受调查的 114 家协会中，有 24 家声称只接纳大型企业入会，占样本总数的 21%，行业协会成为名副其实的“富人俱乐部”。

表 4-9 协会会员规模和营业额规模对比（协会样本）

分组	按会员企业数统计		按会员营业额统计	
	样本数	比重/%	样本	比重/%
10%以下	33	34.74	19	22.09
10%~30%	20	21.05	18	20.93
30%~50%	14	14.74	11	12.79
50%~70%	8	8.42	8	9.3
70%~90%	9	9.47	21	24.42
90%以上	11	11.58	9	10.47
总计	95	100	86	100

在会员企业样本中，按照企业在行业中的规模所属类别来看（如表 4-5 所示），大企业所占比例为 14.63%，中型企业 41.95%，两者合计为 66.58%❶。而小企业和微型企业的占比只有 43.42%。若从企业所拥有的员工数量来看，中小企业所占比重为 77.56%。但从资产规模来看，500 万以上的企业占到了 57.43%，如表 4-10 所示。这组数据说明中等以上规模的企业在协会中所占比重高于小企业。

表 4-10 会员企业规模统计（会员企业样本）

企业员工数	所占比例/%	企业资产/元	所占比例/%
100 人以下	41.46	100 万以下	15.88
		100 万~200 万	10.26
100~200 人	16.10	200 万~500 万	16.41
		500 万~1000 万	16.41

❶ 这里的统计结果也可能与所选样本有关。比如所选样本中大企业比例可能比较多，或小企业比例比较少。因此，数据信度有待进一步确证。

续表 4-10

企业员工数	所占比例/%	企业资产/元	所占比例/%
200~500 人	20	1000 万~2000 万	6.67
		2000 万~5000 万	10.26
500~1000 人	11.71	5000 万~1 亿	10.26
		1 亿以上	13.85
1000 人以上	10.73	总计	100

（2）其次，协会的领导层职位分布。协会访谈情况表明，多数行业协会的会长、副会长、理事单位都是行业内的大企业，协会的主要领导基本由行业内有影响的大企业的领导担任。正如表 4-5 所示，作为“行业协会的发起人”加入协会的企业中，大企业与中型企业之和达到近 70%，而小型企业只有 15%。表明在协会筹建初期，大中型企业仍然提供了重要的资金和资源。在担任的职位中，处于领导层地位的大企业和中型企业比例均超过了 60%，表明大多数协会的主要领导职位被大中企业所占据。理事会成员的产生途径见表 4-11。

表 4-11 理事会成员的产生途径（协会样本）

理事会成员产生途径	样本比例（样本数）
先由会员自由提名，然后由会员大会投票决定	56.67%(68)
先由部分核心成员协商提出候选人，然后由会员大会投票表决	58.33%(70)
由业务主管部门指定	2.5%(3)
根据企业交纳的会费和捐款数额确定	3.33%(4)
其他	5%(6)

注：该调研题目设置为多选，故总比例会超过 100%（总样本为 120），回答为“其他”的样本给出的选择为：不记名投票；自下而上提名；由秘书处提出，再由理事会投票表决；协商；企业自行申请、会员推荐、报工商联审批等。

（3）再次，会费和赞助费。协会的主要收入来源是会费，会费收入占协会收入来源一半以上的样本数有 81 个，占全部样本数的 73.63%；其中会费收入占协会收入 90%以上的样本数有 19 个，占全部样本的 17.27%。会费并非完全平均而是按照在协会中担任职务的高低来缴纳，会长、副会长、理事与普通会员缴纳的会费（含捐款）各不相同，职务层级越高，会费也越高。普通会员的会费一般是一到两千元，但会长、副会长可能要缴纳数万到数十万的会费。所以，会费收入中相当的部分是来自各种级别的协会领导层。协会还在其他方面依赖大企业，如一些协会的办公室就设立在大企业里（如表 4-12 所示）。在接受调查的 107 家协会中，有 14 家协会的办公场所由大企业提供，占样本总数的 13.08%。

表 4-12 协会的办公场所设置（协会样本）

办公场所情况	样本数	比重/%
租赁专用办公室	71	66.36
由主管部门提供办公室	13	12.15
由协会领导企业提供办公室	14	13.08
协会购买的办公场所	8	7.48
未设专门的办公室	1	0.93
总　计	107	100

但从会员企业所反馈的情况来看，大多数企业都赞成“大企业要比小企业缴纳更多会费或赞助费”的做法。在 204 家受访企业中，有 160 家都认为此做法合理。说明大企业多缴纳会费或赞助费仍然具有现实合理性，这也为大企业控制协会提供了现实注脚，同时也更加凸现了在协会内部治理中要通过完善内部治理结构、加强民主监督，保障中小企业会员权益的重要性和迫切性。

（4）最后，协会决策方式。在协会的决策中，往往由大企业说了算，会员民主议事、一人一票的规定名存实亡。虽然协会章程载明一人一票的规定，但事实上，普通会员大多没有参与协会事务的积极性，协会事项一般由各层级的领导决定（见表 4-13）。正因为普通会员没有参与积极性，协会章程规定的一年一度的会员大会往往变成聚餐会，有些协会甚至连续几年没有开过会员大会。

表 4-13 协会重大决策决定方式（协会样本）

重大决策的决定方式	样本比例（样本数）
由会长或会长办公会议决定	31.67%(38)
由秘书长决定	1.67%(2)
由理事会或常务理事会决定	53.33%(64)
由秘书长决定后提请理事会批准	10.83%(13)
由理事会决定后提交会员大会批准	15.83%(19)
其　他	2.5%(3)

注：该选题设置为多选，故总比例会超过 100%（总样本为 120）。

大企业对协会的控制从理论上看具有一定的合理性。但这种控制显然会抑制中小企业会员参与协会活动的积极性，也有可能造成对中小企业会员利益的侵害，导致协会内部的矛盾或冲突（王名、贾西津，2004）。

4.2.4 大企业控制协会问题的应对

大企业控制行业协会是组织治理的不正常现象，不应成为常态。行业协会是实行民主治理的非营利性机构，任何会员缴纳的高出平均水平的会费和对协会的捐赠既不能期望获得超额的经济回报，也不能据此而攫取协会的实际控制权。协会会员虽然并不拥有协会的完整产权，但协会是为全体会员服务的，并在会员的推动下为整个行业的发展出谋划策。所以，会员大会在协会治理结构中始终应处于最重要的地位，应当严守一人一票的民主治理原则。

为了避免大企业对协会的控制，首先必须规范协会的议事程序，建立完整的治理结构，完善治理机制，保证协会重大事项的决策能够符合大多数会员的利益和行业的整体利益。为了避免理事会被大企业所垄断或掌控，可以考虑在理事会中设立若干代表中小企业的席位，避免将理事席位与捐助数额挂钩，从而保证中小企业也有充分表达意愿和利益诉求的机会。在较大的协会里，还可以通过设立专业委员会以照顾到各方面的利益。

4.3 行业协会的内部人控制

行业协会执行层包括秘书长和协会工作人员，而其中的核心人物是秘书长。秘书长就好比企业的总经理或 CEO，是协会日常事务的直接管理者。与企业的内部人控制相类似，行业协会的内部人控制亦即执行层获得了协会的实际控制权，他们通常能够按照自己的理念或思路决定协会的发展方向，并在事关行业协会发展的重大事项决策中起主导和决定作用。

4.3.1 内部人控制产生的原因

4.3.1.1 理论原因

从理论上看，授予协会秘书长较大的权力具有合理性和必要性。在各国民间组织的运行实践中，一个以民间组织秘书长为专门职业的管理者阶层逐渐成长起来。他们具有高度的工作热忱，熟知所从事的行业性质，并具备良好的人脉关系和企业资源，同时他们也比较擅长管理，大多具有组织管理的经验和技能。由这类人承担起民间组织的管理重任对组织的健康发展具有重要的意义。在我国经济较为发达的地区，如广东、浙江、江苏等地，一个职业化的协会秘书长阶层也开始成形并逐渐活跃起来，他们中有人曾经经营过企业，或者在企业担任过高层管理人员，具有事业心和较强的交际能力，能够熟练地周旋于政府、企业和相关行业之间。调查显示，一个行业组织管理绩效高低，往往取决于其秘书长是否称职。

对于非营利组织治理，利克特（Ricketts，2002）认为，由于非营利组织的管理者不可能获得利润分红、股息利益分配或配股、期权等强物质激励，组织的产出也缺乏客观衡量标准，在此情况下，管理者应当拥有较大的自主权限。这类组织的“所有权”往往较为分散，而控制权却集中在管理层手上。在商业性企业里，对企业的所有权一般不会冒昧转交给他人，因为通过所有权获利是获得这一权利的唯一动力；而在非营利组织中，尽管也存在虚拟的所有权，但这种所有权并没有与真实的物质利益相关联，因此其所有者往往会将这种所有权委托给管理者，从而使管理者实际上获得了某种专权的机会。

4.3.1.2 现实原因

从现实情况看，执行层对协会的控制主要是因为协会内部多重委托-代理关系造成的“权力真空”引起（王名，贾西津，2004）。由于协会会长大多不常驻协会（他们的正式职业是企业领袖，协会职务乃其社会兼职），他们自己企业的工作已经足够繁忙，基本没有时间和精力再顾及协会的兼职，只能把协会工作几乎全权委托给秘书长。因此协会的直接控制权往往就转移到了秘书长的身上。当然，也有少数常驻协会的会长，即由职业经理人担任会长的情况出现，此时协会的内部控制人将是会长。

执行层对协会的控制还可能与协会的职能异化相关联。协会的基本职能是倡导集体行动、推行行业自律、提供行业公共产品或服务。但对于多数协会而言，由于收入来源单一，而开支项目却较多，如工作人员工资发放、办公场所租赁费用支出、日常办公费用、服务投入、处理各种社会关系需要的费用等，所以如何获得足够的活动经费成为协会的首要工作。换言之，协会最重要的日常事务是获得经费。这样，一个精明强干、善于经营的秘书长就成为协会获取资源的重要条件。而秘书长要开展经营活动，必须有相应的权力。如前述，协会的治理结构本身属于弱型治理，从而使得秘书长“专权”极易成为一种常态。

4.3.2 内部人控制产生的影响

如果秘书长的权力过大，可能因此而带来诸多不利影响。从理论上看，职业秘书长与协会会员的利益并非完全相同。协会的职能是倡导集体行动，争取有利于本行业的产业政策，协调行业内外的各类关系和利益纷争，并对内或对外提供各类产品服务。秘书长是协会的高级雇员，考核秘书长工作绩效的重要依据之一是其能否很好履行这些职能。因此，秘书长必须尽可能地努力付出来完成工作使命。但协会的职能能否实现，协会的使命能否完成，取决于多方面的因素，如协会内部机构的民主决策，权力机构与执行机构的合理协调，社会经济环境的性质等，秘书长的工作只是其中的要素之一。概言之，信息不完全性使得协会缺乏客观的标准来考核秘书长是否努力去完成协会的工作任务。而秘书长可能会将更多的精力集中在那些有助于展示其经营能力的内容上，如争取更多的经费、扩张会员数量、提高协会的知名度等。

内部人控制还可能带来其他消极的后果。例如，执行层可能会在协会活动中以私人利益为重，忽略会员的利益，甚至争权夺利以谋取小团体的利益。他们可能利用职业秘书长的特殊地位，架空理事会和会员大会，使协会的民主决策及监督机制形同虚设，从而成为协会机构的独裁者，并最终影响会员甚至整体的行业利益。

但执行层对协会的不当控制毕竟不能成为常态。因为行业协会代表所有会员甚至整体行业的利益，其大小事务要由全体会员来共同决定，个别人的专权容易使协会走上歧途，甚至蜕变为一个沾满商业气息的营利性组织。

4.3.3　实证分析

本部分实证分析从两方面展开：第一，现实中行业协会执行层的生成途径及身份，用以说明当前协会的人事制度安排和治理结构设置状况；第二，内部人控制是否对协会治理造成不良影响。

4.3.3.1　秘书长的产生途径

如表 4-14 所示，当前我国行业协会的秘书长的产生途径比较公开，程序民主性增强。向社会公开招聘的比例接近 27%，另外由理事会表决和会长推荐、理事会表决通过的比例均超过 30%。三种方式合计超过 85%。而由会长决定和主管单位指定的比例不超过 10%。从选择“其他”的样本所给出的途径来看，其民主和公开程度都较高。这表明现阶段我国执行层的产生途径已经走上了规范的道路。由此可以推断，秘书长所具备的素质相应也比较高，因为只有综合素质高、能力强的专业人士才能在竞争中脱颖而出，从而被招进协会，为协会所用。

表 4-14　秘书长产生途径（协会样本）

秘书长产生途径	所占比例（样本数）
向社会公开招聘	26.89%(32)
由理事会投票表决	32.77%(39)
由会长推荐、理事会表决	47.06%(56)
由会长决定	5.88%(7)
由主管单位指定	3.36%(4)
其　他	12.61%(15)

注：该调研题目设置为多选，故总比例会超过 100%（总样本为 119），回答为“其他”的样本给出的选择为：会长提名，理事会通过；会员（大会）自由提名，会员大会投票决定；理事会提名，再由会员大会选举产生；先由部分核心成员提名，再由会员大会投票决定；由主管单位推荐，理事会通过；会员大会选举产生。

另外，表 4-15 所列明的秘书长来源值得注意。有超过 40% 的协会秘书长来自于会员企业，这表明很多秘书长仍然由会员企业来兼任。这不得不引人深思：作为协会的主要实际控制人的执行层，如果由会员企业来执掌，那么秘书长如何在会员利益、协会利益和其本身所代表的企业利益之间进行取舍和平衡，会不会也引起类似大企业控制的失灵现象？从目前问卷所反映的信息来看，尚无法确定。

表 4-15 秘书长来源统计表（协会样本）

秘书长来源	所占比例（样本数）
会员企业	43.22%(51)
行政部门	8.47%(10)
事业单位	6.78%(8)
其　他	42.37%(50)

注：该调研题目设置为单选，有一个样本作了多选，故总比例会超过 100%（总样本为 118），回答为“其他”的样本给出的选择为：社会招聘；行政机关退休人员；业内专业人士。

4.3.3.2 内部人控制对协会治理的影响

如果协会的内部治理机制能发挥有效作用，可以在较大程度上避免内部人控制、大企业控制等治理失灵问题。从会员企业反馈的信息来看，接近一半的会员认为其所在协会内部治理机制效果不明显。表 4-16 列明了导致内部治理机制不明显的主要因素。

从表 4-16 中可知，由于“会员参与协会事务的积极性低，协会事务被委托给专职管理人员”导致协会治理机制效果不明显的比例占到了四分之一以上，仅次于“缺乏政府授权和保障协会独立性的法律”因素。因此，可以近似认为在每四家治理绩效不显著的行业协会中，有一家是由于内部人控制而造成的。这说明内部人控制在现阶段还具有一定的普遍性。这种现象值得关注。

表 4-16 会员企业认为的协会治理机制效果不明显因素分析（会员企业样本）

原因类别	所占比重/%	第一要素所占比重/%
协会缺乏制衡机制，权力被少数成员所垄断	14.29	7.39
会员参与协会事务的积极性低，协会事务被委托给专职管理人员	26.11	14.29
协会缺乏有奉献精神和威望的领导	14.78	2.46
协会缺乏高素质的管理人员	23.15	3.45
缺乏政府授权和保障协会独立性的法律	27.09	11.82
协会仅对政府负责，不能很好代表会员的利益	13.79	1.48
其　他	3.45%	

注：该调研题目设置为多选，故总比例会超过 100%（总样本为 203），回答为“其他”的样本给出的选择为：会员参加积极性不高；社会对协会认识不够；基本上就没有管理谈不上有效；协会没有执行力度；保障发展中小企业，才能做好。这里的“第一要素”是指在这些原因中被列为第一重要的原因。

另一方面，从秘书长的任期时间来看，任期在 4 年及以上的协会占 70.33%，在5年及以上的占18.64%，没有任期年限规定的占6%左右（见表4-17）。在连任届数方面，两届及以上占97.75%，在三届及以上占25.89%，多届和无限制占24.11%。这组数据说明，有一部分协会的秘书长长期担任执行层主要负责人一职，虽然秘书长的频繁更迭不利于协会的工作连续性和稳定性，但长时间由同一人担任该职务也并不正常，特别是任期时间或连任届数没有限制的协会更要检视是否可能存在内部人控制协会的问题。

表4-17 秘书长任期时间及连任期限（协会样本）

任期时间	所占比例（样本数）	连任期限	所占比例（样本数）
1年	0.85%(1)	0届	0.89%(1)
2年	0.85%(1)	1届	5.36%(6)
3年	27.97%(33)	2届	67.86%(76)
4年	51.69%(61)	3届	1.78%(2)
5年	12.71%(15)	多届	3.57%(4)
无限制	5.93%(7)	无限制（含没有规定）	20.54%(23)
合计	100%(118)	合计	100%(112)

4.3.4 内部人控制的应对之策

与大企业控制协会相似，内部人控制协会也不应该成为协会治理的常态。以秘书长为核心的执行层对协会的日常运作和管理至关重要，但也要防止协会被执行层操纵，任意治会，或蜕变为个人敛财、捞取私利的工具。由于协会是非营利组织，且存在非分配限制，不能用工资、股权刺激管理层的努力水平。因此要避免协会的内部人控制，主要方法仍然是完善协会内部的民主管理程序，建立有效的制衡机制，真正确立会员大会的法定最高权力的地位，并通过设立监事机构来监督协会管理层的活动。根据商会课题组的调研数据，在83个有效样本协会中，有54.22%设立了监事会（监事），另外45.78%未设监事会（监事）。在设立了监事会的协会里，每年召开1次监事会议的有16家，每年召开2次的有16家，每年召开3次的有13家。从调查的情况看，监事会往往只是一个象征性的机构，并没有制度性且具备实质内容的活动。换言之，协会内部的监督机制并没有完全建立起来。

更重要的是，要充分激发协会领导层的责任感和成就感等非物质动机，因为协会运行的重要基础之一就是其存在许多超出物质利益的目标。在非营利性组织里，会员要通过交纳会费或捐助的方式对组织进行支持，而组织里的专职雇员也必须要承受较低的物质报酬。在很多非营利性机构里，其工作人员甚至是不领薪水的志愿者，而这些志愿者的实际工作时间比营利机构的工作人员还要长（马丁·利克特，2002）。

4.4 集体行动困境与搭便车

行业协会是由一些具有共同经济利益的行为人自愿组成的互益性团体组织。企业加入行业协会的目的或动机各有不同，协会所提供的服务和具体职能也多种多样，如提供信息、培训、认证和展览等各类面向会员的服务，制定行规行约，协调会员利益和关系，开展行业自治，维护会员合法权益，并与其他经济组织和行为主体交流沟通，游说政府制定有利于行业发展的政策或规定等。Waarden（1992）将协会的具体功能概括为会员逻辑（logic of membership）和影响逻辑（logic of influence）。涉及三类产品的提供：面向行业内所有企业的公共产品，面向会员企业的俱乐部产品（Buchanan，1965）和私人产品。其中公共产品具有很强的外部性，这意味着只要协会提供该产品，行业内所有的企业都能从中获益。而外部性所导致的非排他性和非竞争性将会使行业协会面临不付费企业的搭便车问题，容易陷入集体行动的困境，从而降低协会提供公共产品的积极性，使公共产品的提供数量达不到最优水平，协会转而提供更多俱乐部产品和私人产品，以致使其作为一种公共治理机制的用途下降，产生集体失灵。

4.4.1 理论模型——搭便车与集体行动的困境

行业协会的集体行动困境是怎样形成的呢？下面通过一个简单的模型予以分析。

假设某一行业有 N 家同质企业，现该行业通过游说政府制定贸易保护政策，如通过对其他国家出口到本国的产品提起反倾销诉讼，这样可以使行业内每一家企业都获得收益 R。这是一种典型的集体公共产品，在行业内具有非排他性。假设游说政府需要花费成本 C，而且只有当行业内所有的企业都对该成本共同分摊时才能保证每一家企业付出的成本不大于其获得的好处，即：

$$\frac{C}{N} < R \tag{4-1}$$

假定此时有一家企业不愿意参与该集体行动，则会使所有的企业得不到上述好处，最终它自己也捞不到半点好处。换言之，每一家企业在这个集体行动中都是重要的，这符合 Olson（1995）的“小集团原理”。即当一个组织或社会网络的成员较少时，其中某一成员是否参加对整个集体行动的成败会有很大影响。同时，在一个较小的组织中，组织成员相互监督的效率比较高，搭便车的可能性比较小。在这种情况下，个体会倾向于参加集体行动。这时，每一家企业都有足够的激励去承担 C/N 的成本，从而使行业内全体企业都从中获益。虽然 R 是一种集体公共产品，但这时不会出现搭便车的现象。

但是，如果游说的成本不太高，以致只有 n （$n<N$） 家企业分摊该成本时，就能保证参与集体行动的企业 $C/n<R$，并保证全体行业企业都能获得好处 R。

这时，剩余 $N-n$ 家企业是否参与集体行动并不影响行动的结果。当然它们加入后，会使每一家企业平均分摊的成本更低。但对于每一家企业而言，只要它们确信已经有不少于 n 家企业已经参与，则其余企业是否参与对自己的收益没有任何影响。即便它们不能确认已经有足够的企业参与了这项集体行动，它们也不愿意接受若干企业不参加导致的收益降低的后果，因为只要有一家企业不参加，参加行动的企业的净收益就不可能是最大的。也就是说，如果所有的企业都参加，则每一家企业的获益为 $R-C/N$，如果有一家企业没有参与，则参与的企业的获益为 $R - C/(N - 1)$， 显然

$$R - \frac{C}{N - 1} < R - \frac{C}{N} \tag{4-2}$$

如果所有的企业都选择搭便车，则这种集体产品最终不能被提供。于是便出现了一个有趣的结果，即如果游说的成本比较高时，所有的企业都愿意参加集体行动，而当游说成本降低时，反而都不愿意参加集体行动了。也就是说，根据理性假设，这一博弈的纳什均衡是所有企业都不愿意支付游说成本。这反映出协会提供集体产品时遇到的一个普遍现象——搭便车问题。每个企业都希望别人参与集体行动而自己坐享 $R-C/N$ 的收益，结果是所有企业都不参与集体行动，从而使得通过组织协会来游说政府制定对本行业有利的政策的计划落空。

即便该行业中的企业是非均质的，规模大小不一，也不会影响最终结论。对于规模较大的企业来说，通过贸易保护政策的实施能够获得更大的利益，因而也愿意支付较大的成本，但收益和成本必须对应。如果所有企业都按照自己的生产规模付出成本才能保证各自分摊的成本小于自己获得的收益的话，这时只要有一家企业不参与集体行动就可能导致其他企业没有足够的动力参与集体行动。为证明这一点，先将式（4-1）改写为：

$$cK_i < R_i \quad (i = 1,\ 2,\ \dots,\ N) \tag{4-3}$$

式中，c 表示一个规模单位应该分摊的成本，K_i 代表企业 i 的规模系数。企业根据自己的规模分摊相应的成本。这时，每一家企业都对保护政策能否出台至关重要，不会出现搭便车的现象。

但是，当不需要行业所有企业都参与成本分摊，仍然能保证参与企业的成本小于收益时，就会出现搭便车的现象。每家企业都希望别的企业去参与集体行动，自己坐享其成。这时，只要有一家企业不参与集体行动，虽然不会影响公共产品的提供，但单位规模分摊的成本会被提高。设有一家企业不参加集体行动时单位规模必须分摊的成本为 c^*，且有 $c^*>c$，则显然

$$R_i - c^* K_i < R_i - cK_i \tag{4-4}$$

这时，参与集体行动的企业必须为搭便车者支付成本。对于一个理性的个体来说，它将选择不参与。

当然，如果加入协会是强制性的，上述困境将可以得到化解。但入会和退会自由是现代协会的基本治理原则，除了少数国家具有公法地位的协会外，强制企业入会的情况十分罕见。

协会本身的性质以及协会所提供的公共产品的属性，使得搭便车成为企业必然的选择。而且，协会所提供的公共产品属于“体验性商品”，只有在购买之后才能知道其对自己是否有好处。这种不确定性也阻碍了企业对其付费的动力。以上分析得出的基本结论是：如果协会仅提供单一的集体公共产品，且入会自由，则理性的企业的机会主义倾向将使集体行动难以达成。

4.4.2 实证分析——搭便车现象与行业协会产品供给困境

搭便车现象所导致的一个可能的直接结果是协会的入会率较低。虽然造成协会入会率低可能与协会的服务水平、经营能力等因素有关，但有理由认为搭便车与低入会率之间存在直接的相关关系。根据暨南大学课题组的调查数据，其中会员占行业企业数量的比重在10%以下的行业协会占样本总量的34.74%，而有接近半数的行业协会其会员比重在30%以下（见图4-1）。

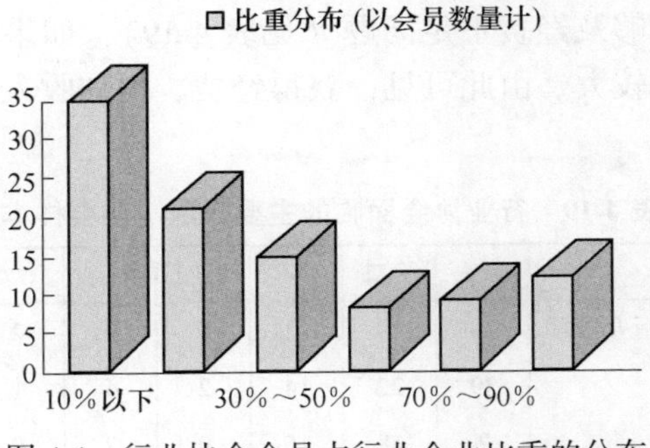

图4-1 行业协会会员占行业企业比重的分布

较低的协会入会比率会导致以下问题的产生：

第一，由于入会率较低，协会作为行业利益的代表性基础就不强，协会也很难组织行业内企业参加集体行动，协会制定的规章规约也很难具有全行业范围内的普遍约束力。

第二，由于会费是协会的主要经费来源，入会率低致使不少协会经费拮据，很多活动无法开展。根据暨南大学课题组的调查数据，会费收入占协会收入来源一半以上的样本有81个，占全部样本数的74.31%；其中会费收入占协会收入

90%以上的样本有 19 个，占全部样本的 17.43%。虽然大部分协会收取的普通会员会费比较低，年会费在 1000 元以下的协会占总样本的 66%，但会费的收缴率仍然不高，收缴率（按时缴费的会员占会员总数的比重）超过 90%的协会样本只有 29 个，占样本总数的 26.61%；而收缴率在 70%以下的样本有 34 个，占样本总数的 31.19%（见表 4-18）。

表 4-18 协会会费收缴率（协会样本）

分 组	比重（样本数）
50%以下	10.09%(11)
50%~60%	13.76%(15)
60%~70%	7.34%(8)
70%~80%	21.1%(23)
80%~90%	21.1%(23)
90%以上	26.61%(29)
总 计	100%(109)

由于协会的主要收入来源是会费，较低的会费标准和收缴率不理想使协会财务状况不容乐观，有 24 家协会认为收支状况属于收入少于支出，占样本总数的 20%。因此，协会面临的主要问题并非提供更多的产品或服务，或倡导公关游说等集体行动，而是如何摆脱糟糕的财务状况。调查显示，协会认为目前存在的主要问题是政府支持不够及经费不足问题（见表 4-19），如果将两项得分加总，则与其他项目得分差距较大。由此可见，获得经费、增加收入是摆在多数协会面前的紧迫任务。

表 4-19 行业协会面临的主要问题（协会样本）

选项/重要程度	第一	第二	第三	第四	第五	第六	第七	加权得分排序
缺乏政府授权，难以开展行业管理	34	29	13	5	2	2	0	507
经费不足	39	22	14	2	4	1	0	497
人才短缺	7	18	15	9	2	0	1	275

注：计算方法：根据重要程度分别赋权数 7、6、5、4、3、2、1，每一选项不同重要程度乘以权数后加总，得到该项目的总分。

为了解决财源不足问题，协会往往倾向经营一些收费性商业服务来增加收入，这样一来，协会的营利倾向越来越突出，如果对此不加以规制，必将影响协会的性质和宗旨。

4.4.3 集体行动困境的解决——理论模型

有学者主张通过协会提供俱乐部产品的模型来解释协会如何向会员提供入会

的激励机制。Olson（1995）认为，行业协会变得强大的原因在于他们在向决策者进行政策游说之外，还向会员提供非公共性的服务，这些行业协会正是利用这些额外的服务来吸引会员。郁建兴等（2006）认为，行业协会有“俱乐部式的组织”和“代理人”两种属性，提供俱乐部产品是其充当代理人角色的基础和动力，前者做不好，会影响后者职能的发挥。张旭昆和秦诗立（2003）利用“关联博弈”的概念建立的协会激励机制的理论模型，用来证明协会同时提供公共产品和俱乐部产品可以解决企业入会的激励问题。出于对理论的解释与逻辑的完整考虑，本书将关联博弈模型重新改写如下❶，以此来提供一种解决集体行动困境的思路。

假设在某一行业存在 N 家均质企业和一家行业协会，每一时期他们既参加社会域中协会组织的对外集体行动的博弈（如进行政策游说、对外提起反倾销诉讼或进行反倾销应诉等），又参与协会组织域内的社区博弈（如行业协会组织的展览会、交易会等），如此重复进行。

4.4.3.1 集体行动博弈

在社会域进行的集体行动博弈中，企业可以要么选择合作（即参加行动），假定此时每家企业合作努力行动的成本每期为 $C_i(i=1, 2, \cdots)$，如果所有成员都合作，则每家企业从中所获得的每期收益为 R_i；要么选择偷懒，即不参与行动而搭便车，如果有 n 家企业同时选择偷懒，则每期收益变为 $R_i - ne_i$。e_i 表示若有一家企业不参与集体行动所导致的参与企业收益的减少量。

现在假定：(1) $C_i > e_i$，表示每家企业都有偷懒和搭便车的动机；(2) $C_i < Ne_i$，表示偷懒和搭便车将给所有企业带来外在不经济。同时还假定，每家企业从对外集体行动中获得的好处在技术上都是非排他性的，即在合理的成本条件下，通过禁止从集体行动中获得好处来惩罚搭便车者几乎不可能实现。

4.4.3.2 社区博弈

在组织域内的社区博弈中，每家企业参与协会活动的成本花费为 C_d，可以将它视为企业加入行业协会所缴纳的会费。会员从协会组织的活动中获得的收益为 $R_d(n)$，如直接获得物质利润以及会员身份所带来的社会地位、声誉等精神财富。假定 $R_d(n)$ 是参加协会的企业数量 n 的非递减函数。同时假定存在 n_1，使得对于所有满足 $n_1 \leqslant n < N$ 的 n，都有 $R'_d(n)=0$，即协会活动的生产率存在一个饱和值点。

社区博弈也是无穷期重复进行。假设每个阶段博弈开始时，如果有会员在集体行动博弈中采取偷懒策略进行搭便车，则他会被协会驱逐，例如协会通过罚

❶ 本部分参考了青木昌彦（2001）第48~52页，张旭昆等（2003），孙丽军（2004）第83~85页，冯巨章（2006）42~46的相关内容。

款、开除会籍等手段进行惩罚。那么 N 家企业参与协会活动的激励约束条件为：

$$C_{\mathrm{d}} < \frac{\theta(R_{\mathrm{d}}(N) - C_{\mathrm{d}})}{1 - \theta} \tag{4-5}$$

亦即：

$$C_{\mathrm{d}} < \theta \cdot R_{\mathrm{d}}(N) \tag{4-6}$$

式中，θ 为企业的时间贴现率。

这意味着，加入行业协会后积极参加其内部活动的成本应该小于因被驱逐而牺牲的未来收益之和的贴现值。也可将式（4-5）右边部分视为会员企业因遭受协会驱逐而损失的社会资本。如果 θ 充分大，即当协会成员具有长远的发展目标并保持足够耐心时，上述条件将成立且有一定的松弛量。设 x 代表松弛量，则 $x = \theta \cdot R_{\mathrm{d}}(N) - C_{\mathrm{d}}$，可将其视为社会资本的净收益流量。

4.4.3.3 关联博弈

以上分析是建立在集体行动博弈和社区博弈分开进行的基础之上的。现在假定集体行动博弈和社区博弈结合进行，其中集体行动博弈在每期的期初重复进行，社区博弈在每期的期末进行，如此重复下去，每家企业根据前一个博弈结果来调整其策略。假定每家企业采取以下策略组合：（1）如果在前面博弈选择偷懒，则在集体行动博弈中选择偷懒，在社区博弈中选择不合作，否则在两个博弈都选择合作；（2）对于任何在集体行动中曾经偷懒过的企业，行业协会一律将其驱逐出所有未来的社区活动，而且只驱逐那些偷懒过的企业。同时假定每家企业都存有一种信念：其他企业已经并且继续将选择上述策略组合，除非事实上出现偏离上述策略组合。接下来核实以上策略组合和以上信念是否构成一种均衡。

其实欲考察以上策略组合是否存在均衡，对于会员企业来说，只需确定在任何时候偏离上述策略组合均无利可图即可。

首先考察第一个条件。显然，如果某企业以前在集体行动博弈中偷懒过的话，那么它在以后的两个博弈中选择合作将不会提高其未来收益。另外，如果企业在以前两个博弈中都合作的话，在集体行动博弈中再偷懒就不值得。偷懒收益是本期和未来所有时期的努力成本节省了 $C_i + C_{\mathrm{d}}$，而代价却是牺牲了合作可能带来的本期和未来所有时期的收益 $\theta \cdot R_{\mathrm{d}}(N) + e_i$。因此，每家企业不偷懒的激励约束条件为：$C_i + C_{\mathrm{d}} < \theta \cdot R_{\mathrm{d}}(N) + e_i$，即 $C_i < x + e_i$。

显然，即便集体行动博弈的激励约束条件（$C_i < e_i$）不满足，但如果满足社区博弈的激励约束条件 $x > C_i - e_i$，上述不等式仍然成立。因此，连接两个博弈使激励约束得以满足。

为了考察第二个条件，注意到在协会的社区博弈中，只要偷懒者的数目小于 $N - n_1$，企业与在集体行动中曾经偷懒的企业合作几乎无利可图。另一方面，驱逐任何没有偷懒的企业没有任何好处。所以，虽然企业在非联结状态下协会集体行动中有很强的搭便车动机，但因为协会的驱逐威胁具有可信性，所以至少有大

于 n_1 企业的合作构成一种均衡。从而上述均衡组合的第二部分提供了一种自我维持的信念，它使得企业都认识到偷懒的后果，并按照准则来协调自己的实际行动。

该模型表明，行业协会作为管理服务市场的一种重要制度安排，在一定的条件下（$C_i + C_d < \theta \cdot R_d(N) + e_i$ 或 $C_i < x + e_i$）可以满足激励约束，而且这种约束具有稳定性。同时也表明通过连接不同域内的博弈可以解决搭便车问题。

虽然本书借用"关联博弈"对行业协会面临的集体行动困境和搭便车问题进行了对策分析，也表明通过连接组织域的社区博弈与社会域的集体行动博弈，降低了会员参与的激励约束，但在现实操作中仍然有两类问题待解决：

第一，关联博弈假定行业协会具有对会员的有效管理手段和处罚能力。但事实并非完全如此。前文已论及，行业协会的约束机制属于弱治理机制，惩罚手段仅限于批评、通报、谴责、曝光等名誉处罚或道德约束。而开除、罚款等手段一般都比较少用或不用。

第二，集体行动不仅涉及行业协会的现有会员，而且在多数情况下还涉及行业内的其他非会员企业。我国现有的政治体制既奉行自愿入会、自由进出的原则(多元主义的典型特征)，又要求协会能履行一部分本由政府负责的行业管理职能（法团主义的典型特征)。行业协会虽然具有协助政府管理行业、促进整体发展的义务，但没有强制或惩罚非会员的权力。

我们认为这里的逻辑是：协会的公信力和影响力以及协会积累的社会资本是关键因素。因为如果一个协会仅仅是名义上的松散企业联合体，而缺少实质性服务和为行业企业谋发展的具体内容，不仅其他企业不愿意入会，而且现有会员可能选择搭便车，不参与协会的管理或其组织的活动，那么社会域内的集体行动不能有效开展，同时组织域内的俱乐部产品提供和服务也比较困难。但如果行业协会具有较好的代表性，可以调动的资源比较丰富，能够提供良好的服务，会员企业可以获得实质性利益，那就会对非会员产生一种潜在的吸引力，他们可能会争相入会。假设最终所有行业内企业都加入协会，这样协会就具备了对整个行业的管理权限和影响力，从而具备了一种无形的惩罚或约束权力。因此，行业协会的社会资本存量高低和影响力、公信力是决定集体行动能否成功开展的关键变量。

另外，虽然从理论上来说，协会同时提供集体公共产品和俱乐部产品是一个激励兼容的制度安排，可以在向企业提供入会激励的同时，部分地避免搭便车的行为。但在实践中所起的作用有限。斯蒂格勒（1974）并不认同奥尔森所提出的理论，他认为随着利益集团组织集体行动的费用增加，过去那些不曾组织集体行动但可以提供同样服务的机构一定会以较低的价格提供相同服务。塔洛克(1999）在《寻租——对寻租活动的经济学分析》一书中提出这样一个例子，美国汽车协会（AAA）为筹集游说所需的资金，向其会员提供一种经过仔细设计的汽车线路图作为副产品。另外一家大型汽油公司，认为它可以以更低的价格提供相同服务，因为它不需要将这项服务的收入用来弥补集体行动的费用。汽油公司的竞争使汽车协会面临巨大的财政困难，并丧失很多会员，以致其政治游说能力大受影响，后来该协会索性将其主要精力放在对会员提供直接的汽车服务上。

5 行业协会的行业治理

行业协会是一种社团组织，是同一行业或地区的企业为了整合、反映和表达行业部门利益而组建的互益性团体。其设立的根本目的在于保障和增进会员利益，聚合和拓展行业利益。其存在体现了公民社会的结社自由和公共参与的宪政原则。作为经济系统的组成部分，行业协会在争取和增进自身权益的过程中，要不断与政府部门、消费者、上下游供应商和行业内非会员企业发生相互作用，处理自身与外部利益相关者的利益冲突和关系协调，做出各种折中、妥协和让步，并确保在合理追求本部门、本行业利益的同时，不至于造成对外部利益者的侵害。因此，组建参与行业协会既是公民（主要指厂商）的自由结社权，同时这种权利又不是绝对和无限制的。基于结社自由的各类社会组织必须受到国家的法律规制和政府的宏观管理。亦即，行业协会只能在关于政府规制和社会权利关系的某种制度环境下生存和发展，最终目的在于构建良好的行业市场秩序和行为规范。对应地，协会的行业治理包括外部交往域中的三个方面：与政府的关系、与消费者的关系、与非会员企业的关系处理。作为公民结社自由权的体现，行业协会外部交往域的治理应该是自治的，第二节将就行业自治的相关理论和问题做出说明和论证。并对影响行业协会治理绩效的因素进行实证分析。

5.1 行业治理的构成

行业治理主要指行业市场秩序和行为规范（即所谓的行规行约）的建立和实施。行业治理包括两大类三方面的关系处理：协会与政府的关系、协会与外部利益相关者的关系，其中外部利益相关者主要包括消费者和非会员企业。目前我国行业治理的核心在于协会合法性的取得。协会合法性主要涵盖三个方面：第一，法律合法性。协会必须按照各级政府机构对社团组织的设立、活动范围等予以规制的相关法律，在相关政府部门进行注册登记，获得社团法人资格，并接受相应的管辖和监督。第二，政治合法性。在传统的社团管理体制下，设立行业协会不仅要在民政部门登记，还要获得政府主管部门的批准，即所谓“双重管理体制”。近年来，一些地区在推行社会管理体制改革，政治合法性的色彩正在淡化，设立协会也不再硬性要求得到主管部门的审批，“主管部门”也变更为“指导单位”。第三，社会合法性。即协会的设立和运行需要得到一定数量的行业企业的支持和参与（会员覆盖率要达到一定水平），即协会在相关行业和地区应当拥有足够的代表性。行业协会欲获得足够的发展空间，也要积极正确处理好与消费者、非会员企业的关系，取得其信赖和认可。

在协会的上述三类合法性来源中，第一类和第二类均涉及协会与政府的关系，第三类反映协会和企业、外部利益相关者的关系。在这三类来源中，虽然社会合法性是协会存在的基础，但法律合法性却是协会存在的先决条件，是协会生存的“特许状”。缺少它，协会面临可能被取缔的风险。故行业治理中协会与政府的关系最为重要。由此可见，虽然在理论上行业协会是独立于政府的“第三部门”，但实际上它与政府之间存在着错综复杂的联系。由于受数千年封建政统的影响，中国社会至今未能摆脱“官本位”的束缚。在协会与政府的关系上，政府始终是占主导地位的一方，协会则处于弱势和依附的地位。这势必会造成协会的治理功能和健康发展的不利影响。

5.1.1 行业协会与政府的关系

行业协会与政府的关系协调处理是行业治理的核心和重点。不论在何种政治法律制度中，行业协会首先要正确定位，努力经营好其与政府（或国家）的关系，因为这是事关协会能否设立、生存和发展的政治前提，在某些条件下政府甚至掌握协会的“生杀予夺”大权。

5.1.1.1 公民社会与国家的关系

事实上，欲论及行业协会与国家的关系，不能不首先分析公民社会（civil society）与国家的关系。因为公民社会理论的核心内容之一是以行业协会为代表的公民组织和社会团体的形成和充分发展，并建立与国家的良性互动关系。实际上公民社会本身就包含有民间社团和中间组织的意思。政治学理论上的公民社会与国家关系的分析一般置于两种制度环境中进行，即多元主义和法团主义。

(1) 多元主义（pluralism）。多元主义是指这样一种制度安排：多个社会集团形成自发竞争体系，集团自主决定事项并集中成员利益，集团的活动没有层级秩序，也没有被认可的保护者辅佐，在相关领域内，社会集团的代表性地位不具有独一无二的特性。个人主义是多元主义的哲学基础和方法论，多元主义强调个人的地位、权利及尊严的重要性，认为社会是个体的总和，个人是权力来源的基本单位，一切权力最终需要取得个人的同意，从而社会团体在多元主义制度下具有很高的自治地位。在国家与社会的关系上，多元主义持社会中心论，认为权力的分布是分散的，非单一集团所能控制，政治由个人和组织直接、主动、广泛的参与构成。在竞争性的政治市场中，各类群体根据自己控制的资源状况来获取影响力，政治的基本场所是社会而非国家，社会中的自愿者利益团体并不图谋对抗或取代政府，但它们的积极行动对政府形成了压力。利益团体数量众多，成员不断增加，且相互竞争，其代表的广泛性确保了社会中多种利益诉求有序进行的政治过程。由此可见，多元主义把利益团体视为政治行动的基本单位，其作用在于沟通公民个体和决策者之间的利益传递。

（2）法团主义（corporatism）。法团主义是与多元主义相对应的另一种制度安排，是对国家和社会功能组织间常规性互动体系的概括。这个利益代表系统由一些组织化的功能模块组成，这些功能模块被组合进一个有明确责任义务、数量限定、非竞争性、有层级秩序（hierarchical order）、功能分化的结构安排之中。在法团主义模式中，国家与社会团体通过合作进行政治交换。一方面，社会团体得到国家的认可（如果不是由国家建立的话）并被授予垄断性地位，其资源、组织等在国家的支持下得到巩固，拥有其他团体无法比拟的实力；另一方面，作为交换，利益团体在需求表达、领袖选举、组织支持方面，均受到国家的相对控制。法团主义持国家中心论，因此否定绝对的团体自治。代表功能利益的垄断组织与国家之间建立常规协商关系，国家要求其对有关的公共政策提供意见，作为交换，它们必须说服其成员与国家合作，来保证国家政策的有效实施。

多元主义一般以英美等国的政治体制为代表，而法团主义则主要出现在欧洲大陆，如德法等国。制度安排的差异决定了行业协会等组织在两种体制下的地位、作用和特点也不相同。

在多元主义制度下，没有专门的协会立法，外部规范一般不对行业协会设立的宗旨、性质、组织行为做出明确规定，行业协会根据私法中的公司法发起建立，是一种非营利法人组织，其主要作用是在企业之间进行技术和信息的交流与协调，并向立法、行政部门表达会员的利益诉求，力图使政府政策符合行业利益。在英美等国，有数量极少的协会以公司形式经营，还有一些地方的小型协会是非法人的任意团体。它们都属于民间性独立组织。在入会参与等问题上，实行自愿组织、自由参与、自主活动、自筹经费的原则，协会的成立和发展往往不是政府授意、推动或干预的结果，大都是随市场的需要而自发成立、自下而上组织的，在官方机构注册后开展活动。因此在英、美等国，协会和行业组织数目众多，企业只要有共同的愿望和利益需求即可建立协会。除了某些特殊如金融等行业要求强制入会外，其他行业的协会由企业自愿参加。同时，政府对协会的活动一般不予干预，协会享有高度的自治权。虽然协会也可能接受政府部门的委托，有偿或无偿为政府提供服务和履行有关职能，但与政府之间仅保持一种契约关系，并不存在依附与领导关系，其独立性强。但近年来，为了在国际竞争中获得主动权，一些国家的政府开始对协会自行组织的具体活动进行补贴或资助，以增强本国企业的竞争实力。

法团主义流行于欧洲大陆，这些国家有专门的协会立法。行业协会一般根据法律设立，而且其性质、组织结构、职能及财务制度都有明确法律规定，协会亦称为一种公立型公益组织，既作为工商业者的公共代表，同时还兼具工商行政辅助管理职能。由于欧洲大陆法系多以国家为中心，协会更多地被当做政府的延伸机构，以政府的助手的形象出现，因此通常接受政府的授权委托，代为行使一部分政府行政职能，如在法国和德国，协会还负责企业的注册登记管理。法团主义制度下实行强制入会的原则，所有企业必须依法参加当地的协会，成为其会员。虽然政府与协会的关系密切，但政府并不对协会的内部事务进行直接干预，如领导机构的选举、内部组织的设立完全由协会根据民主原则自行负责，其财务和资金运作也比较独立，会费和税金是其主要收入来源，另外还通过提供服务或政府捐助来筹集资金。

5.1.1.2 行业协会与国家的关系

行业协会最早并不是以自身的名义与政府打交道的，而由非营利组织作为代表与政府进行互动。早期的非营利组织研究并不关注其与政府的关系，直到20世纪90年代以后，研究者才将视角深入到非营利组织的作用及其与政府的关系等领域。在非营利组织与政府的关系研究中，形成了几种有代表性的理论。

第一种是由吉军（Benjamin Gidron）和萨拉蒙（Lester M. Salamon）提出的“四模式”理论。该理论彻底否定有关非营利组织与政府是一种零和博弈关系的假设，认为公共服务的提供包括两类活动：为公共服务寻找资源和提供实际的服务。并就此提出四种基本模式：（1）政府主导模式，即政府在筹集经费和提供服务上起主导作用，非营利组织发挥空间很小；（2）非营利组织主导模式，即在政府能力极为微弱的条件下由非营利组织承担筹集经费和提供服务的主要职责；（3）并存模式。两者都积极参与筹集经费和提供服务，但作用区间并不重叠，非营利组织可以提供与政府相同的服务，但服务对象主要是政府服务未能覆盖到的需求者，也可以提供政府所不能提供的服务；（4）合作模式。两者相互分工，共同行动，一般采用政府负责经费提供，非营利组织提供实际服务的模式。

第二种是由丹尼斯·扬提出的“三模式”理论。该理论将两者的关系整合为三种：补充模式（supplementary model）、合作模式（complementary model）和冲突模式（adversarial model）。补充模式意指非营利组织主要满足政府不能提供的公共品需求，起拾遗补阙的作用；合作模式将非营利组织定位为政府的合作伙伴，协助政府提供主要由其资助的公共物品；冲突模式下，非营利组织推动公共政策改革，确保政府切实对公众负责。政府也通过规制非营利组织的服务和响应其倡议来影响非营利组织的行为，使之符合政府政策。因此两者互为监督关系。

第三种是由吴锦良等人提出的资源依赖理论。其基本假设是，任何组织都无法生产自己所需的全部资源，因而必须在周围环境中摄取生存发展所需的资源，但一旦无法保证资源自足，组织必然与环境中的其他主体产生依赖关系。基于此，政府与非营利组织之间应当是互补关系，因为政府在资源动员上具有优势，而非营利组织则比较擅长服务的提供。政府必须及时回应公众多样化的公共服务需要，非营利组织由于资源的限制和所处地位无法完全满足公民的各类需求，因此非营利组织接受政府的委托和资金援助，借此来提供相应服务❶。

5.1.1.3 转型时期的中国政经关系模式

由于受传统因素的影响，历史上中国的经济社团与政府的关系可被视为一种政府主导下的补充模式，且具有一定的垂直依赖❷的痕迹，即大多数经济社团都是在政府的指导和直接授意甚至是强制干预下组建起来的，它们承应政府的要求，为政府管理公共事务拾遗补阙，充当助手，在特定时期行会甚至还代政府征税纳捐，沦为政府的敛财机构和附属组织。贺立平（2002）指出，中国的经济自治团体并非完全独立的社会联合体，它必须依赖国家而生存，并只能在国家让渡的空间里艰难拓展生存空间，国家与行业组织之间是边缘替代关系，其实质是依附性合作❸。

改革开放初期从体制内生长出来的民间社团依然未能改变其固有的依附属性，无论在政治上抑或是经济上都严重依赖于政府。但也必须承认，随着市场经济的深入和政治体制改革进程的加快，中国的经济社团正在发生一些可喜可贺的变化。第一种变化表现为大量体制外民间社团组织的诞生和涌现。这类组织并非屈从于政府意愿，而是同业企业出于共同的利益需要，奉行“自立、自养、自治、自强”的“四自”原则而组建的，并通过向会员提供优质服务来赢得尊重和认可，通过积极参与公共事务来表达利益需求，开始逐渐发挥出利益代表和压力集团的作用。第二，伴随行政机构的精简和效率提升以及政府职能的转变，国家开始逐渐淡出中微观层面的企业行业管理，把本属于行业协会负责或其不擅长管理的职能转移给行业协会，并鼓励体制内的行业协会民间化，做到自主办会、自收自支，以减轻政府沉重的财政负担。最后，在行业协会特别是民间协会的宣示效应和政府让权、政会分开的改革使资源依赖日趋艰难的条件下，部分体制内的行业组织或主动或被迫在财务、人事和职能方面渐渐与政府切割，开始民间化转型。

近年来，我国行业组织与政府关系发展显现一种令人欣慰的趋势，前述政府主导下的补充模式开始向政府主导下的合作模式转变。这样的变化进程可能比较长，也可能出现波动曲折，甚或离政府与民间组织作为平等的合作伙伴关系模式

❶ 吴锦良，等. 走向现代治理——浙江民间组织崛起及社会治理的结构变迁［M］. 杭州：浙江大学出版社，2008：253~255.

❷ 所谓垂直依赖是指组织间存在明显的上下层级式的资源依赖关系，低层级组织对高层级组织的资源依赖大于后者对前者的依赖，这种非对称的关系会迫使低层级组织为取得生存资源而牺牲其自主性。

❸ 贺立平. 边缘替代对中国社团的经济与政治分析［J］. 中山大学学报（社会科学版），2002，(6)：114~121.

的理想公民社会相去甚远，但也毕竟是一个大的进步，它可能更好地体现了我国的特有国情，可以说是在现阶段体制下的次优选择。之所以做出这样的判断，是基于下列理由：

首先，在当前政府仍然掌握诸如土地和资本等重要资源配置权以及双重管理体制的背景下，我国的行业组织不可能完全脱离政府而独立存在，依旧表现出强烈的政治依附性。就算在体制外行业协会发展相对成熟的温州地区，协会的生存和发展空间尚且仍然取决于政府的赋权和资源分配，更别提其他的行业组织了。根据一项公布的温州商会调查报告❶，经过近二十年的发展，温州商会已经形成以服务会员、促进行业发展为主的相对完整的功能格局，具备较强的独立性和自治性，但仍然存在对政府的较强依赖。调查表明，不少由温州市工商业联合会（工商联）管理的行业协会更乐意接受温州市经济贸易委员会（经贸委）的管辖，而受经贸委和工商联管理的行业协会则更羡慕受温州市经济合作办公室（协作办）领导的异地商会。其原因在于，经贸委属政府正式的职能机构，其解决问题的能力和掌控的资源要强于名义上是民间团体的工商联；而协作办比经贸委更接近政府领导人，异地商会的负责人在重要的活动和场所能成为政府的座上宾，拥有更多面见政府官员的机会。协会政治依附性的另一重要表现是协会与政府之间的地位和关系不对等，政府处于资源的上端，协会需要通过各种方式进入政府的视野，借机谋取利益。此外，协会还通过聘请政府的退休官员来担任协会负责人，以便利用这些官员的人脉资源和政府关系，表达利益诉求甚至向政府寻租。

其次，由于自身存在的组织治理结构不完善、治理机制不畅通、民主缺乏、资源短缺以及影响力和公信力不足等，目前我国的行业协会不可能离开政府的支持而独立承担行业治理职能。即使在协会发展相对成熟的温州地区，诸如协会内部治理结构不健全、民主机制缺失、大企业和内部人控制严重、过度依赖行业精英、服务能力有限、营利倾向显著和代表性不足等治理失灵现象仍然大量存在。此时，如果政府不愿意（实际上也不放心）将行业管理职能授予协会，则行业协会将会受到行业治理权限的困扰而更加不能作为，同时也缺乏公信力、影响力和资源获取能力；但如果政府一步到位将行业管理职能全部授予协会，自己“全身而退”，则可能导致外部的治理失灵，如寻租、侵害其他利益相关者的利益等，使行业治理陷入混乱。因此合理的解决思路可以设计为：政府应按照循序渐进的原则有计划分步骤授予协会行业管理职能，注重通过有偿购买付费服务、适量的财政补贴等辅助手段向协会提供必要的支持和资源，通过信息提供和政策引导来增强协会的治理能力，同时政府对协会的活动和绩效进行必要的考核、监督和规制，避免协会对公众利益的侵害。即政府应在适量渐次赋权的同时对协会进行规

❶ 郁建兴、江华（2006）。

范，形成“参与—赋权—规范—发展”的演进路径（张捷、徐林清等，2010）。

再次，行业协会需要取得政府的认可和支持，以获得行业管理的权限，进而建立治理权威。行业协会作为民间社团组织，不具备执法资格，其行业治理主要依靠道德约束和声誉机制等非正式的自我规制，如果能够得到具有执法资格的政府职能部门如工商、质量监督、物价等的支持，这种自律机制将会发挥强大的作用。特别是在规范市场秩序的过程中，如果有政府授权并配合相关部门进行质量建设和产品维权，则协会的自律功能就得以发挥，起到维护市场规范行业发展的作用。

最后，政府的支持决不应该成为行政干预和政府控制的借口，行政控制不等于政府支持。虽然从长远来看，政府支持和适量干预不单不会妨碍协会的自治，反而会增强协会的自治能力，但政府支持与行政干预之间又存在关联，政府在向协会提供必要支持的时候，往往会附加若干条件，从而为行政干预提供托词，如果干预得当可能会促进协会的发展，但实践证明行政干预往往会进一步压缩协会的成长空间和自治程度，阻碍其长远发展。因此，只要协会的利益代表、利益聚合和利益表达的性质不变，其与政府之间就一定存在既合作又博弈的复杂关系。行业协会与政府的这种双亘关系即便在发达的市场经济体制中也存在，只要它不演变为寻租腐败，仍然在正常的法制规范范围内，这种交换关系就是良性和健康的。

因此，在经济转轨时期，行业协会既要追求自身的主体地位，扩充自治的权限，力图渐次摆脱对政府的过度依赖，发挥更大的行业治理作用，但又不宜走向政府的对立面，形成与政府分庭抗礼或老死不相往来的尴尬格局，应该在接近政府和加强自治这两个对立的取向之间取得平衡（郁建兴、吴宇，2003）。在建立经济民主和和谐社会并最终构建公民社会的目标指引下，政府与行业协会应该建立一种政府主导下的互动合作模式，双方保持一种若即若离的弱依存关系和交换关系（张捷、徐林清等，2010）。

5.1.2 行业协会与外部利益相关者的关系

除了政府外，行业协会外部利益相关者主要指消费者、非会员企业。鲁篱（2003）将行业协会与外部利益相关者的关系处理称为行业协会社会形象的设计❶。主要是指行业协会与消费者的利益协调、行业协会的管理权限、非会员企业对行业协会的认可。

5.1.2.1 行业协会与消费者的关系

行业协会一般是由相同或相似的企业组成的利益集团，其会员企业作为商品

❶ 鲁篱. 行业协会经济自治权研究［M］. 北京：法律出版社，2003：221.

生产者和服务提供者的代表出现，而消费者则是购买产品或享受服务的相对一方，以需求者的身份出现。在市场经济中，产品或服务的均衡价格主要由其供需状况决定。从力量对比的角度来看，作为企业利益代表者的行业协会拥有强大的游说力量和影响力，往往主导产品的价格决定。消费者虽然数量众多，但力量有限，不能有效组织起来发挥与生产方的对抗和谈判功能，除了消费者协会等松散组织外，消费者几乎不能形成对生产者的制约，在价格决定中往往处于弱势和被动的地位。当然，行业协会的强势不是绝对的，如果其生产的产品不符合最低的安全、卫生、健康标准，则会受到政府的处罚和法律的惩治；如果其提供的服务或生产的产品不符合消费者的口味和需求特征，则企业无法盈利，其生存就得不到保障。因此总体来看，在两者的关系中，双方存在合作的空间。但行业协会是主导方，如果不存在制约机制，它极易构成对消费者利益的侵害。

A 行业协会的“善”面——与消费者的合作关系

如果行业协会以和善、友好的姿态出现，则会极大便利消费者的生活和购买决策，社会运作成本会大大降低。

（1）提供产品信息，协调各类产品标准和服务准则，减少消费者的搜寻成本，便于消费者进行产品比较。

如果存在有关产品的标准，消费者更容易获得识别产品的品质或其他的如产品的安全、健康和卫生等属性信息，减少搜寻成本（search cost），同时消费者能方便地比较不同品牌之间的产品，做出理性选择。另外，产品标准化使消费者不再依赖单一产品或品牌。例如，消费者对某种品牌的光碟不满意，他可以随意更换自己喜欢的其他品牌的光碟，而且不用担心买回来其他光碟后不能在其播放器中播放。这在一定程度上起到了增加竞争的效果。同时标准还可以增加产品的兼容性，减少无谓的浪费或损失。如消费者在买回灯泡后，就不用担心其灯座的尺寸与灯泡不相符合。这也减低了消费者的搜寻成本。

（2）规范会员的生产经营活动，使之朝有利于消费者需求的方向发展。行业协会虽然代表其所属会员的利益，但这并不意味着协会徇私或包庇少数会员的违规行为。首先，行业协会代表所有会员的共同利益，如果单个会员侵害消费者利益而协会不履行监管规制职责，则它会丧失公信力，丧失其社会合法性；其次，协会内其他成员也可能出于对自身利益和行业整体声誉的考虑，反对单个会员的违规行为，他们更愿意协会查处或清除那些“害群之马”。这样作为一个公立的裁判和理性的集体利益代表者，协会能够保证督促大多数会员诚实守法，从而尽可能满足消费者需求。

（3）行业协会要与消费者协会等中间团体组织进行合作，化解纠纷。行业协会作为供给一方的代表，与作为需求一方的消费者或代表组织（消费者协会）处于持续的博弈中，但也有可能进行合作。在制定产品标准时，需要行业协会、消费者团体等各种力量参与进来，公开讨论，平等沟通，互利协调，达成一致意见；在消费者与厂商就产品或服务发生纷争时，行业协会与消费者协会可以介入其中，予以调停，及时化解矛盾。

B 行业协会的“非善”面——与消费者的对抗关系

行业协会是市场力量对比中占主导力量的一方，固然其有克制和保持良好形象的动机，但作为特定多数人的利益代表，其也有扩张牟利的欲望，一旦有机会，行业协会就有可能动用团体的力量来压制、挤兑甚至侵占消费者利益。

（1）行业协会组建价格同盟。行业协会通过寻租，谋求垄断力量，猎取垄断利润，甚至通过构筑价格同盟来最大化其局部利益。行业协会是企业间的利益团体，它们的同质性较强，有着共同的利益诉求，更有利于寻租。而消费者更松散，没有集中的利益代表团体。这样行业协会总会处于较为有利的位置，容易通过组建价格同盟来谋取利润。

（2）行业协会通过制定标准来提高或固定价格，限制竞争。产品的标准制定既能发挥减少信息成本、便于消费者购买的功效，也极容易沦为限制竞争、固定数量或抬高价格的工具。因为产品标准的制定往往是由行业协会主导，而且行业协会及其企业拥有比消费者和政府更多的产品信息，如果缺乏合理的约束机制，产品标准可能会被协会所操控，从而通过制定产品标准来排除竞争，人为划分市场，榨取不当利润。

行业协会虽然可以通过消费者协会等合法渠道来与消费者进行沟通，但这种协商和谈判往往由于力量的不平衡而失去应有的意义，成为其获取不正当利益的挡箭牌。如当下各类垄断行业（自来水、电力、煤气等）乐于组织价格听证会、座谈会或协调会，邀请消费者协会、消费者代表参会来表达意见，但往往流于形式，走过场，因此被戏称为“涨价会”，坊间也逐渐形成“要涨价，先听证”的笑谈。这表明行业协会与消费者利益仍然处于严重的不对等态势，我国至今还缺乏平衡两者力量的有效机制。

综合来看，行业协会与消费者既存在合作和互惠关系，又存在限制和利益侵害，这种状况还会因为两者力量的不均衡显得更为复杂。因此，在现实生活中，出现更多的可能是行业协会利用自身的优势地位来侵害消费者的利益。

5.1.2.2 行业协会与非会员企业的关系

A 理论基础

行业协会与会员的弱治理关系或治理悖论是通过协会具有的对会员的内部管辖权利来协调的，即会员通过自愿入会，让渡部分权利，在共同一致、意思自治的基础上制定相关规章制度并接受协会约束，协会还可以通过提供俱乐部产品来实施影响，属于自愿基础上的“强制”。但对于非会员企业，除了通过向其提供公共产品和少数特殊行业获得政府授权具备的管辖权外，行业协会施加影响的手段极其缺乏，在面临诸如行业搭便车和集体行动困境问题上几乎无能为力。但这一论点也不是绝对的，在不同的法律环境和制度条件下，行业协会与非会员企业的协调手段各有不同。

（1）在实行法团主义制度的国家，行业协会❶一般具有强制管辖的权力，因为这些国家的协会法律规定，功能团体在自己的领域内享有垄断性的代表地位，并且强制所有企业入会，使其成为会员，而且在德国、法国等国家，协会还肩负企业注册管理的职责。因此，在法团主义条件下不存在游离于协会管辖范围之外的企业，因而不存在非会员企业问题，更谈不上协会与非会员关系的处理。

（2）在多元主义制度下，一般没有专门的协会立法，外部规范对协会的约束较为宽裕，根据私法领域中的公司法，协会被定义为非营利法人。除了某些特殊行业，如金融、证券、会计等要求企业强制入会外，其他行业都实行自发组织、自愿参加的原则。因此对于企业而言，可以选择加入或不加入某个协会，也可以选择加入这个协会或那个协会，企业的自由度比较大，非会员企业受协会的限制很小。协会并非通过强制力量来实施影响，而是通过更好地服务既有会员，增强其公信力，扩充其渗透力来吸引非会员企业入会。有些条件下，协会可能通过制定的行规行约被政府采纳而上升为国家法律的方式来实现其对非会员的控制。

（3）日本的官僚多元主义。从法律制度上看，日本的官僚多元主义与欧洲大陆的法团主义和英美的多元主义都不相同，属于一种混合制形式。对应地，日本的经济团体也可以分为三类：1）法定组织，依据专门法律而必须成立；2）依法成立的组织，由民间自发组建成立，但必须在政府有关部门注册；3）任意组织，属于俱乐部性质，无需注册登记❷。总体来看，在该制度下，经济团体既不强制入会，但是他们又能发挥强大的政治影响力和公关力量（特别是顶尖的团体组织如日本经济团体联合会），几乎左右国家的政策走向，从而使得会员可以享受到巨额的政治恩惠，获取超高利益，因此大多数企业又都渴望加入其中。

目前我国的政治制度既非法团主义，也不能划归为多元主义，而是介于两者之间，但又不同于日本的官僚多元主义，因此有学者称之为“准法团主义”。这是因为根据相关规定❸，我国所有的企业都有加入或不加入以及退会的自由，绝大多数行业协会都奉行自愿入会自愿参加的原则。但另一方面又存在“一业一地

❶ 一般称为商会，这里为了表述方便和保持行文一致性用行业协会来代替商会。

❷ 冷明权，张志霖．经济社团的理论与案例［M］．北京：社会科学文献出版社，2004：64.

❸ 《社会团体登记管理条例》、《民办非企业单位登记管理暂行条例》等。

一会”的规定，从而剥夺了企业自由选择不同协会的自由，事实上使企业陷入“要么加入，要么不加入”的尴尬境地。同时，政府又赋予行业协会较多的管理权限和职责，让行业协会在未获得明确的法律或行政许可的前提下，在处理与非会员企业的关系上，力图小心地寻找和探索两者之间的合理定位和责权利范围。因而行业协会与非会员的关系在我国变得错综复杂。

B 行业协会影响非会员的主要途径

由于非会员企业没有通过入会来享受协会提供的产品或服务（行业公共产品除外），进而没有让渡其权利给协会，因此行业协会影响非会员企业的主要途径实质上可以归纳为协会自治规范对非会员企业的作用效力这一问题上。

行业自治规范是行业协会基于自治权自行制定，用以协调其组织结构及行业事务的所有规范的总和，包括协会章程、行规行约和行业标准三大类[1]。就法律效力来看，一般认为作为民间性行业协会，其所制定的行业自治规范主要取决于同行的自觉遵守，这种基于契约和组织而产生的规范力量的效力来自于成员的承认，因而它是“依赖于社会合法性而非法律合法性而存在的”[2]。但具体来看，三类自治规范的作用效力存在细微差别。协会章程是协会的根本大法和活动的基本准则，也是协会实现民主决策与自律管理的重要保障。由于只有加入协会才受其章程约束，因此协会章程只对那些通过加入社团这一自愿行为并接受章程管辖的成员起作用，一旦会员退会，自愿接受章程约束随即消失，章程对他们失去效力。因而，章程只是有关组织以章程自治为基准的规范，属于选择性规范，对非会员企业或已退会企业没有约束力。但行规行约和行业标准对非会员企业的作用效力问题最容易引起争议，因此受到广泛关注。鉴于后面将要探讨行业标准问题，故此处仅对行规行约作重点分析。

行规行约是协会根据自治权限或有关授权制定的有关行业自律的某些方面的具体规范。除了使用“行规行约”等名称外，“会员公约”、“行为规范”、“自律规范”、“自律公约”也大抵属于此列。虽然它们的具体内容和名称彼此存有差异，但本质内容基本上一致，包括协会成员拟定的开展生产经营活动需要遵守的行为准则，以及违反执业纪律、职业道德的惩戒规则等[3]。行规行约适用于会员企业自不必多言，但其能否溯及非会员则极具争议。

如果行规行约仅适用于协会成员而不及于非会员，那么由此而导致的问题是，入会者必须遵守规范和相关要求而承担相应的义务及责任，而未入会者却可以逃避义务，以至于形成会内会外有别，非会员与会员不公平竞争的态势，进而

[1], [3] 黎军. 基于法治的自治——行业自治规范的实证研究［J］. 法商研究，2006，114（4）：47~54.

[2] 魏文享. 近代行规法律效力的演变——以1930年行规讨论案及“重整行规运动”为中心［EB/OL］.［2010-10-01］法律史学术网，http：//flwh. znufe. edu. cn/article_ show. asp? id=642.

使行规效力的一致性和强制性受到侵害，最终使行规行约失去对企业行为予以规范和制约的作用。另一方面，由于行规行约存在的专业性、针对性和效率优势，以及为正式制定立法提供试错机制，从而可以弥补国家法律的不足，甚至可以在立法层面对国家法进行渗透并成为国家法的来源，因此有观点主张承认行规行约的外部性，即对非会员也产生约束力。但如此一来，就违背了行业自治的立足基础——入会自由和意思自治原则❶。

这样的争论现在没有得到解决，在历史上曾也引起过大讨论。早在 1930 年，上海市商会及各同业公会向政府提出，无论是否加入同业公会均应遵守同业行规，当时民国的工商部则持反对意见，从而引起各地商会及同业公会的不满。双方主要在行规性质及是否赋予行规以法律效力方面存在分歧，但最终该问题得以圆满解决，并掀起了一场民国时期浩浩荡荡的“重整行规”运动。该争论的解决方案是：各同业公会及商会所制定的行规行约，无论是否是公会会员均须一律遵守，但要求各同业公会事先成立业规或行规委员会，对本业习惯、旧有行规等成文或不成文的规则进行整理，根据业规纲要拟定草案，并在同业范围内进行讨论修改，然后经本会会员大会通过后提交商会，最后要呈请社会局（上海市社会局）核准并备案。从而形成从同业公会、商会到社会局三级业规审议流程，同业公会实际上成为制定行规的主体，商会予以再次审核，社会局掌握最终决定权❷。同时规定各业同业公会在遇到违规事件时可以拟定罚则，但不得自行执行，须报社会局批准后才能实施。这样既确保行规对全体同业具有约束力，又体现了作为政府管理部门的社会局对行规制定与实施过程的监督权，避免同业公会出现有违善良习惯的行为。

上述案例给予我们的启示是，应该赋予行规行约对非会员企业的约束力，但是要确保行规行约事先经过会员大会的民主表决，并且与非会员企业进行充分讨论和沟通，达成一致意见，然后报请国家政府机关（如民政局）审核批准并备案，进行公众意见咨询和反馈，最后才能实施。如有违反行规行约的行为出现，处罚的规则和结论可由行业协会做出，但协会不能擅自获得执行的权力，应报政府主管机构批准后方可实施。这样做既有利于行之有效、合理的行规行约获得国家的认可，并且增强其权威性与合法性，并最终向行政法规、法律等上位法晋升，同时也便于政府将一些不合理的规约，如各种陈规陋习或“霸王”条款等及时清除，还行业发展以良好的环境和消费者、非会员企业以公道。但是关于政府或法律对行规行约的审查效率和专业性则有待商榷，是否有必要引入第三方机

---

❶ 魏静. 商会自治的基石：商会自治规范研究［J］. 西南农业大学学报（社会科学版），2009，7（4）：28~32.

❷ 朱英，魏文享. 行业习惯与国家法令——以 1930 年行规讨论案为中心的分析［J］. 历史研究，2004，（6）：124~140.

制进行评估或介入，则是以后进一步研究的课题。

C 行业协会影响非会员的具体表现

行业协会与非会员关系的处理主要涉及协会如何处理涉及行业整体利益上的搭便车和集体困境。如果说对于会员的搭便车行为，协会可以采用前述关联博弈、社会资本与声誉机制进行一定程度的约束，则协会对于非会员的机会主义实在无可奈何（除非在法团主义体制下强制入会）。因此，协会缺乏约束非会员企业的机制或途径，这无形中设定了协会应对的一个“逻辑前提”——对于非会员企业，要么拉拢其入会，使其成为“内部人”，共同做大“蛋糕”；要么视其为竞争者和“分蛋糕”者，想方设法对其进行打压和限制，以确保协会现有会员的利益不被稀释。如此来看，行业协会与非会员之间的竞争要多过合作。具体表现有：

（1）集体抵制。根据反垄断理论，集体抵制行为是指经济主体之间联合起来拒绝与其他竞争者、供应商或客户进行交易的行为。行业协会所实施的集体抵制排挤和限制同行业非会员企业参与正常竞争，从而违背竞争法所崇尚的自由公平竞争价值理念。如深圳市零售商业协会曾因银行刷卡手续费标准号召其会员商家联合抵制刷卡行动。广州市眼镜商会组织会员拒绝向某供应商购货，原因在于一家名为“眼镜直通车”的非会员企业从该处供应商进货并且以低于会员零售商一半的价格进行销售。集体抵制行为常常以固定价格、区别对待、拒绝交易等手段来实施。

（2）实施价格歧视。行业协会不正当地区分不同的交易主体，在产品供给价格上对交易主体收取有别于其他交易对象（特别是会员企业）的歧视性价格，该区别可能与交易条件、生产成本等毫无关联。如行业协会规定会员企业供给甲企业的产品售价为 P_1，供给其他企业的价格为 P_2，两类价格水平不一致。或者行业协会出售同样产品或服务给会员企业 A 和非会员企业 B 的价格不一样。

（3）拒绝进入。行业协会拒绝非会员企业进入某些地区或领域进行生产、销售或采购。市场领域对经营者意味着份额大小和经济收益的多寡，但协会凭借自身集团优势垄断销售区域，排斥非会员涉足特定经营范围，这也破坏了自由竞争的市场机制。

（4）制定行业标准进行限制。非会员企业的竞争可能导致协会制定更高要求的标准，并且处于不断更新变化中。但囿于力量悬殊，行业协会更多的可能是利用已有的标准（有些甚至是陈旧、落后的标准）来限制非会员企业，从而扼制创新和技术进步。

（5）拒绝认证和许可批准。在某些国家或某些领域，行业协会被授予发放经营资格或标准认证的权利，但作为特定局部利益的代表者，协会可能滥用这些职权，如在行使许可证批准职能时，行业协会可能不公正地确定许可证的发放要求，使非会员无法获得许可资格，或在行使标准认证权时，不能采取客观公平的立场来界定行业标准，可能将非会员企业技术水平高、质量状况良好的产品认定为不符合标准而排除在市场外，从而造成对非会员企业利益的侵犯，限制竞争。

从总体上说，行业协会与非会员的关系受到政治制度和法律环境的影响，协会的治理权限半径、对非会员企业施加影响的途径和方式都与之紧密相关。从力量对比上看，非会员企业可能面临与消费者相似的劣势地位，极容易受到协会的排挤和限制。

5.2 行业治理的理论基础——行业自治

5.2.1 行业协会的治理与行业自治

行业协会治理虽然由不同域内的组织治理与行业治理构成，但协会的组织治理和行业治理都具有一个共同的特征，即这两种治理均要求实行自治❶。可以说，组织自治和行业自治是协会治理最本质的特征。

对于行业协会来说，究竟何为自治，其内涵和外延是什么，目前学界还没有统一的理论解释。特别是对于国外相关文献的翻译，大多将自治、自律等概念混为一谈。为此，笔者首先对有关概念做出探讨性的界定，尝试厘清协会自治的含义。

5.2.1.1 自我统治（autonomy）与自主治理（self-governance）

行业协会是一种自治组织，自治权是其治理的本质要求。但是对应中文里的“自治”，英语却有着多个不同的词汇，由此也引起了学界关于自治的不同翻译和解释。其中最易混淆的词汇是英文中的 autonomy 与 self-governance❷。

《布莱克维尔政治学百科全书》对 autonomy 的解释是“按其字面意思是指‘自我统治’；在通用的政治语言中亦指实行自我管理的国家，或国家内部享有很大程度的独立和主动性的机构；在政治思想领域，这一术语现在常常用来指个人自由的一个方面。自主的个人是指那些可以切实地选择其目的和目标的人，与之相对的是那些听任外部力量来限制自己的人”❸。对 self-governance 的解释是“指某个人或集体管理其事务，并且单独对其行为和命运负责的一种状态。自治

❶ 鲁篱. 行业协会经济自治权研究 [M]. 北京：法律出版社，2003：105.

❷ 《布莱克维尔政治学百科全书》中对应“自治”的词汇为“self-government”。从英文语法表达习惯及 governance 与 government 的区别来看，笔者认为将 self-governance 而不是 self-government 对应于“自治”更为合适。

❸ [英] 米勒，[英] 波格丹诺. 布莱克维尔政治学百科全书 [M]. 邓正来，译. 北京：中国政法大学出版社，2002：49.

以自决权（self-determination）为先决条件……”❶。

从上述定义来看，autonomy 更强调政治团体（或个人）的政治自由（或人身自由、思想自由），注重其相对于国家强制的政治自由，显然与主要强调经济自治的协会自治有一定差异，不适宜用于协会的治理实践中。而 self-governance（自主治理）更倾向于强调相对于国家系统而存在的自主组织，更加适用于分析协会等组织的自治问题。这是因为，这一概念不仅契合了协会自主治理的独立地位，而且把协会组织看作是一个涵括制度、非正式规则、文化认同、集体行动、治理结构等内容的治理体系，从而使行业组织的自治成为一个需要多方参与治理活动并形成认同的一个结构体系和动态过程❷。

5.2.1.2 自治（self-governance）和自律（self-regulation）

在明确了协会治理的本质属性是自主治理后，接下来需要解决的是自治（self-governance）和自律（self-regulation）的区别问题。笔者发现，这一问题不仅由于中英文翻译在国内引起了诸多的混乱，而且在众多研究行业协会的国内外学者中也没有统一的阐释和说明。

就字面含义而言，self-regulation 翻译为“自律”或“自我管制”较为准确。国内一些学者对自治（self-governance）和自律（self-regulation）的使用往往不加区分。笔者认为，两者之间虽然有交集，但并不完全相同。总体上看，自治的层次高于自律，适用范围比自律更广。但是，自律也有其特定的适用范围，并不能完全被自治所取代。

《布莱克韦尔组织行为学百科辞典》对于自律（self-regulation）的解释主要从控制论的角度予以阐释，“（自律）这个控制论的现象是指一种动态过程，在这个过程中，从行为到认知的调整的主要标准（情感、工作绩效、自我效能）保持在一个可接受的范围内……”显然，该定义强调自律者（人或组织）的系统封闭性，着眼于其对自身的约束、限制和调整能力及作用效果。后来学者们将自律广泛应用于经济、政治、社会等领域，自律一词也被频繁使用于协会等行业组织的治理实践中。自律本质上是指自治组织自我制定和自我实施某些行为规则，用这些规则来约束其成员的行为和活动。Gunningham 和 Rees（1997）将 self-regulation 定义为私益机构（private governments，如企业、学校、医院）的规范性秩序和职业性组织及商业网络的规范性。

---

❶ ［英］米勒，［英］波格丹诺. 布莱克维尔政治学百科全书［M］. 邓正来，译. 北京：中国政法大学出版社，2002：745.

❷ 陈剩勇，汪锦军，马斌. 组织化、自主治理与民主——浙江温州民间商会研究［M］. 北京：中国社会科学出版社，2004：116.

如前文所述，协会治理包括协会的组织治理和行业治理。在一般意义上，自治较为适用于协会的组织治理，自律则更加适用于协会的行业治理❶。在严格意义上，协会制订和实施的行业自律规范仅适用于协会内部，即只能够调整协会会员的行为以及协会会员之间的相互关系，但在现实中，如果协会在行业中有足够的代表性和公信力，其自律规范往往也会覆盖到行业中的非协会会员，成为全行业事实上的行为规范。由于协会的自律规范对于全行业成员的覆盖并非依靠外力强制，而是依靠道德感召和舆论压力，属于一种自我选择（self-selection）和自我执行（self-enforcement）机制，因此，从本质上看，协会的行业自律依然属于其行业自治的一种。

5.2.2 协会自治的理论基础

前文曾多次提及，行业协会治理的本质特征是自治。协会自治是协会治理的必然要求。下面探讨一下其理论基础。

5.2.2.1 从宏观层面看协会自治

A 协会自治是市场经济发展和管理变革的逻辑要求

社会自组织的自律和自治精神，发端于市场活动的内在要求，在发达西方国家的几百年市场经济发展历史中，自由放任的经济学说及政策一直居于主导地位。市场经济要求政府减少干预，最大限度地利用市场自身的机制和规则，由市场主体自行调整经济行为，因而政府的角色一直被定位为“守夜人”，几乎不对市场经济活动进行干预。但市场本身的无序性与经济活动对有序性的要求之间的矛盾，则为自由市场体制下协会的发展提供了存在与发展的空间。一方面政府的有限性使其在调节经济活动方面显得无能为力；另一方面市场又亟需一定的秩序规范，因此协会等组织的发展在经济管理中的作用就越发凸显，赋予行业协会一定的治理权限即自治权就成为市场经济发展的必然要求。

B 协会自治是社会进步的内在要求和标志

社会进化论原理提供了解释协会自治新的视角。第一，社会进化的特征之一是不同活动的专业化和精细化。协会将分散的各个成员企业通过协会组织体有机联系在一起，凭借协会专职人员的管理和参与，决定和实施与成员企业利益相关的事项。由于其运作的职业化和专业化特征，协会能够协调内部成员的不同利

---

❶ 魏静（2007）认为协会自治包括协会自主和协会自律。协会自主是指协会是独立的主体，不受任何其他主体的支配和不当干涉，尤其是指协会独立于政府，不受其支配，能够“独立地筹措自己的资金，独立地确定自己的方向，独立地实施自己的计划，独立地完成自己的使命”。协会自律是指协会成员共同制定规则，以此约束自己的行为，实现行业内部的自我监管，维护行业的正常秩序。

益，安排“相容性激励”❶，减少利益冲突和异质性，并向着高度同质化方向发展，最终演化成共同的习惯、信仰和情感，并以道德原则或伦理规范等形式固定下来❷。由此，在协会内部利用这些共同的规范、习惯和信仰等进行治理便成为一种必然，这显然为自治提供了制度性支持和意识形态支撑，同时也使自治成为可能。第二，行业协会等组织的出现是对国家失灵和市场失灵的回应，因而隐含了协会本身具有一些国家和市场无法替代的功能这一假设前提。如果视协会为一种功能系统，它可以去应对某些专门领域内的特定问题，从而这种功能系统本身要求其是自治的。第三，社会进化是社会分工向纵深发展的过程，随之而来的是社会系统日益复杂，系统与环境之间的联系渐趋频繁和多样化，由此也增加了无效率的风险，并引发一定程度的无序和混乱。因此为降低风险和保障社会有序运作，社会必须建立对应的风险规避机制，对应于不同种类的风险，社会的应对举措也不尽相同，这要求根据风险的类别及专业知识而区分成若干自治的秩序模型。由于在每个模型中缺乏先验性的可以统摄和规制风险的知识，只有实践才能产生适宜的秩序和风险减除机制，所有可行的标准都在该模型内通过“边学边干”的实践而产生。行业协会作为一种秩序模型，因其担负着制定规则和对规则进行不断试错、不断实验的功能，这必然要求协会具有自治性质；如果协会不具有自治性而完全受制于政府，则会员或协会的自我利益在这样的体制结构中消散或无法得到有效保障，协会便很难有足够的积极性和主动性运用其专业知识和资源优势去制定、实施规则以及保持有效的风险减除机制，最终将会导致社会系统的风险增加和无序运作❸。

5.2.2.2 从微观层面看协会自治

A 协会的自治原则契合了协会的自愿入会特征、保障了会员的利益

行业协会是具有互助性、自愿性和非营利性的互益性组织，几乎所有的协会章程都规定了“自愿入会”的原则，因而自愿性是协会运作的动力所在。而基于自愿性之上的是会员企业对自身利益的关注与诉求，它们正是期待协会能在表达和实现它们的利益方面有所作为而支付成本（如缴纳会费、让渡部分的权利或受协会章程的约束）来建构和参加协会。企业是自己利益的最佳判断者，企业组建和加入协会并不希望有外来力量来干涉或主导他们对自我利益的正常攫取，他们期待着以“主人翁”的身份参与其中，“自己的事自己做主”，筹划和引导协会争取会员利益的集体行动。由此，只有自治的结构才符合协会成员自愿参加和

---

❶ ［美］奥尔森. 集体行动的逻辑［M］. 陈郁，等译. 上海：上海人民出版社，1995：32.

❷ 谢立中. 西方社会学名著提要［M］. 南昌：江西人民出版社，1998：19. 转引自鲁篱（2003）第113页。

❸ 鲁篱. 行业协会经济自治权研究［M］. 北京：法律出版社，2003：113~114.

管理协会的必然要求。如果行业协会不是自治的，则会员企业的利益就会受到排挤甚至被忽视，导致会员“用脚投票”而退会。

B 协会自治是保障其实现协调、服务等功能的前提条件和基础

行业协会的主要功能包括提供各种各样的俱乐部产品和行业公共产品，为实现预定功能，必然要求协会具有自治架构，原因在于：

(1) 协会自治是履行服务功能，保障政策灵活性的基本条件。协会自治的策略相对于政府法律规则更具灵活性，更能及时回应瞬息万变的经济活动的需要。如果协会不是自治的，无法自主地做出决定，而是处处受制于政府，则其决策过程必然繁冗拖沓甚至是无效率的，面临众多的政府责任性机制的约束，结果必然导致协会应对各种变化的滞后回应，其治理功能无法实现。

(2) 协会自治是履行协调功能，解决集体行动困境的基石。由于行业协会的弱治理特征（治理者同时也被治理）[1]，加上协会的惩罚手段仅限于批评教育、赔礼道歉、行业曝光、道德谴责、集体抵制等非法律手段，解决协会行为中的集体行动困境主要依赖协会的多边声誉机制和协会的社会资本存量。如果协会不是自治的，则无法解决协会的集体行动困境，无法履行基于集体行动的协调功能。

(3) 协会自治最有利于其提供满足特殊市场需求的产品。协会可以为其会员提供国家（政府）无法提供而单个企业基于成本收益考虑及搭便车的动机又不愿提供的一些特殊公共产品。如我国《反倾销条例》规定，对于国外企业提起反倾销诉讼的主体主要是行业协会或商会，此时国家政府部门不适宜出面干涉，单个企业又无力承担诉讼成本，则行业协会组织作为对外反倾销诉讼的发起人就是最合适的选择。

综上，协会治理的本质属性和内在要求是实现协会自治，只有实现协会自治才能保证协会治理功能的完整履行。

5.2.3 协会行业自治的类型

协会的行业治理要求协会是自治的，但是必须注意到，协会自治与市场治理机制和国家管制一样，也存在失灵的现象（下文将要论及）。因而协会自治并不是绝对的，而是一种相对的自治。协会自治的特点在于协会治理权力与国家权力划分界线的相对明确，协会自治并不必然排斥国家法律规制，甚至在某种程度上还依赖于法律规制。因此，按照国家权力涉及协会自治的程度不同（国家权力与协会权力的相对大小），协会自治可以划分为不同的类型。

总的来说，协会自治权力和国家权力之间存在一种此消彼长的关系（见图5-1）。如果将国家权力和协会自治权力分别置于两端，则从左到右表示协会自治

[1] 张捷，张媛媛．商会治理的基本特征及中国的经验证据［J］．经济管理，2009，（11）：148~153.

权力逐渐减小，国家权力逐渐增强，反之则相反。在实践中，完全的协会独立自治和完全的法律规制都比较少见，绝大多数协会自治模式介于两个极端之间。尽管如此，介于两端之间的协会自治仍然可细分为不同的形式，学者们提出了各自的划分标准。

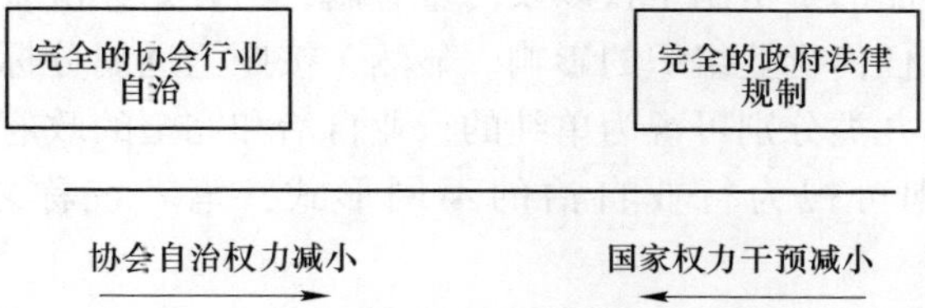

图 5-1 协会自治权力与政府法律规制

Garvin (1983)❶ 认为，按照政府干预程度从低到高以及协会行业自主权从高到低，可以将协会的行业自治细分为如下几类：（1）非政府规制型行业自治（unregulated industry）：没有政府干预，行业自治权得到最大满足。（2）纯行业自治（pure self-regulation（no government intervention））❷：行业自治权非常大，政府几乎不进行干预。（3）行业自治与政府提供技术信息结合型（self-regulation plus government provision of technical information）：协会具有较大的自治权，政府虽然参与行业管理，但其权限只局限于提供技术帮助和信息，行业内企业和协会可以采纳也可以拒绝该技术信息和帮助，例如政府可以公布自愿产品标准和（或）产品国家标准。（4）行业自治与政府查处欺诈行为结合型。与第三类相比，政府具有的权限扩大，具有处罚那些与产品标准不符的企业的权力。（5）行业自治与具有规则制定权的政府机构管治结合型。与第四类相比，政府专门成立一个独立的机构负责行业标准的制定，同时对违反行业准则的企业行为进行查处。当然，该政府机构不仅具有制定产品标准的权力，还有制定其他行业标准或产品要求的权限。（6）政府规制嵌入式自治（self-regulation embodied in federal or state status）。这种类型的自治已将行业管理权植入到政府规制部门中。因此，行业组织实际上获得了半官方的授权，例如职业资格证书的认定发放、许可证的发放等工作将由行业组织来承担。但是行业组织受到政府部门相对严格的监督。（7）分权式公共管制（decentralized systems of public regulation）。政府部门的行业管理权进一步扩大，行业组织自身的管理权受到进一步压缩，行业组织

❶ Garvin, D. A. Can Industry Self-Regulation Work [J]. California Management Review, 1983, 25 (4): 37~52.

❷ 前文曾明确区分自治（self-governance）和自律（self-regulation）是两个不同的概念。但是，很多学者并没有做严格的区分，在他们的文章语境下往往将 self-regulation 译作自治更为合适。因此笔者将其还原为"自治"的同时，将其原文同时列出，以方便对照。下同。

沦为政府政策的执行者，自治权限相对较少。(8) 政府设定标准型 (federal or state standard setting)。政府的管治权扩大到标准的设定等领域，并且强制所有企业遵循，行业组织丧失了标准制定的权利。实际上行业组织的存在与否已经不重要。(9) 政府的价格和产出管制型 (government price and output setting)。完全由政府主导和控制产品的价格制定权以及产量管制，与计划经济条件下政府的作用相似。此时不存在任何行业组织的影响。显然，按照上述划分标准，第一类和第二类、第八类和第九类分别可视为单纯的行业自治和完全的政府规制，而中间的第三类~第七类则可视为行业自治的不同形式，笔者统称之为混合型自治 (mixed system)。

Rees (1988)❶ 将行业自治划分为三种形式：(1) 自愿式自治 (voluntary self-regulation)。此种形式下，由行业组织（或企业）自行制定并执行行业规范及准则，政府几乎不进行干预。(2) 完全规制式自治 (full self-regulation)，此时行业规范、准则仍然由行业协会等组织来负责制定并执行，但是必须经过政府的正式授权，并且受到政府的监管，如有必要政府可自行采取措施（即不通过行业组织）确保规章的有效执行。(3) 部分规制式自治 (mandated partial self-regulation)。在完全规制式自治模式下，行业规范准则的制定和执行都由行业组织负责实施，但在此种模式下规范的制定和执行分别由行业组织和政府分开来担任，即如果行业组织负责制定规范，则由政府负责监督企业来遵守并实施规范，如果政府负责行业规范的制定，则由行业组织来保障其施行。Gunningham and Rees (1997) 进一步将所有介于完全行业自治与完全的政府规制之间的自治模式统称为“协同规制” (co-regulation)。

Ulrike Schaede (2000)❷ 则将行业协会自治区分为管理型自治和保护性自治两种。管理型自治 (administrative self-regulation) 包括旨在建构行业规范和制度的行业性活动，主要目的是方便或促进行业内贸易，这些活动包括：标准设定或最低质量标准、质量监管、广告发布规范和伦理标准，多边性贸易融资控制，或共同管理资助。大多数情况下这些活动能够提升整个行业的产品质量声誉，增强经济效率，尽管有些活动存在反竞争效应，但是很多国家都视之为合法的自治形式。保护性自治 (protective self-regulation) 主要指那些可以制造贸易壁垒从而保护某个行业免受外来竞争的活动，主要包括：价格协议，准入壁垒，排他性贸易安排，集体抵制以及拒绝与非会员交易等。

---

❶ Rees J V. Reforming the Workplace: A Study of Self-Regulation in Occupational Safety [M]. Philadelphia: University of Pennsylvania Press, 1988. 转引自 Gunningham N. & J. Rees. Industry Self-Regulation: An Institutive Perspective [J]. Law & Policy, 1997, 19 (4): 363~412.

❷ Schaede U. Cooperative Capitalism: Self-Regulation, Trade Associations, and the Antimonopoly Law in Japan [M]. Oxford: Oxford University Press, 2000: 7~8.

Priest（1997）❶ 将经济系统中的自治模式分为五类：（1）行业行动准则主导式自治（codes of conduct）。这类自治模式的运行由行业行为准则（往往是自愿性质的行业准则）来维持，几乎很少有政府监督或主动参与管理。在很多条件下，行业自愿制定并遵守行为准则是为了避免政府过多干涉行业协会运行，因此政府实际上也或多或少地会参与行业管理活动（范围及程度均有限）。行业行为准则大多由行业内会员通过合同等形式，签订守约协议来保证实施。守约协议中可能包括对违反行为准则企业的处罚，甚至还有一些利用中介组织或独立第三方来处理争议或查处违约行为的机制。显然在这种自治模式下，协会制定和执行自律准则的权利主要限于行业范围内，来自会员的权利让渡。（2）法律规制型自治（statutory self-regulation）。在这种模式下，协会等行业组织获得了政府的授权来管理行业，因此自治权限仍然比较大。但是与行为准则主导型自治获得权利是靠会员让渡不同，这类自治模式的治理权限主要来自于法律的授权，极端条件下，行业组织获得的权利几乎包括规章制定、监管权、执行权和处罚权等所有内容。例如各类的职业型协会的自治便是典型的代表。政府作用相对扩大，但是主要限于对法律规制部门的组织安排和负责对行业组织的规章制度的批准许可范围内。（3）面向具体企业的行业自治（firm-defined regulation）。这类自治模式比较特殊，行业组织如协会在行业管理中发挥的作用有限，有些行业甚至不存在行业自治组织，政府承担具体的管理行业内企业的责任，例如规章制定、执行和处罚都由政府负责。因此这种自治是以具体的企业为管理对象的。但是单个企业也可能获得政府的授权，自行制定适合企业自身特点的规则、制度和运行规范，并由企业负责实施，政府作为最后的监管者来评估企业执行规章制度的效果。美国的食品医药管理局（FDA）实行的即是这类自治。（4）监管型自治（supervised self-regulation）。该模式同法律规制型自治一样，协会等行业组织获得较大的行业管理权，但是行业组织会接受政府专门机构的监督和管理，因此属于行业组织和政府机构协同式治理。协会等行业组织的管理权限包括规章制度（规范）的制定、企业行为监督、负责向政府机构提供信息咨询等服务，政府机构主要负责对行业组织执行效率的监管和处罚（即剩余执行和处罚权）。所以协会的自治权限受到进一步限制。典型的例子如美国证券行业的自治。（5）自我管理式自治（regulatory self-management）。该模式下，协会等行业组织的权限被降低至更小的范围内，政府的管理范围则进一步扩大，甚至包括规则制定和各种行业政策的出台。行业组织虽说也可能参与行业管理，但往往不是通过法律授权而是通过签订合作协议来协同政府机构保证行业规章制度的执行和实施。这种模式比较接近于

❶ Priest M. The Privatization of Regulation：Five Models of Self-Regulation [J]. Ottawa Law Review, 1997~1998, 29：233.

完全的政府规制。

以上学者的分类主要是按照国家法律规制涉及协会自治的程度来进行划分的。在我国当前的国情下，行业协会还没有实现完全独立，其自治权限还极其有限，因而笔者比较赞同鲁篱（2003）❶ 提出的分类方法，即根据我国行业协会或商会成立的历史背景和权力来源将其划分为授权式行业自治和自发型行业自治。前者主要指由国家机构转制而来或主要由国家机关发起设立并主要承担行政部门委托事项的行会和商会，这类组织获得较大的政府授权，表面自治权限较大，但是实际上其财权、人事权等主要还是由政府部门来控制和分配。后者主要是指民间自发产生的，通过成员权利的赋予而享有自治权的行会和商会，如浙江温州的众多行业协会。这类协会的民主基础比较厚实，自治权限来源于会员的授权和委托，因而受政府的干预比较少。

5.2.4 协会行业自治的内容

虽然协会行业自治的形式多种多样，自治的权限也有大有小，与政府法律规制的关系或远或近，但是大多数协会自治的内容（或称之为自治权）都比较接近或相似。下面从不同的角度做一简要介绍。

（1）按照协会自治权的具体内容的表现形式来看❷，主要有：

1）规章制定权。指协会为了维持其正常运行，实现其宗旨而具备的规章制度制定权利，以约束其成员行为，促使其运作规范化和有序化。狭义的规章制定权主要指协会章程；广义还包括行业规范（行业/职业道德规范和行为准则）等内容。

2）管理权。主要指协会监督和管理成员企业的权力。包括日常管理权、认证权、标准制定和实施权、价格自律权等。

3）惩罚权。指协会对自身权限范围内的违规行为进行处罚的权力。

4）争端解决权。主要指协会对有关内部事务或行业事务进行调解或裁决的权力。

（2）从协会自治与协会提供的产品服务来看，如果将协会视为市场经济运转所不可或缺的制度安排，将其治理功能视为其向企业提供的产品，则协会自治的内容主要包括提供俱乐部产品和行业公共产品（张捷、王霄、赵永亮，2009）。

1）俱乐部产品（club goods）。旨在协调企业间的横向和纵向关系，降低交易成本和提高专业化水平（如向会员提供市场信息、技术咨询和人才培训等服

---

❶ 鲁篱．行业协会经济自治权研究［M］．北京：法律出版社，2003：111.

❷ 这里综合参考了黎军（2002），鲁篱（2003），王怀勇（2008），魏静（2007），董亚炜（2005）等文献。

务)。这类产品具有排他性（只有加入俱乐部才能消费）和弱的非竞争性（当俱乐部的规模超过一定范围后对产品的消费会产生拥挤效应)。

2) 行业公共产品（local public goods)。主要是制定行业标准和行业规范，游说政府提供或改善有利于行业发展的公共产品（如产权保护、基础设施和产业政策等)。该类产品的消费具有非排他性和不完全的非竞争性（这种非竞争性存在辖区的限制)。

张捷、王霄、赵永亮（2009）❶ 指出，在协会内部，公共产品和俱乐部产品之间既互为补充，又相互竞争。从互补关系来看，俱乐部产品有助于强化会员参与提供公共产品的动机；某些公共产品还可能增加对俱乐部产品的需求，如政府授权协会进行从业人员的资质认定可能增加对协会培训的需求；同时某些俱乐部产品与公共产品之间可以进行相互转化，如当协会内部的维权规约经政府授权后被推广到全行业时，该规约就由俱乐部产品转化成了公共产品。竞争关系则主要表现为两种产品的生产会在协会资源的使用上发生竞争。

(3) 从协会自治与协会功能来看，协会自治包括履行代表和服务两大类职能。

代表职能包括：1）与政府沟通，争取对行业有利的政策措施；2）组织涉及行业工资和其他事项的集体谈判；3）参与制定行业标准和行业发展规划；4）受委托审查企业资质和发放许可证；5）评选行业名优产品，创建区域品牌；6）组织反倾销应诉或反倾销上诉；7）价格协调，规范竞争行为；8）组织会员开展各种社会公益事业。

服务职能包括：1）提供行业信息；2）举办展会，开拓市场；3）开展技术和职业培训，人才交流；4）参观考察、联谊和对外交流；5）为会员企业提供融资服务；6）制定行约行规，维护会员合法权益；7）调解内外部的各种纠纷等。

在探讨了协会自治的理论基础、形式和内容等基础性问题后，下面结合我国的实际，运用调研数据，对于影响协会自治绩效的内外部因素做一些实证分析。

5.2.5 影响协会自治绩效的因素分析

协会的行业治理绩效既取决于外部环境，如市场结构（包括市场准入、市场竞争程度等）和政府规制（主要指关于国家和社会团体权力关系的制度安排，有法团主义和多元主义两种基本形式（张静，2005)），又取决于协会自身的治理结构、治理功能和奖惩手段等，还需考虑协会积累的社会资本，会员的利益一

---

❶ 张捷，王霄，赵永亮．商会治理功能与组织边界的经济学分析：基于公共选择的理论框架与中国的经验证据［J］．中国工业经济，2009，(11)：109~119.

致性等因素（张捷等，2009）。当前，我国正处于经济转型时期，一方面，行业协会在一定程度上可以弥补市场和政府的失灵；另一方面，由于协会具有天然的反竞争性，极容易跨越职能边界，进行限制竞争、保护狭隘的行业利益等活动。因此，确立协会的职能边界（即政府应该授权给协会的职能清单）和影响协会自治的绩效的因素至关重要。以下拟从计量经济学角度，基于广东和浙江两地的调查数据，分析影响我国协会自治效果的内外部因素。

5.2.5.1　模型构建

我国正处于经济转轨时期，行业协会的运作及监督管理尚处于起步阶段，影响协会自治的因素很多。既有外部因素，如政府对协会授权或干预的程度，法律规制的范围，协会所在行业的竞争程度，媒体、社会团体和利益相关者的制衡水平等；又有来自协会内部的管理运作和治理结构的因素，如协会的形成路径、决策方式、会员利益的代表程度、监督和惩罚机制的有效性等。根据 Ulrike Schaede（1998）对于影响日本行业协会经济自治的因素分析以及 Recanatini 和 Ryterman（2000）对于转轨时期俄罗斯的行业协会的分析，本书将影响我国行业协会经济自治的因素分为三大类：

第一类，协会的组织结构因素。包括协会成立的时间长短、协会专职工作人员的数量、理事单位占全体会员企业数量的比率以及会员企业数量等。

第二类，协会内部治理结构和治理机制。这是影响协会能否成功自治的最重要的因素。在项目组所设计的问卷调查中，我们选取了三个主要指标：（1）协会内部决策制度是否民主。（2）协会内部的奖惩手段（考虑到赏罚分明且执行有力的协会其自治的效率会比较高）。（3）企业对于协会的支持程度。

第三类，政府对于协会的授权情况。我国目前正处于转型时期，协会要进行行业自治，需要政府让渡更多的权利。本书采用问卷中“政府是否将行业管理的职能尽可能地转移给商会/协会”和“政府是否尊重商会/协会的自主权”的回答（备选项：已实施、未实施和不清楚）来代表政府对于协会的授权程度。

5.2.5.2　变量选取和统计描述

考虑到被解释变量（下文将进行说明）的非连续性以及调查对象对于调查问卷回答的主观性较强，本书拟采取二分选择模型（binary choice model）进行回归分析，即模型中因变量只有两种选择的虚拟变量模型（对应的因变量为“协会实施自治的效果”：自治效果好为1，否则为0）。按照矩阵形式定义的模型为：

$$y = x\beta + u \quad (y = 0,\ 1) \tag{5-1}$$

A　被解释变量（协会实施自治的效果：selfgov）

协会的自治程度与各项职能的发挥（问卷划分了服务职能和代表职能，每类又分为若干子项❶）密切相关。一般来说，协会的自治程度越高、自治效果越好，协会的职能也发挥得越充分。因此，我们用问卷调查中行业协会对于问题“贵会目前已经履行过的工作职能，并按照这些职能的实施力度为子项目打分（实施力度很强为4分；实施力度较强为3分；实施力度较弱为2分；未实施为1分）”的回答来代表协会目前实施行业自治的绩效。为了尽可能客观地反映当前我国协会的自治情况，我们将所有样本的16项具体职能的得分相加，得到职能总分作为目前协会职能的发挥和履行情况，然后与平均得分40分（每一项职能的平均分为2.5分，即四个备选分值的简单加总平均。16项职能的总平均分为16×2.5=40分）相比较，如果大于等于40分，则认为该协会实施自治效果好，此时selfgov=1；反之则认为该协会实施自治的效果较差，此时selfgov=0。

B 解释变量

模型中的解释变量来自于前文分析的三大类，共10个。

（1）协会成立的时间长短（length）。从历史演进角度来看，协会成立越早，存在时间越长，其自主性应当越强，治理绩效也应当越好。为此，我们选取length这一变量作为解释变量。其获得方法为：2009年与成立时间的差额年限（如协会成立于1999年，则该协会的length值为：2009-1999=10）。

（2）协会专职工作人员与会员数量比（staff）。专职工作人员的数量一般会决定协会的运作效率和管理的规范程度。直观来看，staff值越大，意味着单位数量会员所对应的协会专职人员数量越多，其分工越明晰，越有利于协会的管理运行，从而成功实施自治的概率越高。但这里有一个先决条件，即协会专职雇员必须具有基础的从业素质和职业操守。如果他们当中来自退休官员等类似的“闲人”的人比较多，则即便该协会的工作人员数量较多，其自治效率也不一定理想。

（3）会员中理事单位所占的比例（tightness）。tightness数值来自于理事单位的数量/该协会全部会员的数量。一般而言，理事会员往往是行业中的大企业，其比例高，表明协会的代表性强，协会内部团结，更有可能成功实施自治。但是，如果理事单位占会员的比重过高，则意味着该协会普通会员（中小企业）的数量少，协会蜕变为“大企业俱乐部”，其在行业中的代表性会下降，协会成

❶ 调查问卷设定的代表职能包括：（1）与政府沟通，争取对行业有利的政策措施；（2）组织涉及行业工资和其他事项的集体谈判；（3）参与制定行业标准和行业发展规划；（4）受委托审查企业资质和发放许可证；（5）评选行业名优产品，创建区域品牌；（6）组织反倾销应诉或反倾销上诉；（7）价格协调，规范竞争行为；（8）组织会员开展各种社会公益事业。（9）兴办经济实体，壮大协会经济实力。服务职能包括：（1）提供行业信息；（2）举办展会，开拓市场；（3）技术和职业培训，人才交流；（4）参观考察、联谊和对外交流；（5）为会员企业提供融资服务；（6）制定行约行规，维护会员合法权益；（7）调解内外部的各种纠纷等。

功实施自治的概率也会随之降低。

（4）协会收入中来自会费的比重（dues）。协会自治需要足够的资源，会费是协会主要的收入来源。dues 代表会费在全部收入中的比重。表面上看，dues 值大，可能表明协会的覆盖率广，从而协会的影响力较大。但是，作为自愿性的非营利组织，协会的会费标准往往不高，如果总收入中来自会费的比例太高，这表明该协会的收入来源单一，可支配的财力有限，这必然会影响到其各项职能的履行，从而不利于协会自治能力的提高。

（5）协会支出中用于会员和协会活动的比率（spend）。问卷中涉及的协会经费的支出途径包括：专职职员的工资、办公场地租金、日常办公费用、公共关系支出、年会和会员活动等。spend 代表用于"公共关系支出、年会和会员活动"的支出占总支出的比率。协会支出中用于会员服务和协会活动的比例越大，越能发挥其服务和代表职能，有利于争取会员的支持和开展对外协调活动，从而有利于协会的自治。

（6）协会决策程序的民主程度（dem）。这一变量来自对问题"贵会的重大决策采用什么方式决定"的回答（备选项：A、由会长或会长办公会议决定；B、由秘书长决定；C、由理事会或常务理事会决定；D、由秘书长决定后提请理事会批准；E、由理事会决定后提交会员大会批准）。理论上看，协会的决策程序越民主（问卷回答选择为 C、D 和 E，dem = 1；选择为 A 和 B，dem = 0），越有利于吸引会员参与协会活动，增强协会的代表性和治理能力，从而有利于协会的自治。

（7）协会的惩罚力度（puni）。这一变量来自对问题"若会员违反协会规章，请写出贵会对其惩罚的主要手段"的回答（惩罚的主要手段包括：批评教育、列入非诚信企业名单向协会内外通报、号召会员集体抵制、罢免其领导人在协会中的职务、开除会籍、诉诸法律）。并根据惩罚强度（分为：很强、较强、较弱、很弱）进行打分（对应的分值分别为：4、3、2、1）。然后将每一协会样本的所有惩罚手段强度得分进行加总得到该项指标。该变量的预期符号存在两种可能。一方面，协会的惩罚力度越大，越能体现协会的权威，保证协会制定的规则得到执行，从而有利于协会自治。此时 puni 的预期符号为正。另一方面，如果协会的惩罚力度过大，会员可能"用脚投票"，选择退会，潜在的会员对于严厉的规则也可能望而生畏，不敢入会，由此可能降低协会的代表性，不利于协会自治。此时 puni 的预期符号为负。

（8）企业对协会的支持程度（supp）。这一变量来自对问题"行业/地区内的企业对贵会的支持程度"的回答（备选项：非常支持、比较支持、一般、不怎么支持、不支持）。为了便于比较，本书依次对于上述回答赋值，分别为 5、4、3、2 和 1 分。企业越支持执行协会的决议和制度，则越有利于协会的管理，从而增加协会自治的效果和机会。

(9) 政府对协会自治权的授权程度（trans 和 res）。对于问题“政府是否将行业管理的职能尽可能地转移给商会/协会”和“政府是否尊重商会/协会的自主权”的回答分别以 trans 和 res 表示（只有回答项为“已实施”的才视为 trans =1、res=1；回答项为“未实施”和“不清楚”的均视为 trans=0、res=0）。为了减少调查对象回答的主观性影响，本书分别选取 trans 和 res 作为解释变量来进行回归。另外，还有第三个变量：trans+res，即同时将 trans 和 res 两个变量引入回归模型中。试图对这三个变量分别回归，尽可能减少因调查对象回答的主观性带来的误差。显然，政府越是将行业管理的职能转移给协会，越尊重协会的自主权，越有利于协会的自治。表 5-1 列出了上述解释变量的定义、来源和类型。

表 5-1 影响协会自治因素的定义

变量名	变量说明	变量取值与公式	变量类型
length	协会成立时间长短	length =2009-成立时间	非连续变量
staff	专职工作人员与会员比	专职工作人员数/协会会员数	连续变量
tightness	理事单位所占比率	理事会员/协会所有会员	连续变量
dues	协会收入中会费所占比率	会费/总收入	连续变量
spend	协会支出中用于会员和协会活动的比率	（公共关系支出+年会和会员活动）/总支出	连续变量
dem	协会决策程序的民主程度	1 为民主，0 为不民主	虚拟变量
puni	协会的惩罚力度	根据惩罚强度分别打分	非连续变量
supp	企业对于协会的支持程度	根据企业的支持程度分别打分	非连续变量
trans	政府是否授权	1 为授权，0 为未授权	虚拟变量
res	政府是否尊重协会自治	1 为尊重，0 为不尊重	虚拟变量

5.2.5.3 估计方法及回归结果

本书构建三个回归方程进行二分变量回归，采用了基于非群组或个体的极大似然（ML）估计方法。回归方程如下：

$$\text{selfgov} = \beta_1 + \beta_2 \cdot \text{length} + \beta_3 \cdot \text{tightness} + \beta_4 \cdot \text{staff} + \beta_5 \cdot \text{dues} + \beta_6 \cdot \text{spend} + \beta_7 \cdot \text{dem} + \beta_8 \cdot \text{puni} + \beta_9 \cdot \text{supp} + \beta_{10} \cdot \text{trans} \tag{5-2}$$

$$\text{selfgov} = \beta_1 + \beta_2 \cdot \text{length} + \beta_3 \cdot \text{tightness} + \beta_4 \cdot \text{staff} + \beta_5 \cdot \text{dues} + \beta_6 \cdot \text{spend} + \beta_7 \cdot \text{dem} + \beta_8 \cdot \text{puni} + \beta_9 \cdot \text{supp} + \beta_{10} \cdot \text{res} \tag{5-3}$$

$$\text{selfgov} = \beta_1 + \beta_2 \cdot \text{length} + \beta_3 \cdot \text{tightness} + \beta_4 \cdot \text{staff} + \beta_5 \cdot \text{dues} + \beta_6 \cdot \text{spend} + \beta_7 \cdot \text{dem} + \beta_8 \cdot \text{puni} + \beta_9 \cdot \text{supp} + \beta_{10} \cdot \text{trans} + \beta_{11} \cdot \text{res} \tag{5-4}$$

为了便于分析，我们将二分变量回归的三种方法（probit、logit 和 extreme value）得到的结果都列出来。利用 Eviews 5.0 软件得到如下回归结果（见表 5-2）。

表 5-2　行业协会自治影响因素的 binary 回归结果

变量	probit			logit			extreme value		
	回归 1（Ⅰ）	回归 2（Ⅱ）	回归 3（Ⅲ）	回归 4（Ⅰ）	回归 5（Ⅱ）	回归 6（Ⅲ）	回归 7（Ⅰ）	回归 8（Ⅱ）	回归 9（Ⅲ）
Constant	-0.88	-0.46	-0.87	-1.44	-0.98	-1.49	-0.50	0.13	-0.49
	(1.07)	(1.05)	(1.12)	(1.86)	(1.90)	(1.99)	(1.03)	(0.98)	(1.07)
length	-0.01	-0.01	-0.01	-0.03	-0.02	-0.02	-0.01	-0.01	-0.01
	(0.02)	(0.02)	(0.02)	(0.03)	(0.03)	(0.03)	(0.02)	(0.02)	(0.02)
Staff	-5.42	-4.11	-5.81	-8.98	-7.73	-9.70	-5.30	-3.13	-5.67
	(3.99)	(3.92)	(4.25)	(6.74)	(6.75)	(7.27)	(4.29)	(4.06)	(4.53)
tightness	-1.81③	-2.02②	-2.21②	-2.97③	-3.79②	-3.75②	-1.94②	-1.65③	-2.26②
	(0.93)	(0.96)	(1.00)	(1.60)	(1.76)	(1.77)	(0.95)	(0.91)	(1.00)
Dues	-1.69①	-1.08③	-1.33②	-2.82①	-1.81③	-2.17②	-1.73①	-1.02③	-1.37②
	(0.61)	(0.60)	(0.64)	(1.04)	(1.04)	(1.09)	(0.63)	(0.60)	(0.66)
Spend	-0.16	0.18	0.26	-0.30	0.38	0.42	-0.19	0.06	0.20
	(0.76)	(0.76)	(0.80)	(1.28)	(1.27)	(1.34)	(0.79)	(0.77)	(0.82)
Dem	0.67③	0.48	0.69①	1.08①	0.79	1.10③	0.66③	0.50	0.70③
	(0.39)	(0.36)	(0.40)	(0.65)	(0.60)	(0.67)	(0.40)	(0.39)	(0.42)
Puni	0.05②	0.05②	0.05③	0.08③	0.09②	0.08③	0.04③	0.05②	0.04③
	(0.02)	(0.02)	(0.02)	(0.04)	(0.04)	(0.04)	(0.02)	(0.02)	(0.02)
Supp	0.40③	0.17	0.30	0.67③	0.32	0.49	0.41③	0.12	0.31
	(0.23)	(0.23)	(0.25)	(0.39)	(0.39)	(0.41)	(0.24)	(0.23)	(0.26)
Trans	0.74②		0.79②	1.17②		1.22②	0.85①		0.91①
	(0.29)		(0.31)	(0.49)		(0.54)	(0.31)		(0.33)
Res		0.33	0.12		0.68	0.26		0.22	0.07
		(0.40)	(0.42)		(0.73)	(0.75)		(0.36)	(0.39)
样本量	118	109	109	118	109	109	118	109	109
LR 统计量	32.36	22.99	29.76	31.74	23.80	29.29	32.56	20.90	29.47
Probability（LR）	0.0001	0.0062	0.0009	0.0002	0.0046	0.0011	0.0002	0.0131	0.0010
McFadden R^2	0.2205	0.1700	0.2199	0.2163	0.1759	0.2165	0.2218	0.1545	0.2178

①~③分别表示 Z 检验通过 1%、5%和 10%的显著性水平。括号内数值为标准误差。上述回归中，除了回归 1 和 3 在 4 次迭代后获得收敛外，其余都是在 5 次迭代后获得收敛。

从回归结果来看，根据非群组或个体数据的 binary 回归模型判断标准，所有的 LR 统计量和对应的 P 值都显示，回归系数联合起来是显著的，尽管单个系数有些并不显著。

（1）协会的组织结构因素的影响。从回归结果来看，协会成立的时间长短和协会专职人员与会员数量比对于协会自治绩效没有显著的影响。但是两者的系数符号值得注意。

首先，length 的回归系数为负，表明协会成立的时间越长，越不利于协会的自治。这一点可能与我国行业协会的形成路径有关。我国目前的行业协会许多来自于计划经济向市场经济转轨时期的官办协会，属于自上而下的形成路径（贾西津等，2004；马述忠等，2005）。改革开放早期出现的行业协会一般都具有半官方的色彩，其决策机制和自主性乏善可陈。因此，与近些年来自发形成的民间协会相比，成立时间长的协会其治理绩效反而更差。

其次，协会专职工作人员与会员数量比（staff）与协会的自治效果也呈现反向变动的关系。对于现阶段大多数协会来说，单位会员所配备的工作人员多似乎反而不利于协会的自治。其原因可能在于，与维持一个协会组织所需的职员人数相比，目前中国协会的会员数量普遍偏少。这种情况使得协会用来行使各项职能的经费严重不足，因为主要的会费收入都用来养人了。在此情况下，进一步提高职员与会员数的占比，只会令协会的资金更趋紧张，无力开展其他的服务活动。如果协会在服务上碌碌无为，会令会员的数量进一步减少，形成恶性循环。相反，如果职员数量不变甚至减少而会员的数量增加，不但使得协会拥有充足的资源开展活动，同时也表明其活动与功能增强，对会员的吸引力在增大（此即“有为才有位”）。因此，在协会的代表性严重不足的现阶段，职员/会员比率低的协会，效率反而可能较高。

另外，反映理事单位占会员比率的 tightness 回归显著并且具有负的系数。说明理事单位占会员的比率会显著影响协会的治理效率。理事单位占比越大，越不利于协会的治理。这可能与目前我国大多数协会理事单位的产生途径有关。我们的实地调查发现，协会的理事单位往往是行业中的大企业，而且这些企业大多是以向协会捐款或缴纳高于普通会员的会费而作为获得理事的条件。理事密度高，一方面说明协会的财务对会费和捐赠的依赖程度高，另一方面也表明协会的普通会员占比低，行业中大部分的中小企业自愿或非自愿地游离在协会之外，协会的代表性可能存在问题。加之，理事密度高的协会往往容易形成大企业把持会务的局面，由此可能导致会员利益分化，中小会员的利益无法得到保障，从而进一步降低协会的代表性，影响其行业治理绩效。

（2）协会内部治理结构和运作机制因素的影响。

1）协会的收入与支出方式。dues 衡量协会所有收入中来自于会费的比例。回归结果表明，这一变量会显著影响行业协会的自治效果，但影响是负向的。这与现阶段我国大多数协会收入来源单一、收入对会费的依存度过高有关（从问卷反映的情况来看，广东省占总数 70%的协会会费收入占总收入比重超过 50%，其中 14%的协会会费收入占总收入的比重达 90%以上；浙江省占总数 81%的协会会费收入占总收入比重超过 50%，其中 24%的协会会费收入占总收入比重达 90%以上）。协会需向会员收取会费以保障经费来源，但是如果会费占比过大，一方面表明协会的筹资能力弱，另一方面协会将陷入在财政上过度依赖会员而不敢对会员实施严格的行业治理规范的困境。现阶段我国的协会大多属于混合型协会，既要向会员提供行业公共产品，又要向会员提供俱乐部产品。过多提供公共产品而俱乐部产品不足会降低企业的入会动机，最终导致协会难以提供任何一种产品，协会自治将无从谈起。因此，必须加强协会的服务功能，适当提高服务性收入在协会收入中的比例，以增强协会的财务自主性，但同时也要避免协会的营利化倾向。

spend 衡量协会支出中用于“公共关系、年会和会员活动”两项的支出比重。从回归结果来看，虽然系数不显著，但是该变量的符号大致符合预期（回归1、4和7除外），即协会支出中用于会员服务和协会活动的比例越大，越有利于争取会员的支持以及对外进行代表及协调活动，从而有利于协会自治。

2）协会决策程序的民主性程度（dem）。从符号来看，该变量回归也符合预期且显著（回归2、5和8除外），即协会的决策程序越民主，越有利于吸引会员参与协会的各项活动，增强协会的代表性和谈判能力，从而有利于协会的自治。

3）协会的惩罚力度（puni）。该变量作为协会内部治理机制中最重要的因素，对自治绩效具有显著的影响，而且呈现出正相关关系。表明协会的惩罚力度越大，则越能集中体现协会的权威，保证协会制订的各种规则得到贯彻执行，从而有利于协会自治。但是也必须注意到，作为入会退会自由的自愿组织，如果协会的惩罚力度太大，超出了会员所能接受的程度，使得会员选择退会，则会降低协会的代表性，不利于协会的自治。

4）企业对协会的支持程度（supp）。该变量的符号也符合预期，并且在回归1、4和7中表现出了较为显著的回归效果。这说明企业越支持协会的决议和制度，则越有利于协会的管理，从而增强协会自治的效果。

（3）政府对协会自治权的授权程度。这可以说是我国转型时期的协会面临的重大挑战之一，即能否获得政府对于行业自治的授权和对协会自主权的尊重。从回归结果来看，trans 不仅具有预期的符号，而且对于行业自治具有显著的影响。res 的影响效果不显著，但是具有预期的符号。因此，要建立公民社会，鼓励行业协会等中间组织参与对经济社会事务的治理，政府应该让渡更多的行业管理权限给行业协会。

上述实证分析表明：

（1）以 tightness（理事单位数量/协会所有会员数量）衡量的协会领导成员的密度，协会收入中会费所占比例（dues）均显著影响协会的自治效果，并且呈现负相关的关系，表明现阶段我国大多数协会的行业覆盖率及理事产生的途径导致理事密度过大，协会收入中会费比重过高，均不利于协会的自治。

（2）协会的内部治理机制中，协会的惩罚力度（puni）和决策程序的民主性程度（dem）显著影响协会的自治效果。通过分析发现，现阶段我国协会的惩罚力度越大，内部决策程序越民主，越能集中体现协会的权威，保证各种行业规则的贯彻执行，从而有利于协会自治。

（3）从政府对协会自治的态度来看，政府让渡给协会的管理权限（trans）越多，力度越大，越有利于加强和改善协会的自治效果。

（4）协会成立的时间长短（length）和协会专职人员占会员数量的比重（staff）对于协会自治未产生显著的影响，这可能分别与我国行业协会的形成路径，协会的会员数量规模过小等因素有关。

（5）协会经费中用于“公共关系支出、年会和会员活动”两项支出（spend）、企业对于协会的支持程度（supp），也都表现出对于协会的自治具有正向影响（除回归1、4和7外，其余回归不显著）。即协会支出中用于“公共关系、年会和会员活动”的比例越高，企业对于协会的支持力度越大，越有利于协会的自治。

（6）政府对协会的自主权的尊重程度（res）。尽管回归系数不显著，但是可以发现，政府越是尊重协会的自治权，行业协会的自治效率越高。

以上实证分析的结果证明，在经济转型期的中国，虽然影响协会治理绩效的因素十分复杂，有些因素的影响方向尚不清楚，但这些结果基本上符合本书的理论假设——协会治理本质上是一种自主治理，凡是有利于增强协会自主性的因素，必然有利于提高协会的治理绩效。

6 行业协会的行业治理限度及其矫正

行业协会不仅会由于存在弱型治理特征而于组织域出现治理失灵，而且会因其自治属性，也可能在社会域产生治理失灵，如行业协会主动“攀官”，积极向政府靠拢，寻求政治庇护或垄断特权，从而丧失其独立性（非政府性），或者产生权力越位，在追求局部行业利益时构成对包括消费者、非会员企业在内的外部相关者利益的不合理侵害，或者过度追求物质利益，产生营利倾向，丧失其非营利性。叶常林等（2009）将外部失灵称为“自主性悖论”❶。本章重点从政府对行业协会的控制、行业协会营利倾向的产生、行业协会的寻租行为以及价格联盟、行业协会主导标准制定等角度对行业治理限度进行解析，并且提出相应的应对方略。

6.1 行业协会的政府控制

从性质上看，行业协会是一种奉行民主、崇尚自治的非政府组织。这一性质表明协会应该独立于政府的控制，拒绝国家的不合理干预，自主决定组织的架构、规则和宗旨。但实际上，协会民主性、自治性和非政府性等属性并不能得到完全的实现，政府经常借他律的名义对协会进行直接或间接的干预，实施或明或暗的控制。这样便会造成协会行业治理的失灵。

6.1.1 行业协会治理失灵——政府控制

在行业治理中，协会与政府的关系最为重要，但也最错综复杂。作为一种中间团体组织，协会一般由企业自发组建而成，实行自愿入会、自愿参与的原则，并且自主活动，民主决策，有较强的独立性，不受政府的干预。但在不同的政经体制下，行业协会与政府的关系也各不相同。在英美多元主义体制下，协会可以享受较大的自由，自主空间相对宽裕，其组织与活动很少受到政府的控制；而在欧洲大陆国家，由于法团主义的影响，其法律规定强制入会，即所有企业都要入会，全国性协会实际上代为行使政府的部分职能，协会活动并不具有完全的自主性和独立性，受政府的影响较大。

---

❶ 叶常林等（2009）第42页。

6.1.1.1 政府控制行业协会的原因

尽管各国法律基础和社会环境各不相同，但政府都可以通过多种途径对协会施加影响。例如行业协会首先必须得到政府的许可和承认，必须经过合法的登记程序。对于那些不愿意接受或易制造“麻烦”的协会，政府可以拒绝登记或取消其注册资格；而对于政府认为有必要进行支持的组织，则可以通过简化程序、经费资助、税收减免和购买服务等方式来帮助其发展。

政府对行业协会等中间组织的控制有时是必要、不可或缺的，因为当国家或政府部门无法履行管理职能，无法提供企业所需要的行规行约或服务时，企业就必须通过组建协会，依靠中间组织来寻求合适的发展环境。另一方面，因为政府无法提供企业需要的公共产品或服务，致使以行业协会为代表的中间组织过于强大，可能影响到政府其他职能的发挥时，政府就必须对这些中间组织予以规制。

尽管在多元主义制度下，英美法系国家对行业协会的发展几乎不加干预，但政府仍然可以通过购买服务或提供资金援助等方式来间接影响协会，体现政府意志。近年来随着国际经济竞争的加剧，许多国家的政府倾向与行业协会进行合作，如进行项目研究、经费支持，共同培育发展战略产业，越来越向政经互惠的方向迈进。另外，即使实行多元主义制度，在一些重要的行业如金融、证券、会计等仍然实行强制入会制度，政府的监控和管制力度更加严格。在法团主义背景下，由于实行强制入会制度，行业协会不仅负责会员管理和组织运作，还代为行使部分行业管理职能，如税金收缴、企业注册登记等。中国的行会和商会发展史也表明，行业协会的发展与中国政治、经济和社会环境密切相关，政府及其政策对行业组织的兴衰起落有着决定性影响，其发展水平和成熟程度随着政府的态度、政策转变而不停变化，总体来看缺乏稳定性和连续性。

6.1.1.2 政府对不同类型协会控制的途径

从一般管理方式来看，政府对协会的管理手段分为以下几种：（1）程序登记规定。相关登记程序（如《社会团体登记管理条例》）对协会的发起人、会员数量和构成、场地机构等都做出了详尽的规定，符合这些要求政府部门才同意登记；（2）主管部门审批程序规定。我国实行所谓的“双重管理”模式，行业协会必须先有业务主管部门，在其审批通过后才能进入民政部门的注册登记程序；（3）行政管理。由于有些协会享受事业单位编制，执行政府职能，政府将其纳入行政管理框架范围；（4）协会主要领导的任命。部分协会的领导任免权和决策权掌握在政府手中，一旦任用，协会主要领导享受行政官员的经济和政治待遇；（5）财政、资源和政策支持。政府拥有较大的裁量权，决定是否给予行业协会财政支持以及具体数额。另外政府也通过购买服务进行区别对待；（6）底线控制。出于公共安全需要和政治考量，政府须对所有组织或个人实施有限控制，政府的权威不容任何组织或个人挑战。这实际上属于一种底线控制，一旦协会组织的活动超越某一底线，政府将采取相应的管制行动❶。

从协会产生的具体背景及其与政府距离远近来看，我国协会可以分为三类，政府的掌控手段因类型各异而有不同。

第一类：官办行业协会。这类协会设立的背景有两种：一种是政府为了对外交往方便，依照国际惯例成立的非政府组织，如中华全国工商联合会，中国国际商会等。这些组织由政府发起成立，领导人也由政府任命，工作人员纳入行政编制。这类组织实际上隶属于政府。另一种是在政治管理体制改革过程中，因部门撤并、机构分流造成政府对行业的掌控缺失，因而另行设立的行业协会，如中国钢铁工业协会、中国轻工业联合会等，它们代行政府职能，属于官办协会。

第二类：官方资助民间组建的协会，即官助民办协会。这类协会虽然在发起和组建程序上遵循民间协会模式，但实际上是由行业主管部门主动发起，成立初期得到政府的认可和资助，而且其负责人多由政府部门的退休官员担任。政府与这类协会之间是业务指导和业务执行关系。这类协会在我国还为数不少，特别在一些涉及重要或敏感资源以及关系国计民生的行业，如机电、纺织等行业设立。政府为了对这些行业进行有效控制，维护行业稳定和秩序，一般仍然由原主管部门发起，或者得到政府的鼓励以及财力人力物力上的支持而成立。

第三类：本质意义上的民间协会，即真正的民间协会。这类协会是由行业内的企业基于自身利益需要而自发组建的行业组织。在程序上，它们也需要业务主管单位，并要征得业务主管部门的同意后方可到民政部门登记，即“双重管理”模式。随着改革的深入，近年来双重管理模式已然开始松绑，如广东省颁布的《广东省行业协会条例》就规定，只要符合成立行业协会的条件，可以直接向民政部门申请登记，无需经过主管部门的审批，但仍然需要一个“业务指导单位”。

对于前两类行业协会而言，其与政府之间的关系极为紧密，可以视其为政府的管理权限在行业内的自然扩展。虽然这些协会也面临着民间化民主化改革的任务，但可以预见，在短期内它们与政府的关系将继续保持现有的稳定状态。政府对这类协会的控制能力和影响程度比较强，政府的行业管理政策要倚赖这些协会来推进和实施。

即便对第三类真正意义上的民间协会，政府也能实施较强的影响和控制。首先，协会的合法身份需要政府授予和认可，其成立要经过政府民政部门的登记，其财务资金要接受财政审计部门的监督审查，其活动范围、业务开展要接受主管部门的指导。其次，协会肩负有维护行业整体利益的职责。要完成这一任务，必须取得政府的支持，特别是行业之间和利益团体之间出现的利益冲突还要由政府

---

❶ 康晓光，卢宪英，韩恒. 改革时代的国家与社会关系［C］//王名. 中国民间组织 30 年：走向公民社会. 北京：社会科学文献出版社，2008：318.

出面协调解决。第三，行业协会还期望获得政府的财政和资金支持。在暨南大学项目组的调研中发现，有相当一部分协会将“争取政府拨款和补贴”列入其增加经费收入的主要途径之中，或者“争取获得更多面向政府的服务项目”。对于这些资金并不充裕的协会，如果寄希望于政府拨款补贴或政府购买服务，那么其独立性很难得到保证。在实践中我们看到，协会乐于聘请政府退休人员担任领导人或重要职务，甚至把协会办公地点设立在政府大楼内或附近，当然是期盼更好地与政府沟通，获得一些利益，甚至便于寻租。

6.1.1.3 政府控制协会带来的影响

在一定条件下，政府保留对协会的适度控制是必要的，但这种控制的尺度和分寸又比较难以拿捏，政府往往具有借保持合理控制的机会而实行全面干预的冲动，影响协会的正常运转、民主建设和自治机能。

A 政府保持对协会的适度控制的必要性

作为第三方治理机制，行业协会也可能存在志愿失灵。在社会域中可能构成对消费者和非会员企业等相关者的利益侵害，政府适时介入进行纠偏和规制，有利于实现社会利益的最大化；政府对行业协会进行必要的财政支持、资金援助或者购买服务，有助于协会克服资金短缺、资源不足的困境，保证其连续与稳定；政府对协会进行控制也可以弥补政治经济体制改革所引致的行业管理弱化现象，促进行业的可持续发展。

B 政府不当控制协会带来的消极影响

虽然政府需要对协会进行适度引导和控制，但这种控制极易成为政府全面掌控协会的借口和托词。从长远来看，政府对协会的全面控制会引致行业组织自我发展能力和自主治理机能的丧失，产生对政府的强烈依赖，影响协会功能的发挥；同时也给我国的政治体制改革造成阻滞，给刚刚拉开序幕的还政于民、政会分开运动平添更多变数，甚或影响公民社会的建立这一宏伟目标的实现。

（1）对企业的影响。民主机制健全、治理规范的行业协会能够帮助企业改善经营，为其提供业务指导和资金支持服务。这是企业喜闻乐见的协会发展模式。但一些被称为“二政府”的官办行业协会，完全丧失治理功能和服务本质，利用自身与政府的特殊关系和有利地位，举办名目繁多的评比、竞赛和冗杂认证，强行收取费用，利用手中的权力谋利。有些协会甚至强行拉拢企业入会，收取会费，导致“协会骚扰”问题频现，增加企业负担。对于这类协会组织，企业既“惹不起”，又“躲不掉”，自身的正常经营活动受到严重干扰和冲击。

（2）对协会自主治理和民主运作的影响。以前述第一类和第二类行业协会为例，在财政上它们完全依赖政府补助或拨款，这一方面可能表明协会与政府关系紧密，公关能力比较强，但由此带来的后果是，协会运作几乎不依赖会员企业，相对于那些会费和服务收入有一定占比并通过会员参与来影响协会治理的体制外协会来说，这类组织完全与会员分离开来，致使会员丧失了对协会的牵制和威慑力；在人员编制和岗位设置上，其工作人员仍然是事业编制，享受行政待遇，有些协会的领导人也直接由政府任命，被政府左右。这类协会必然成为政府的附庸，仍然直接体现政府意志，其内部组织和民主管理就会成为空谈，更不会真正成为行业利益的代言人。

近年来，行业协会改革呈现出官办协会民间化的趋势，即原来由政府发起成立或主要由政府资助的协会渐渐开始与政府脱钩，走自主办会、自力更生的道路，成为真正意义上的民间协会。这一变化将切断这些协会与政府的直接联系，其享受的政府财政拨款也会随之取消。但这些长期依赖政府、自我发展能力较差的协会能否顺利度过适应期，对其将是一个严峻的考验（张捷、徐林清等，2010）。

（3）对协会履行监督职能和建立经济民主的影响。虽然民间协会对政府的依赖程度相对较低，但能否发挥为会员服务和管理行业的作用，特别是发挥民主监督的职能还存在较多变数，政府的开明程度是其中的重要因素。因为民间协会属于自下而上产生、游离于政府体制之外的组织，其很难得到政府的支持，不仅无法发挥行业协会的作用，连维持正常生计也举步维艰。这表明，民间协会并未成为政治参与过程中独立的压力集团代表，无法履行对政府职能部门的民主监督功能。更为重要的是，对于民间协会来说，其与政府的关系和定位是模糊不清的，政府对民间协会的掌控缺乏透明度和明确的规范，政策连续性不强，控制随意性大，使得协会看不到前进的方向，其发展前途仍然由政府牢牢掌握。

由此可见，政府对行业协会职能的模糊定位及多元管理带来了协会发展和成长的混乱，并导致管理空档的出现。政府与民间协会的关系的不确定性也使协会无法把握未来的前进方向。许多地方政府在实行政会分开，减轻对协会干预的同时，也切断了对协会的物质和政策资源支持，在行业组织还没完全形成自我发展、自主治理的条件下，行业协会的第三方治理功能能否真正发挥还有待时间的检验。

6.1.1.4 行业协会的政府控制问题之实证分析

我国正处于转型时期，行业协会的各项服务功能还没有完全发挥出来，内部治理结构和民主机制尚未健全，由于受资金资源的限制，仍然有较多的行业协会与政府保持或远或近的关联，特别是众多的“体制内协会”更与政府关系紧密。为了对现阶段行业协会的政府控制问题有更深入的了解，本书利用调查数据进行简单的统计分析。

首先从协会的收入来源构成来看，政府拨款和补贴所占比例分布为（如

表6-1所示)：完全不依靠政府资金的协会占样本数的80%，收入的10%或以下来源于政府赞助的协会只占7.5%，收入的10%~19%来源于政府资金的协会只占6.67%，另外有2.5%和3.33%的协会收入中的20%~29%和50%（含以上）来自于政府。这一结果表明，在行业协会发展相对成熟的粤、浙两地，行业协会在财源上走出了过去完全或主要依赖政府补助的不利境地，行业协会自由发展的宏观条件（至少从资金来源方面）得到了极大改善，这是令人欣慰的。

如果将政府服务收入也计算在内，则协会收入来源分布如表6-1所示。总体上看，各种比例的分布并未发生大的变化。这再次表明，经济发达地区的行业协会在财政上保持了与政府相对独立的关系和合理定位。从政府的角度看，不论是无意发展的结果，还是有意为之而形成的状况，都说明其渐渐厘清了与协会组织的财政关系和资金分配角色定位，改变了过去“等靠要”的财税格局（甚至可以说甩掉了一大财政“包袱”），这必将有利于行业协会追求自身的造血功能，使其通过提高服务质量和治理绩效改善收入结构，对行业协会的民间化、民主化和社会化发展都将产生积极影响。

表6-1 行业协会收入来源中政府拨款和补贴所占比重细分表（协会样本）

政府拨款和补贴所占比例/%	细分比例/%	政府拨款、补贴和政府购买服务所占比例/%	细分比例/%
0	80	0	69.17
10以下（不含0）	7.5	10以下（不含0）	11.67
10~19	6.67	10~19	10
20~29	2.5	20~29	2.5
50及以上	3.33	30~39	0.83
		40~49	0.83
		50及以上	5

资料来源：根据商会项目组数据整理。样本量为120。

从行业协会支出方向来看，亦可推断出当前粤浙两地的协会较少受到来自政府的影响。因为行业协会的公共支出包括集体行动经费、公共形象投入、改善对外关系、集体寻租和政府公关等内容，即便将这些支出内容合并计算在内，多数行业协会的公共支出比例亦不大。如表6-2所示，完全没有公共支出的协会占样本的21.37%；比例在0~10%之间的协会占18.8%；占比最大的是支出比例在10%~19%之间的协会，达35.91%；最少的是支出比例在40%~49%之间的协会，只有1.71%；公共支出在50%及以上的占2.56%，以上数据表明，行业协会或有意或无意地在摆脱对政府的财政依赖，逐渐向自主化和民间化的自治组织演进。但必须认识到，上述只是行业协会单方面或主动为之的结果，毕竟在当前中国的政治体制环境下，行业协会的发展依然受到政府的强大影响。行业协会的收入主要来源于政府，并不必然表示政府对协会进行控制，关键要看协会的自身功能是否完善，治理机制是否通畅，以及政府是否主动放权、让协会自主成长。或者说，即使政府在财源上对协会控制较少，并不表示协会在政治上能完全避免政府的影响（即政治合法性问题），这也取决于政府是否主动放权。为此，本书将协会问卷中的“政府对协会的支持”以及“主管单位对协会业务干预”进行了统计。结果如表 6-3 所示。

表 6-2 行业协会支出构成中公共支出占比细分表（协会样本）

公共支出所占比例/%	细分比例/%
0	21.37
10 以下（不含 0）	18.80
10~19	35.91
20~29	17.09
30~39	2.56
40~49	1.71
50 及以上	2.56

资料来源：根据商会项目组数据整理。样本量为 117。

总体上看，现阶段政府对协会的干预比较少，其中“干预较少”和“不干预”的比例均为 33.61%，两者合计为 67.22%；而“干预很多”和“干预较多”的样本合计只占 9.24%。这从另一方面证明了政府开始主动淡出原本应由行业组织发挥作用的领域，还行业协会以相对宽松和自由的发展空间。

此外，为了更好地了解行业协会对政府的角色定位及其面向政府的诉求，项目组亦设置相关的问题。统计结果如表 6-4 所示。从已实施的政府支持项目来看，“提供行业管理的政策和法律信息”和“尊重商会/协会的自主权”占比比较高，两者均在 75%以上，这再次证明政府正在实施政会分离，主动淡出政府办会的误区。另一方面，“完善商/协会的立法，对商/协会的登记开放‘绿灯’”的已实施比例最少，只有 24.16%，这说明我国行业协会的立法工作仍然严重滞后，协会管理缺少相关的法律来指导和规范。同时，现阶段我国仍然实行的“一业一会”、“一地一会”政策已经严重不符合现实的发展需要，亟需作政策上的松绑，让行业协会实现一定程度的竞争，允许其局部范围内的兼并、重组甚至关闭，以实现中间组织的良性发展。

表 6-3 业务主管部门对行业协会干预情况（协会样本）

干预程度	比例/%
干预很多	0.84
干预较多	8.4
一般	23.54
干预较少	33.61
不干预	33.61

资料来源：根据商会项目组数据整理。样本量为119。

表 6-4 政府对行业协会的支持项目实施情况统计（协会样本） （%）

政府对商会/协会的主要支持内容	已实施	未实施	不清楚
A 提供行业管理的政策和法律信息	75	15	10
B 将行业管理的职能尽可能地转移给商会/协会	38.34	37.5	24.16
C 尊重商会/协会的自主权	77.5	12.5	10
D 提供财政支持和项目经费	31.67	45.84	22.5
E 提供开展活动和交流信息所需的场所和设施	30	40.84	29.16
F 完善商/协会的立法，对商/协会的登记开放“绿灯”	24.16	34.17	41.67

资料来源：根据商会项目组数据整理。样本量为120。

6.1.2 政府控制问题的应对

上述分析表明，我国行业协会的发展受到了来自政府控制力量的制约，其职能得不到应有的发挥。近年来虽然政府积极倡导通过第三方治理来协调社会关系，但成效并不明显。原因就在于行业协会作为第三方机制并没有成长为一支独立的力量，没有形成自主治理的机制和自我发展的能力。而行业协会从其诞生伊始就要求具有自治的本性，其主要的职能发挥也必须以具有自主的行为能力为条件。如果协会是政府的附庸，完全听命于政府，受其控制，便不可能通过自身的活动对政府公共政策施加影响。

要培育协会的自我发展能力，建立和完善自主治理，首先必须处理好与政府的关系。在发展模式上，既不能盲目照搬多元主义和法团主义的经验，也不能完全否定两种制度的优点，而应该立足我国国情，对两种模式进行综合和改良。具体做法是：首先，要从性质上对已有的行业协会进行明确分类和精准定位。对于那些带有明显的政府行政倾向的官办协会，可以保留其非政府组织的某些特征（如自愿入会、自主设立内部结构组织等）。同时政府要设立准入门槛，放开对协会领导人任免的直接干预，赋予会员大会、理事会等治理结构相应的治理职能，进行民间化和民主化改造。对于那些自下而上形成的民间协会，要真正授予其自主治理的权利，注重对其自我发展能力的培养，特别是要敢于放权，主动分权，更要凸显协会的自主治理特征：自愿入会、自由退会、平等参与、利益冲突的自主协商，以信任和合作为基础的网状结构以及以行业利益为最高准则的行为模式❶。

为了保障行业协会真正成为自主治理、自我发展的第三方机制，政府应当主动逐步撤出其不擅长的领域，让各类公共产品的提供切实体现效率的原则。当提供公益型普及型公共产品效率更高时，政府应该勇于承担提供这类产品的责任；当协会提供行业性公共产品的比较优势更为显著时，政府应当机立断，主动退出。政府退出后的相关服务需求可以通过“购买方式”委托协会来提供和满足。因此，要在政府和行业协会之间建立起一种平等的合作伙伴关系，而非垂直型的管辖和被管辖关系。

政府退出自己不具有优势的领域并不意味着政府撒手不管，政府应当通过立法、政策等方式提供必要的资源以支持协会的运作，确保其提供优质高效的行业公共产品。政府在放松对协会的管制的同时，还要加强引导和监督，对协会损害其他相关者利益以及以不正当手段寻租的行为进行干预和矫正，以促进协会的健康发展。对于政府撤出的领域，也不宜再设立进入门槛，政府应该允许协会之间的适度竞争，以促使协会改善管理，提高服务质量。

6.2 行业协会的营利倾向❷

行业协会的本质职能包括组织集体行动、协调会员利益以及协会与相关利益集团的内外关系并充当全体会员的利益代表。随着经济活动的日趋丰富和社会利益的深化、广化、复杂化，行业协会又被赋予了多样的扩展化职能，如为会员提供融资、信息共享、技术辅导、合作研发、会展等特定服务，代政府行使行业管理和行业服务的职能，并获得一定的收入以便对协会专职人员和志愿者提供必要的物质激励，筹集基本的行动经费进行公关、政府游说甚至是善意寻租。不同的协会在服务、利益代表和自律协调上的侧重点各不一样，但倡导和组织集体行动应该作为协会最基本和最重要的职能，这也是行业协会得以产生和生存的基础，其他职能如为会员提供的专业服务可以交由市场，行业管理亦可以由政府来行使。但在现实中，有些行业协会已经摈弃了其赖以生存的组织功能，置会员代言、集体行动组织等基础功能于不顾，反倒留恋于各种服务创收活动，俨然成为一部专业和便利的商业机器，营利倾向十分突出。他们或者以经营营利性项目，如会展、对内对外培训服务等为主营业务，并乐此不疲；或者对会员的入会资格

---

❶ 马斌，徐越倩. 民间商会的治理结构与运行机制——以温州民间商会自主治理为个案的研究 [J]. 理论与改革，2006，(1)：153~157.

❷ 需要指出的是，行业协会属于非营利组织。这里的“非营利”并不表示行业协会不能通过提供有偿服务获得营业收入，而是指其所有活动产生的收入不能用于利润分配或人员分红。

进行人为限制，肆意提升准入门槛，致使协会沦为“有钱人俱乐部”，造成协会民主机制尽失；还有通过组织五花八门的“评比”、“竞赛”、“名录”、“排名”等活动向会员收取赞助费和服务费，令企业叫苦不迭。对于这些协会来说，其会员服务和组织协调的职能已被暗中抛弃，成为只有在章程或制度中才能找到的华丽摆设。行业协会本为会员自愿参与的利益协调者和代言组织，因集体行动或特定利益需要而得以生发，但现在有些行业协会已经沦为一台为特定利益服务、充满商业氛围的赚钱机器。这其中的原因和内在机理值得我们仔细研究。

6.2.1 行业协会的组织属性、治理结构与营利的合理性

行业协会的利益相关者甚众，涉及包括会员、非会员企业、消费者、政府和协会的组织者、雇员以及协会的外在服务对象等在内的诸多主体。行业协会治理就是要以一套完整的契约体系来规范、协调和约束各利益相关者的权责利关系，保证协会决策的民主化，实现各利益主体的收益最大化。

行业协会需要对会员的入会资格进行甄别和限制，以尽可能保证内部成员同质化，并通过收取适量的会费来获得组织运作和提供服务的资金，为会员提供公共产品，倡导集体行动。虽然属于公益性组织，行业协会也需要为其内部的工作人员和常驻管理层提供一定的物质待遇，以激励他们为协会尽心尽力工作，提高服务的质量和协会运作的效率。基于信息掌握的优势，行业协会还可以为会员提供除公共产品以外的付费性服务或其他免费业务，也为外部利益者（如政府、消费者等）提供商业服务并收取适量酬金。从成本与收益、权利与义务对等的角度来看，行业协会提供商业服务并适度赚取利润有其合理的一面。

第一，行业协会的弱治理结构特征决定了其对管理层缺乏足够的物质利益手段以激励他们尽力工作，通过取得额外商业收益并以一定的方式补偿给管理层从而解决这一激励困境成为多数协会的现实选择。

结构简单和职能单一的行业协会往往是只作为集体行动组织者和集团利益代表者的机构。这类协会的直接利益相关者只限于会员、协会雇员和管理层。协会的管理层主要有正副会长、理事和监事以及秘书长等。在多数协会中，大小会务并不全由全体会员直接投票决定，而主要由会员推选产生的管理层代为决定。由于管理层和全部会员之间存在复杂的委托代理关系，管理层并不必然将全体会员的利益最大化作为自己行动的目标，与其他经济人一样，他们也有自己的利益追求和个体目标。诚然，管理层及其成员的个人目标的实现与协会的组织目标紧密相关，如果组织目标无法实现，其个体目标也无从谈起，所以尽管这两类目标并不全然一致，但协会管理层仍然有比较强烈的动机期待组织目标的实现。

行业协会属于非营利组织，其工作人员大致包括两类：第一类是协会的志愿者，包括从社会上招募的志愿者和某些会员企业派驻协会的代表。这类人员并不

获得或仅仅获得象征性的少量报酬，他们更加看重对个人成就和荣耀的追求、对社会活动的参与及对利他主义个人价值观的表达（Schram，1985）；第二类是协会的专职雇员，他们以获得劳动报酬为主要动机，并且受到工资、奖金等物质激励而努力工作。在当前我国众多的行业协会里，正副会长及理事单位虽然参与协会的各类活动，但他们并不领取劳动报酬，或获得少量酬劳但并不以此为主要动机，可以认为他们是协会的志愿者。此外，协会中还有一些专职的工作人员，包括秘书长、驻会的会长副会长和各类雇员，他们要通过提供劳动来获取报酬，虽然他们也有利他主义或社会公益等高尚目标，但毕竟属于社会人，如果他们的工资水平较低，其努力的程度会受到较大的影响。我们在暨南大学项目组的调研中发现，在119家受访协会中，103家协会的工作人员平均收入水平要低于国家公务员平均收入水平，占总样本的86.55%。但同时，协会管理水平的提高和服务质量的改善也要一批专业的、训练有素和技能过硬的管理者。这些管理者的工作付出也必须以获得不低于同类营利机构的平均收入为保障。

根据管理学原理，在任何组织中，必须要设计一种符合激励相容原则的运行机制以使代理人行为能够与其委托人的利益和目标一致。行业协会的组织属性决定了其不能通过设计有效率的契约来合理分配协会的控制权与剩余索取权，从而使管理者个人目标与组织目标实现最大限度的激励相容，同时也限定了协会的专职雇员不能参与利润分配，他们几乎不能从工作质量的提高（如会员的增加、协会影响力的扩大等）中得到相应的物质补偿，主要依赖会员会费的协会难以提供额外的资源使其工作更卖力以及做出贡献的专职雇员得到应有的回报。与商业企业不同，协会的管理人员需要更多的职业精神、道德激励以及使命感等难以被作为委托人的会员观察到的精神层面的东西。行业协会管理绩效的高低往往取决于其管理者工作的主动性和创造性，而缺乏合理的物质激励将难以保证他们将工作热情一直保持下去。

一个致力于提高协会运行质量和效率的管理者必须设法解决专职人员和雇员的激励问题。行之有效的选择是通过营利来获得足够的资金和经费。行业协会从事营利活动有天然的优势，他们掌握着大量的行业公共信息，具有与地方政府沟通和对话的独特平台，还肩负着使其营利活动更加合情合理的高尚目标，即营利收入用于提供行业公共产品，而非给成员分红。

第二，稳定且充足的收入来源是保证行业协会实现其服务职能、有效组织集体行动的基础条件。

前文曾分析，行业协会之所以设立，很大程度上是为了解决集体行动的困境，以获得有利于本集团和本行业的利益。而大多数集体行动的外部性强、搭便车现象严重，如组织对外反倾销应诉，只有由行业协会出面并提供资金和经费，才能有效促进联合行动的进行。另外，行业协会要获得有利的行业政策和优惠待遇，就少不了进行公关和政府游说，获得与政府沟通的平台以积累社会资本，有时候甚至以团体的名义进行寻租（下文将要分析）。这些活动都离不开必要的组织资金和活动经费。例如，在实行多元主义的英国，其著名的协会组织——英国商业联合会的成员协会中，会费占总收入的平均比例为15%，其余85%都是事业活动（如提供出口证明书、召集研讨会、提供电传服务等）收入，其中不乏营利活动带来的收入，这为各协会组织政府游说、政策公关和寻租、开展集体行动提供了不可缺少的资金保障。再如，在金融危机的影响下，东莞台商投资企业协会专门设立了一个独资大卖场公司——大麦客，用以帮助台商企业实现内销和应对危机，并且配备了专门的物流公司为大麦客做后勤保障提供一条龙服务。

而捉襟见肘甚至入不敷出的财务状况只会令行业协会功能不全、活动萎缩，步履蹒跚。根据暨南大学项目组的调查，能够实现收支盈余的协会占全部样本的16.67%，有63.33%的协会实现了收支平衡，但有20%的协会面临收不抵支的尴尬境地。有理由相信，对于这类财务拮据的协会来说，能否正常发挥其代表和服务职能将是一个极大的挑战。

所以，保持财政盈余或者实现收支相抵能够确保协会拥有开展集体行动，履行代表服务等职能的资金是至关重要的。

第三，在当前，增加营业活动收入、扩大协会资金运用自由，仍然是多数协会发展的实际选择，并且资金实力雄厚、营业收入丰足的行业协会具有很强的号召力和吸引力，被视为运作良好、功能齐全和经营成功的代表。

行业协会的收入来源比较多样。对于依靠政府财政补贴和拨款的协会来说，其办会的自主性不大、服务功能也乏善可陈。由于资金主要来源于政府，其日常运作和功能履行也大多由政府主导或受其影响，极易出现政府控制协会。近年来，虽然国家提倡政会分开，鼓励体制内协会民间化，但可以预见，只要协会的主要资金仍然来源于政府，其民间性和自主性将会大打折扣。对于主要依赖会员捐助和赞助的协会而言，也会面临大企业控制等失灵问题。如前文所述，在当前协会民主机制和组织结构并不健全的背景下，按资本实力和企业规模决定协会职位高低的状况已然存在，捐助多、对协会贡献大的会员企业仍然是协会的实际决策者和掌控者。如表4-19和表6-5所示，大多数依靠会员会费收入的协会，其财务状况令人担忧，会费标准偏低，会费收缴率也不理想，从而经常处于财务紧张的状态。

表6-5 行业协会收支状况统计（协会样本）

协会收支状况	所占比例/%
收入大于支出	16.67
收入小于支出	20
收支平衡	63.33

资料来源：根据商会项目组调研资料整理。总样本为120。

因此，在政府拨款、会员捐助和会费收入都不可能为协会带来充裕资金和经费的条件下，为数不少的协会把增加协会服务收入（既包括对会员的服务又包括对外的收入）作为主要的营利手段。实际调查发现，一些协会因为经营工作做得好，附属企业或提供服务收入较为可观，其比重已经占到了协会收入的80%以上。创收越丰厚、财务状况越好的协会，其会员服务也相应做得好，这些协会往往被视为办得成功的行业代表，它们可以兴建更气派的办公大楼，可以聘请优秀的技术人才和管理专家，对潜在入会者的吸引力和说服力也更大。而这些为协会进一步扩张营业范围、增加营业收入提供了条件，这样便形成一种非良性循环，使协会的营利倾向越来越突出。表4-7所示的数据已经说明了这点。

另一方面，会员企业对协会的职能期待也迫使行业协会不得不增加服务，而提供服务（如行业公共产品或有偿收费服务）必定要有资金保障，有时为避免搭便车收取适量的服务费也在所难免。

根据调研资料，会员企业对行业协会期待最强烈的当属服务职能，包括展会服务、技术培训和人才交流以及融资服务等，从得分来看，服务职能也高于会员对自律协调职能和代表职能的期待（见表6-6）。从期待实现程度来看也是如此。这表明会员企业加入协会的主要动机是希望获得协会提供的各项服务，这些服务可能是市场无法提供或者即便能够通过市场获得但代价比较高昂的产品。虽然协会可以通过会费、赞助费或政府资助等解决一部分服务的资金来源，但对大部分服务而言，通过收取服务费可以保证协会运作的连贯性和服务的质量。

表6-6　会员企业对行业协会职能期待分组排序（会员企业样本）

职能分类	协会职能的具体内容	期待重要程度	分组得分	期待实现程度	分组得分
服务职能	A 提供行业信息	710	552	606	444
	B 举办展会，开拓市场	551		430	
	C 技术和职业培训，人才交流	583		478	
	D 参观考察、联谊和对外交流	572		470	
	E 为会员企业提供融资服务	344		237	
自律与协调职能	F 制定行约行规，维护会员合法权益	647	492	514	378
	G 调解内外部的各种纠纷	515		411	
	H 价格协调，规范竞争行为	510		367	
	I 组织反倾销应诉或反倾销上诉	295		220	

续表 6-6

职能分类	协会职能的具体内容	期待重要程度	分组得分	期待实现程度	分组得分
	J 与政府沟通，争取对行业有利的政策措施	670		517	
	K 组织涉及行业工资和其他事项的集体谈判	420		317	
代表职能	L 参与制定行业标准和行业发展规划	543	527	440	425
	M 受委托审查企业资质和发放许可证	426		314	
	N 评选行业名优产品，创建区域品牌	510		445	
	O 组织会员开展各种社会公益事业	592		519	

注：问卷要求各会员企业按照具体情况对所在协会各职能的期待强烈程度打分，分值分四个档次，强度最高为 4 分，较强为 3 分，较弱为 2 分，最弱为 1 分。以此为权数，对 114 个有效样本的打分进行加总，得到每一个职能的得分数据。

6.2.2 行业协会的营利倾向与治理失灵

行业协会的营利行为有其合理的一面。虽然协会通过创收可以部分解决管理层和专职雇员的激励相容问题，也有利于为会员提供更好的服务，组织有效的集体行动，更好地实现行业利益，并有可能带来诸如降低会员会费等优势，但就营利活动本身来看，与协会的原始宗旨相背离，而且可能导致协会的治理模式发生变更，使协会会员与协会、雇员与协会以及协会与客户之间的关系复杂化。特别是当协会过度逐利时，其行业治理和内外协调的职能将会被边缘化，协会就可能沦落为商业机构甚至是少数人的赚钱机器，最终背离协会的本质，导致出现协会治理的失灵。

第一，行业协会的营利倾向扭曲协会本质意义上的产权关系，影响协会的民主治理和内部运作。

行业协会特别是自治的民间协会，其一般意义上的所有者当属全体会员。这是因为会员提供了协会建立初期的启动资金和大部分资源，是协会运作的财务来源和权力基础。行业协会的章程也都规定会员大会是协会的最高权力机构，会员通过法定的程序参与协会事务管理，并通过选举管理机构和管理人员来代理他们行使日常决策权，确定协会运行的重要事项，并有权对不称职或无为的管理者实施罢免和变更。协会特定的产权关系构成会员对协会的各项权利的来源和基础。产权是“一种通过社会强制而实现的对某种经济物品的多种用途进行选择的权利”❶，产权作为一种权利，本质上是产权主体之间的利益关系，用来界定人们

❶ 《新帕尔格雷夫经济学大辞典》第 3 卷［M］. 北京：经济科学出版社，1992：1101.

如何受益或受损。西方现代产权理论认为，产权的清晰界定能够有效解决信息和激励问题，降低交易成本，进而提高经济运行的效率。一项有效率的产权制度安排需要满足一定的条件，如产权必须清晰，即所有有价值的资源都应该具备明确的所有人，无主或共有资源一般会被无限制掠夺式开发，从而导致出现“公共地悲剧”；产权还要具备排他性，财产权的专有性越强，对经济行为人的激励效果就越大；产权应该容易以较低的成本进行转让，这样才能将财产从较低价值的用途转向价值较高的用途，从而提高整个社会的总产出和福利水平❶。

如果一个行业协会以倡导集体行动为其主要宗旨和目标，则可以认为其产权特征具有俱乐部产权（Buchanan，1965）的性质，即既不是纯私人产权又异于纯公共产权，行业协会的资产属全体会员所有，故全体会员有权决定资产的用途转移及处分，上述产权安排的效率标准基本上可以得到保障。但如果协会过度追逐商业利润，其收入来源及财产结构将发生改变。如果一个协会的营业性收入占到了其总资产的大部分，而会员会费占全部收入的比重很小，则协会的产权关系势必会发生转变，原来意义上的会员已经不能再主张拥有协会全部资产的产权。即便他们也能从协会资产的增值扩张中获得诸如享受更好的服务、承担更低的会费等好处，但其对协会的产权已经被严重稀释，不再是完整意义上的所有者，会员也不再享有作为产权约束重要组成部分的资产的使用权和处分权。当协会通过创收获得财务上的独立权并摆脱对会费的依赖后，会员对协会的控制权也随即被削弱，特别是当协会脱离其办会宗旨、不再依赖会员的约束后，会员以退会作为威胁的效力就会尽失，会员将不再是协会赖以生存的基础。

而一旦协会将营利创收作为其主要职能后，其集体行动的组织协调以及会员服务功能就会受到压缩，甚至成为一种新型事业部，并与其他营利创收部门在行政架构上处于平行对等关系。创收部门甚至还可能分化独立，完全采用商业模式运作，行业协会往往会成为这些创收部门的最大股东。协会的管理层一般通过持有一定数量的创收机构的股份而获得激励。这种内部治理结构模式将使协会的民主机制和决策程序发生变更或遭到破坏。民主治理是会员所有权的重要表现，同时民主治理也是集体行动型协会（徐林清、张捷，2009）集团内部利益表达的重要通道。按照章程和相关规定，行业协会通过建立健全内部治理结构，形成民主选举和民主决策的运作机制。但对于创收型协会而言，由于会员对协会的控制权已经被严重削弱，尽管还存在名义上的治理结构，但会员对协会的民主治理已经名存实亡。此时协会的管理机构往往拥有更大的权力，协会的重大项目、办会方

---

❶ 此外，岳福斌还认为产权还要具有客观性、可分性、可交易性、法律性、收益性等特征。可参见岳福斌. 现代产权制度研究［M］北京：中央编译出版社，2007：6~8.

向和资源分配等重大问题的决策权更加向高层管理机构集中，会员的选举权、参与权和监督权等将成为一句苍白无力的口号，内部人控制、大企业控制等内部失灵问题也会接踵而至。

第二，对商业利益的过分追求将会使行业协会丧失其应有的公信力，影响行业协会的行业治理和外在形象。

公信力是行业协会社会声誉的重要标志，往往体现会员企业和社会公众对行业协会的认可度和信赖度。行业协会一般肩负全体会员、整体行业和全社会的公益使命，其公信力也要通过服务社会和以公正客观的形象调节各种利益关系的行为慢慢积累而成，进而获得会员、外部利益者和政府的信赖支持，并最终得到社会的广泛认可。但如果行业协会同时要顾及甚至肆意扩充集团的商业利益，就不可避免与其作为公众利益代表的身份相冲突。例如，当行业协会提供与其会员相同或相似的产品和服务（最常见的莫过于会展业和企业辅导培训业）时，协会便成为与会员“抢饭碗”的同业竞争者，即便协会刻意回避利用其特殊的地位与会员争夺市场，但仍不免留下分食者的疑惑，其公信力无形中也会受到质疑。又如，如果协会提供某种营利服务，就难免出现一种尴尬的身份认知：行业协会是要向会员推销该服务，还是要介绍客户成为会员呢？诚然，客户可以变为会员，会员也可以变为客户，但客户与服务提供商的商务准则、会员与协会之间的关系处理是截然不同的。前面一种情形下，两者是平等的市场主体，完全按照市场原则进行交易；后一种条件下，会员与协会之间存在“治理者被治理”的角色地位，两者绝非平等的利益主体，而是一种委托代理关系，协会是会员的利益代表，要按照章程赋予的权利和义务开展活动，会员要将部分的权利让渡给协会，受协会内部章程和行为规范的约束，以实现各方利益的最大化。两种角色定位要准确地区分开，并要小心处理，这样才不至于影响协会的公信力。再比如，行业协会一旦过度参与营利活动，便产生其独立的、特定的利益，可能利用其代表身份来排挤限制会员，或者通过与会员结成不合理的利益联盟关系，对非会员企业、消费者等外在利益相关者构成利益侵害，这样行业协会的中立角色和社会公众利益代表者的身份就会被大打折扣。

行业协会一般是基于会员特定的共同需求而产生的，由于其营利动机得到过度强化，因此协会便很难再受到会员需求的约束和激励。这意味着，行业协会过度逐利可能使其蜕变为具有单独利益、能够独立运行的商业型机构，而不再是原始意义上的依赖会员的会费生存并以满足会员的需求为宗旨的中间组织。协会会员、内部管理机构和营利部门之间呈现一种错综复杂的关系，行业协会的内部治理结构也受到破坏，最终将导致协会运行效率下降，协会功能低下，丧失利益代表和集体行动的本质。

6.2.3　实证分析——行业协会的营利状况与治理绩效

为了对现阶段我国行业协会的营利活动进行详细考证，文章利用暨南大学项目组对广东和浙江两地调查所得的数据，分析行业协会营利状况与其治理绩效之间的简单统计上的相关关系。

这里通过绩效评价来区分不同的行业协会，而绩效评价的标准来自于暨南大学课题组对各协会样本所做的因子分析❶。本书将所有绩效得分大于或等于零的行业协会归为“治理绩效优良的协会”（下称“绩优组”），而将绩效得分小于零的行业协会归为“治理绩效较差的协会”（下称“绩差组”）。前者共有48家，后者共有45家。“营业收入”统计“对会员的服务收费、协会对外的服务收入和政府购买服务”三项收入之和在总收入中所占的比重。并将服务收入占比分为“50%以上”、“40%~49%”、“30%~39%”、“20%~29%”、“10%~19%”、“10%以下（不含0）”、“0”等几个等级，具体分析结果如表6-7所示。

表6-7　以治理绩效区分的不同行业协会营业收入占总收入比重分布（协会样本）

营业收入占总收入的比重/%	绩优组协会细分占比/%	绩差组协会细分占比/%
50以上	14.59	20
40~49	4.17	6.67
30~39	6.25	2.23
20~29	6.25	24.44
10~19	37.5	11.11
10以下（不含0）	4.17	11.11
0	27.07	24.44
营业收入平均比重	18.42	22.18

资料来源：根据商会项目组调研资料整理。

对于营业收入超过50%以上的协会，绩优组总体只有14.59%，而绩差组中这一比例达到20%。营业收入占比在40%~49%之间的协会比例也是绩差组多过绩优组。比重在30%~39%之间的协会比例绩优组要大，达到6.25%，高出绩差组四个百分点。绩优组占比最高的当属比例在10%~19%之间的协会，而绩差组占比最大的协会营业收入占比是20%~29%。再来看看完全没有营业收入的协会，绩优组的协会比例达到27.07%，绩差组为24.44%。此外，绩优

❶　该绩效评价的结果已经由暨南大学商会研究课题组成员张媛媛在其硕士论文“中国商会治理的基本特征——基于广东、浙江的经验数据”中进行了详尽的分析介绍。为行文方便，此处不再赘述。

组所有协会的营业收入占比的平均比例为18.42%，而绩差组的这一比例为22.18%。通过比较发现，总体上绩优组的大部分协会其营业收入占比要小于绩差组的营业收入，这似乎意味着，营业收入状况与行业协会治理绩效之间并不存在必然的正向相关关系。因此，刻意提高营业收入，片面追求“好看”的财务状况并不一定能提高协会的治理绩效。毕竟，除了财务和资金外，还有协会的组织结构、民主程度、协会的影响力、公共产品提供等诸多因素都会影响到绩效状况。

6.2.4 小结

笔者认为，在现实中完全禁止或限制行业协会参与组织营利活动，或者对此不加限制的做法都不可取。一个运行良好的协会必须有稳定充足的收入来源，为其履行服务代表职能所需要的开支提供经费，并为其专职工作人员和管理人员保持工作的热情、积极和主动提供足够的激励。同时，为了吸引更多的潜在者入会，行业协会不能设置过高的会费门槛。经费不足成为协会营利的原始动机。协会的收入来源往往是多样的，可以收取会员会费，获得会员的捐助，争取政府的财政支持，也可以提供付费服务来获利。在当前的体制环境和现实背景下，许多行业协会乐意通过服务收费来获得稳定的收入。只要这类营利创收活动符合法律规定和章程，即不向会员企业分红，不违反相应的税收规定，我们认为应该予以许可。但如果营利活动被强化而过度逐利，协会的原始职能被弱化，以致其蜕变为以营利为主要目的的商业机构，就意味着协会治理的失败。过度强化营利活动将导致协会产权关系扭曲，所有者虚位更为严重，民主缺乏，内部管理机构也将名存实亡，最终将影响协会的公信力。故协会从事一定的营利业务是必要的，但营利行为要保持在必要的限度内，这一限度就是要能保证会员对协会的有效控制和监督，确保协会的营利行为为法律所允许，并以提高协会服务水平以及增进所有会员的利益和社会福利为准则。通过实证分析发现，治理绩效相对较优的协会其营利收入比重保持在18.42%左右的水平，而治理绩效相对较差的协会其营利收入占比则达到了22.18%。

同时，对于协会展开的商业性营利活动要进行区分，对于已有商业企业能够提供的服务（如会展、培训等业务），要取消其税收优惠，以防止对同类商业企业构成不公平竞争。只有那些市场和政府无法提供而行业协会擅长的服务，如基于对会员信息的掌握和便利集体行动而展开的会刊发行、针对会员企业的辅导咨询等才予以减税或免税（如浙江温州部分行业协会设立的“创新服务中心”“科技信息中心”“技术研发中心”“图书馆”“公共技术服务中心”等技术类服务类信息提供[1])。理论上区分这些竞争性的营利和专门针对会员的营利活动较为简单，但在实践中操作起来却非常复杂，其中的尺度和分寸比较难以把握，需要在以后的研究中作深入的探讨。

6.3 行业协会的寻租问题

6.3.1 寻租概论

6.3.1.1 寻租的定义

米尔格罗姆（2004）将寻租定义为“除了转移租金外没有任何社会作用的活动”[2]。寻租也被视为直接的非生产性寻利（directly unproductive profit-seeking, DUP）（巴格瓦蒂，1980）。塔洛克（1965）甚至认为寻租是“通过政治过程获取某种特权，以此获得利益，并对他人的利益构成侵害”的活动。

实际上，寻租是对某一产品生产的垄断地位及由此产生的超额利润的寻求活动过程。寻租活动可以从不同的理论角度予以解释：（1）产权理论认为是由于模糊的产权关系而引致租金的出现，政府干预不过是其外在表象罢了。因为产权关系模糊和不确定，公共领域空间巨大，交易成本高昂，人们发现追求公共领域的利益比直接的生产经营活动获得的收益更为可观，因此便去寻租。（2）公共选择理论则认为寻租现象是政府干预和不当规制的结果，政府干预和规制导致社会资源配置环节中产生公共领域，于是通过非生产性手段攫取公共领域的租金便成为获得超额利润的有效手段和捷径，寻租活动由此而产生。

6.3.1.2 行业协会的寻租行为

行业协会是特殊利益集团的代表，天生就是最适合进行寻租的机构和典型的寻租装置。因为与单个企业相比，行业协会寻求整个集团和特定多数企业的利益，或者可以在某种程度上代表公共利益，因此无论在道德上还是从法律层面来看，其合法与合理性都大大增强，较少会受到谴责或制裁。协会可以通过向政府施加压力（或游说政府）使其制定有利于本集团本行业的产业政策和贸易法规；说服政府抬高行业的准入门槛，从而获得一定地域内的经营垄断权；通过各种渠道和关系获得政府对技术创新、培训等方面的公共投入等等。

理论上，对于行业协会寻租（包括其他主体的寻租）来说，通过这一行为获得的纯利益（即寻租收益减去成本）如果小于自身以外所遭受的损失，则会导致整个社会的福利减少，如一个热衷于通过非生产性手段影响政府决策，尤其

---

[1] 郁建兴，江华，周俊. 在参与中成长的中国公民社会：基于浙江温州商会的研究［M］. 杭州：浙江大学出版社，2008：107.

[2] 米尔格罗姆（2004）第288页。

是通过牺牲其他集团利益来增进本集团利益的行径会引致社会运行体系的紊乱。但协会寻租的努力也具有一定的正面意义，例如有学者分析通过广告形成的垄断地位有利于增进社会福利。协会寻租从形式上看，相对企业寻租来说也合情合理。

A 行业寻租的福利损失

利益集团寻租之所以饱受各方诟病，主要原因在于寻租行为虽然增加了这些团体的利益，但往往以牺牲其他多数公共利益为代价，因此总体上会造成社会福利减少。

以某一行业协会通过游说当地政府获得某项市政工程的中标权而将非会员企业排除在外为例❶，这一寻租行为将造成外地同行企业受损，而且会引致本地市政服务价格增加，下面以服务价格增加为例来说明行业协会寻租的影响。

如图 6-1 所示，横轴和纵轴分别表示该服务的数量和价格，图中 D 表示需求曲线，为了论证方便，此处假设服务需求弹性为 1。当市场处于完全竞争状态时，产品均衡价格为 P_c，对应均衡数量为 Q_c；而如果市场被垄断控制，则新的均衡价格和产量分别为 P_m 和 Q_m。当市场从完全竞争转为垄断（即本地外地企业同时参与服务转为本地行业协会垄断控制），价格水平减少，消费者剩余减少 P_mP_cBC，其中一部分损失转化为垄断者的利润（图中矩形 P_mP_cAC），另一部分则成为社会消费的净损失，这一部分由三角形 ABC 表示，它也被称为“哈勃格三角形”（Harberger triangle）。

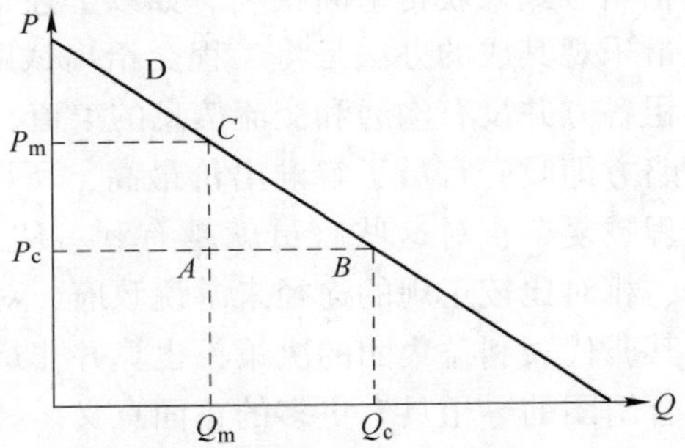

图 6-1 行业协会寻租的福利损失

此外，垄断一旦确立，可能仍然存在很多打破垄断而进行的活动，潜在进入者不得不为此又投入大量的资源，而在位的垄断协会，也会为保持垄断权而不断增加投入。四边形 P_mP_cAC 表示垄断收入，但也会被其他企业所觊觎，因而会付出大量的资源去设法获取这部分利润，在扣除风险因素后，垄断转移的资本价值远远大于四边形 P_mP_cAC 所代表的垄断收入（即“塔洛克四边形”），因为后者仅表示单个时期的转移收入。寻租最终必将导致暂时性收益陷阱（transitional gain trap，塔洛克，1975）产生。这是因为从长远来看，当政府为某一集团设立特权时，它只带来暂时性收益，受益人的继承者往往不能获得超额利润。相反，

❶ 张捷，徐林清等. 商会治理与市场经济：经济转型期中国产业中间组织研究［M］. 北京：经济科学出版社，2010：365.

他们还会由于原有特权的丧失而受损，原因在于通过寻租获得超额利润后，会吸引大量的竞争者用同样的手段试图去争取，最终所有的竞争者将只能获得正常收益。

B 行业寻租的福利效应

虽然寻租是一种非生产性行为，是社会财富在非生产领域的闲置浪费，其导致的财富转移会造成巨大的社会成本和效率损失。但也有学者认为寻租这种普遍存在的活动具有一定的正面意义，例如通过广告形成的垄断地位也有利于改善社会福利。而且从形式上看，与企业寻租相比，行业协会寻租并不算是最差的制度安排。

一个腐败的政府或政府官员可能更希望让单个企业直接来进行寻租，原因在于单个企业并不代表任何公共利益，基于力量和地位的考虑，其只能通过行贿等不正当方式来获得垄断权利。如以上述市政服务招标案为例，对地方政府来说，其最乐观其成的办法是将工程交给出钱贿赂最多的人，这个过程一般暗中进行，寻租各方并没有沟通和交流信息的渠道，不知道对方出价的具体数目，只有接受贿赂方即政府官员了解谁出价最高，所以能准确控制整个过程。寻租的人越多，过程越复杂，对这些官员就越有利。从这个意义上看，如果由行业协会以公开的、相对比较正规的途径来游说政府，对其施加某种压力，从而使政府做出有利于其所代表利益集团的决策，也算并非最坏的安排，相对于企业寻租来说，这种联合组团的寻租具有更多的正面意义。

（1）与企业寻租相比，行业协会的寻租成本较低。Posner（1975）曾指出，实际上大量的成本浪费在了失败的寻租活动上，如果把包括成功和失败在内的所有寻租活动的成本加总起来，其与可获得的租金总额是相当的。举例来说，假定有 6 个厂商来竞标一项政府垄断的项目，若这一垄断地位可以带来 600 万元的租金，且假设每个厂商竞得这项租金的概率为 1/6，则每个厂商为获得垄断地位而付出的成本为 100 万元，即等于厂商对租金的预期的现值。但最后结果是，只有一家厂商成功获取这一垄断地位，并得到了 600 万元的租金，虽然另外 5 家厂商各自也都支付了 100 万元的成本，但最终未分得分文。而在计算寻租总成本时，应该把 6 家厂商的成本全部加总，即等于 600 万元，正好与租金总额相等。如果以上厂商组成两家行业协会，分别由协会各自来寻租，且假定寻租的成本仍然为 100 万元，则寻租总成本降低为 200 万元，比单独由厂商进行寻租减少了 400 万元的开支。假定获得这一项目的协会对租金进行平均分配，则尽管每个厂商得到这一垄断项目的预期收益仍然为 100 万元，但每一厂商支付的代价却降低为 100/3 万元。

寻租活动与公开的市场行为不同，大多在不公开的条件下进行，这导致每家厂商的决策包含着较大的不确定性，因此寻租有时类似于赌博。但如果部分厂商选择合作，或寻找一个代理机构来进行寻租，则会使风险大为降低，特别当这一代理机构具有合法的外在表象时，则寻租成本可能进一步减少。行业协会实际上就发挥了类似的功效。在上述案例中，事实上最多只需要有两家行业协会对政府寻租，任何一方获得这一垄断地位的可能性由此而大大提高（有一半的机会），而且因为行业协会具有合法的外衣，属于一种压力集团，因此对一个追求高效廉洁的政府而言，他们甚至不用付出经济代价。特别地，如果这时只有一家行业协会产生，即部分厂商由行业协会出面寻租，相对剩余一些分散的企业，则通过行业协会的一方获胜的可能性大增。在上例中，如果有一半的厂商组成行业协会，另外一半各自为政，则可以确定由行业协会出面的集团拿到这一租金，这一集团单个厂商预期租金收益提高为 200 万元，而寻租成本仍然是 100/3 万元，单个厂商纯收益提高到 500/3 万元。

（2）长期来看，政府与少数垄断厂商的协作将极大地降低交易费用。行业协会通过寻租成功游说政府提高市场准入门槛，表面上看违反了公平竞争的原则，但长远而言，政府与少数厂商进行协作可能有助于降低交易成本。这是因为如果实行完全竞争，这无疑会增加政府和厂商双方的信息搜寻成本，双方发生摩擦的可能性也相应增加，而且对政府而言，每次都审核协作方的资质可能耗时耗力，繁琐低效，同时发生腐败事件的可能性也非常大。在上述市政工程服务投标中，如果政府提高招标门槛，则参与投标的企业数量会缩减，这有利于政府更好地掌握企业资质，有助于减少风险和信息搜寻费用。

（3）行业协会的寻租行为有助于建立良好的市场秩序。在一些开放度高、竞争比较充分的市场上或行业中（即所谓的原子型市场），可能存在市场主体规模小和过于分散的现象，难以发挥规模经济、范围经济效应。为了争夺市场，企业之间的竞争都比较激烈，但当差异化竞争策略不再有效，只有借助残酷而低效的价格竞争时，企业可能会为了生存而不得不降低产品质量，偷工减料，将消费者的健康、安全以及环保等抛之脑后，引发社会不稳定。通过协会寻租，可以使企业获得公平、稳定的竞争环境，避免市场过度竞争所引发的外部性危机，确保整个市场处于有序运作之下。

因此综合来看，行业协会寻租既存在损害社会福利、导致低效竞争的负效应，但也具有一定的积极作用，特别是与单个企业寻租相比，还有一定的正面意义。

6.3.2 我国行业协会的寻租问题及应对

我国行业协会的寻租问题由来已久，加之又与行业协会-政府关系联结在一起，更增添了其复杂性。

近年来国家正逐步推进行业协会制度变革，提倡“政会分开，会企分开”，并规定政府官员不能到行业协会等组织挂名兼职。但在现实中，一些行业协会非常乐意并争相创造机会力图聘任政府官员到协会任职或挂职，哪怕戴一个徒有虚名的头衔，一些从重要职能部门上退休的前政府官员成为各协会追逐争捧的对象。原因在于协会可以借助退休官员在政府中良好的人脉资源和与政府特定的关系，提升寻租效率，降低寻租成本。

在我国，长久以来行业协会的运行实践也暴露出一些陋习，如官办协会利用与政府特殊的关系（甚至某些利欲熏心的民间协会创造各种机会），借各种排名、评比、编目录等名义强行向企业收费。此即所谓的设租行为（张捷、徐林清等，2010）。协会设租是协会利用其对行业资源的配置权限来攫取经济利益的行为，与一般的服务收费具有本质的区别。经过三十年左右的市场经济改革，我国政府正在逐步淡出自己不擅长的领域，减少对经济活动的行政干预。与此同时，我们要特别警惕政府干预从形式上伪装成一些狐假虎威的“二政府”干预，“换汤不换药”，借机大肆寻租。如果这类协会寻租活动不能被有效遏制，一方面会影响政府的公正形象，阻碍现在进行的经济政治体制改革进程，另一方面也会使协会的公信力和合法性基础受到侵害。

为了治理行业协会（包括其他社会组织结构）的设租和寻租问题，首先的任务是阻断协会与政府之间的利益关联和利益输送关系，遏制某些政府机构或官员通过社会组织牟利的动机。其次，行业协会应该给自己准确地定位，切实回归到自律维权和行业协调的位置上来。行业协会的利益应该和全体会员及整体行业利益保持协调，协会活动要约束在为整个行业和集团谋利益的范围内，而不是谋求协会领导层的局部利益最大化。

6.4 行业协会与行业标准

参与制定产品质量标准和认证，作为行业协会的重要职能之一，已经被写入了各类协会的章程之中[1]。协会参与产品质量标准的制定和认证，一方面可以规范产品的生产管理，为消费者提供判定产品质量的重要信息，节约交易和搜寻成本，保障公众健康、卫生和安全；另一方面，协会主导的产品质量标准和认证一旦上升为国家层面的强制规范或准则，就可能会产生与其他外部利益相关者的利益冲突，进行不合理的集体抵制、拒绝认证或做出错误认证，阻碍创新，甚至为

---

[1] 在我国商会、行业协会发展比较成熟的地区，如温州、上海、深圳，商协会章程或管理条例都明确授予行业协会参与制定本行业的企业产品标准、技术标准、质量标准，推进行业标准的实施和认证等权利。详见《温州市行业协会管理办法》第 31 条第 4 款、《深圳经济特区行业协会条例》第 33 条、《上海市行业协会暂行办法》第 15 条第 4、5 款之规定。而作为全国最有影响力的商会团体——中国工商业联合会，在其章程（《中国工商业联合会》）里面则未能明确提出产品质量标准方面的职能，只笼统表示“为会员提供有关证明”、“承办政府和有关部门委托事项”。

了追求狭隘的行业利益，不惜牺牲消费者、非会员企业或国家的权益。因此，由协会主导产品质量标准制定和认证既可能保障安全、卫生和健康，节约成本，便利消费者，又可能扼制创新，损害正当竞争。如何评定由协会主导的产品质量标准制定和认证，如何辨别其促进竞争和阻碍竞争的效应，如何在保障产品的健康、卫生和安全的同时，提高生产效率或促进创新，如何在授予协会产品标准制定和认证权的同时，规范和约束其利益边界，不以损害其他利益相关者为代价等，都是值得进行深入探讨的问题。

6.4.1 行业标准与认证的定义

6.4.1.1 标准的含义

所谓标准，根据《经济大辞海》的解释，是根据科学、技术和实践经验的综合成果，经过有关技术方面协商同意，由主管机关批准，以特定形式发布作为共同遵守的准则❶。经济学家大卫·海明威（David Hemenway）给出的定义为：标准就是用以比较的基础，或者那些通过权威、习惯或共识而被接受且用来使用的某种东西❷。因此，标准即为用以确定产品的技术含量、成分、物理化学特征、卫生健康安全等的基准。

从使用的范围来看，标准主要指涉有形产品的物理或化学特征，而对于无形产品即服务则没有明确指向，转而以“行规”、“行约”等代之。但必须注意的是，标准（standard）与准则（code）、行规、行约等概念不能等同视之。它们的区别表现在：

（1）从法律效用的角度来说，标准既有不具备法律效力的非正式标准，企业或行业内部的尚未上升至强制性标准的正式标准，也有具备法定效力、由国家强制执行的正式标准。但准则、行规、行约往往是一些不成文的习惯做法或惯例，有些甚至是陋习、潜规则或“霸王”规约，常常拿不到台面上来，根本不被行业外的其他人如消费者等认可或接受，更谈不上具备法律约束力。

（2）从适用的对象上看，标准较多适用于有形的产品，产品标准即是这些产品所要达到的条件或要求。而准则、行规、行约则比较适用于服务类无形产品。行规、行约是对某些习惯做法或惯例的统称❸，比较难以用数字、器具等加

---

❶ 张跃庆，张念宏．经济大辞海［M］．北京：海洋出版社，1992：796.

❷ Harry S. Gerla. Federal antitrust law and trade and professional association standards and certification［J］. Dayton Law Review，1994，471（19）：471~503.

❸ Lopatka（2001）指出，行业准则（profession codes）常常存在于一些职业型协会（professional association，如律师、医生、会计师等协会），这类协会的共同特点是从业者提供服务（service），而不生产产品（product）。详见 John E. Lopatka. Antitrust and Professional rules：A Framework for Analysis［J］. San Diego Law Review，1991，28：301~386.

以衡量。

6.4.1.2　标准的分类

虽然对于标准的分类学界还没有统一的认识，但大致来讲，标准可分为两大类❶：

（1）统一性（uniformity）标准。指那些倾向于减少产品类别，增强其一致性的标准。具体又可以细分为：类别简化（variety simplification）标准和交互式（interchangeability）标准。前者主要指那些用以规范产品种类而导致其类别减少的标准。例如对于盛装去污剂的容器的容量进行统一规定。后者指那些能够确保一种产品可以替换另一种产品或者与另外一种产品补充结合使用来满足某种需要的标准。例如对插头和插孔的尺寸标准做出规定，灯泡和灯座的尺寸标准做出规定即属此类。

（2）质量（quality）标准。即对产品的质量特征规定相应的标准或要求。质量标准按照其实施方法又可分为四类：1）术语型标准（terminology）。即对某些标准给出其统一的名称或专门称谓❷。2）数值型标准（measurement）。通过制定数值基准用以衡量产品的不同特征，如长度、宽度、容量、化学性能等。3）测试型标准（testing）。即规定衡量产品特征的统一方法或途径。4）最低质量标准（minimum quality standard）。即给出产品某种最低要求，必须要能够达到的条件。

按照标准实施的强制程度可分为强制性标准和自愿标准。强制性标准是国家依靠法律强制力实行，所有的产品必须满足其要求的标准类型。最近由国家标准化管理委员会出台的《强制性国家标准管理规定（试行）》（征求意见稿）对有关国家安全、人身健康和安全等相应领域规定必须制定强制性标准。自愿标准是相对于强制性标准而言的，其执行和遵守要由企业或相关当事人依据自身条件自行决定。

另外，根据我国的实践，根据标准的颁布实施机构层次不同，可分为：国际标准、国家标准、行业标准、地方标准、团体标准和企业标准。国际标准主要是国际标准化组织（ISO）和国际电工委员会（IEC）制定的，以ISO9000标准体系为代表，供各国企业自愿采用。国家标准一般是以国家的名义发布，要求强制执行的标准，如食品添加剂标准。行业标准是行业内企业自行协商制定和实施的标准，其效力和约束性一般局限于行业内企业，但关于这一点本身争议颇大，这亦是本书意欲探讨的话题。对没有国家标准和行业标准而又需要在省、自治区、直辖市范围内统一的工业产品的安全、卫生要求，可以制定地方标准，适用于该

---

❶ Harry S. Gerla. Federal antitrust law and trade and professional association standards and certification [J]. Dayton Law Review, 1994, 471 (19): 471～503.

❷ 在乳制品行业，有巴氏杀菌乳、灭菌乳、复原乳等标准之分。详细区别可参见谢鹏：好牛奶，坏牛奶，载《南方周末》2009年10月1日第C17版。

地区内所有企业，如甘肃省制定的《民用建筑太阳能利用规划设计规范》。企业标准是单个企业自行制定和用以规定其产品质量等方面的标准，往往局限于企业内部，对其他企业或竞争者没有约束力。

6.4.1.3 认证的定义

相比于标准，认证的定义简单明了得多。认证是指对某种产品或服务或其生产者（提供者）作出是否符合某项标准的判断和决定过程❶。认证往往是以标准的制定和颁布为基础和条件的，是对标准的比照和实施。因此，为了研究方便，下文将以标准来统称标准和认证。

6.4.2 协会主导的行业标准的影响效应

随着产品技术水平的不断提升和产品专业化不断加强，产品标准制定和执行日益凸显其重要性。推行标准化可以保证和提高产品和工程的质量，降低产品和工程的成本，促进科研成果和新技术、新工艺的推广，合理利用能源和资源，保护环境卫生、保障人民健康和安全，便于国际间技术交流，消除贸易壁垒等。传统的做法是，由政府部门来承担产品标准制定和执行工作。但基于拥有的人员专业化和信息方面的优势，行业协会等中间组织已经或正在开始在许多国家转承此类工作。由于存在对会员企业和自身局部利益的过分追求的可能，由协会来主导标准制定及执行，则该项“公益型”任务极易演变为会员企业限制竞争，阻碍创新和不当追逐私利的工具。因此，有必要首先分析协会主导的标准制定所带来的影响，特别是与竞争相关的效应。

6.4.2.1 协会主导行业标准的积极影响

总的来说，由协会主导的行业标准可以起到协助政府管理，便利消费者，保障产品的卫生、健康和安全等作用。

（1）协助政府进行经济管理，避免直接的政府规制带来的信息不完全、寻租、腐败等弊端。传统社会中由于产品类型和市场参与者有限，政府部门必须而且一般都有能力从事行业标准的制定和执行等工作。但在现代市场经济体系中，市场参与者众多，产品种类繁杂，政府机构由于其掌握的信息有限和其“守夜人”的角色定位，已经不再适宜承担行业标准制定执行工作。而以协会为代表的中间组织，由于其专业性强，与市场的距离近，掌握的信息充分等优势，因此所制定的行业标准更能体现市场不断发展的实际需要，更有利于保护消费者的利益，减少政府制定标准可能带来的腐败和寻租行为。

（2）由协会主导标准化，有利于扩大协会的自治权力和影响力，契合了其

---

❶ Harry S. Gerla. Federal antitrust law and trade and professional association standards and certification [J]. Dayton Law Review, 1994, 471 (19): 471~503.

治理的内在要求，有利于增强协会对潜在会员的吸引，增加会员的覆盖率。而协会会员的增加将促使协会改善治理结构，发扬民主，夯实其自治基础，形成良好的治理循环。

(3) 便利消费者的生活，减少搜寻成本，保障消费者健康和安全。在产品标准制定和实施（无论是否由行业协会主导）后，消费者更容易获得识别产品的品质或其他特征的信息（特别是产品的安全、健康和卫生等属性），减少搜寻成本（search cost），同时便于其在不同品牌的产品之间进行比较，做出明智的消费选择。另外，产品标准化后，消费者不再依赖单一产品或品牌。

(4) 降低准入门槛，便于新进入者，促进竞争。由于产品实施标准化，新进入者只要坚持生产符合标准的产品，就不用花费大量的广告成本去告知或说服消费者（其产品的安全、可靠性），不用担心其产品与其他产品、部件的兼容问题，从而也不用担心受到现有厂商的排挤或报复。同时只要某一行业或产品有利可图，生产者也可以不受限制地进入该市场，便于形成接近完全竞争的市场结构，促进竞争。

(5) 一定程度上有利于产品的创新，使得厂商从知识或技术外溢中获益。由于标准化产品类型的有限性，生产者可以获得集中的产品信息，可以将有限的资金、人力资源投入到符合标准的产品的生产活动和技术创新中，提高研发效率，也可以从知识或技术外溢中（例如通过标准化的交易条件）获益。

6.4.2.2 协会主导行业标准的消极影响

凡事都具有两面性，协会主导的行业标准可以从不同层面方便消费者购买和厂商的生产。但由于协会与生俱来的私利性，在标准化过程中极有可能植入狭隘的行业利益或少数大企业的利益，限制竞争，损害效率。

(1) 减少产品类型，不利于满足消费者的多样化需求。标准化实施后带来的产品类型减少，在一定程度上限制了消费者的多元化需求，降低了消费者的效用。特别是当那些因为不满足某项标准而被排除在外的产品或厂商具有某些特定的特征，这些特征又为消费者所偏好时，对消费者效用的损害更大。

(2) 固定价格，可能形成价格同盟。现有企业还可能因实施标准化而更容易实施价格固定、达成寡占协议、限制产量、划分市场等限制竞争行为。因为产品标准化后，原材料购进和生产工艺将趋于一致，进而使产品的内在品质甚至外观都十分接近，生产企业之间的竞争将集中在价格上，由于存在价格竞争而引发价格战的可能，行业协会易于组织以协调价格为名义的价格联盟，形成价格卡特尔。

(3) 阻碍创新。现有企业的竞争程度有限，使得他们满足于既有的市场利益，丧失追求更高性能或更新工艺的动力，形成不合理的路径依赖，不利于产品的创新和技术进步。

（4）如果协会的治理缺乏民主，可能导致私利化标准的出现。在缺乏民主治理机制的协会内，由于大企业或少数强势会员把持会务，操纵行业协会的运作，将使得某些标准偏袒少数企业的利益❶，而多数其他企业的权益得不到彰显甚至受到侵犯，有时可能以消费者、供货商等外部利益相关者的损失为代价。

6.4.2.3 判断协会主导的标准化竞争效应时应该考虑的因素

从前文分析可以看出，协会主导的标准化既有积极的一面，能够促进竞争，也有消极的、抑制竞争的一面，因此各国反垄断法对标准化性质的认识有两种观点：一种认为其具有促进竞争的效应，相对于限制竞争的作用，其促进竞争的效应更显著，因而适用合理原则；另一种观点认为其限制竞争的效应超过促进竞争，适用本身违法原则，应该予以严格审查。

A 本身违法原则适用时考虑的因素

如果下面的条件满足，则标准化行为应该受到规制或禁止。

（1）通过明示或默示协议来标准化非价格交易条件（nonprice terms of trade）。通过使价格交易条件标准化肯定违反竞争法，这一点各界已经取得共识。但是囿于价格交易条件与非价格交易条件之间的模糊性和相互关联性，因此只要企业通过达成协议来标准化交易条件（无论是否涉及价格）都应视为违反竞争。但有一种情况例外：存在标准化的非价格交易条件，但没有签订任何明示或默示协议，则此种做法一般适用合理原则而受到豁免。因为该标准化交易条件是自愿的，为了便利交易双方订约，减少交易成本，自愿实施。双方可以选择不使用该标准化交易条件。

（2）通过针对第三方的强制抵制（coercive boycott）来执行标准。因为集体抵制往往限制产量，提高或固定价格，遏制创新，如果某项标准是通过强制性针对第三方的抵制而实现的，则标准化行为应该受到法律规制。

（3）在面对消费者抵制时，使用某项标准。在正常竞争市场中，厂商一般没有能力来离间或分化消费者，但通过使用某种标准可以达到该目的。因为使用某种标准就相当于在处于竞争地位的厂商之间提供了一种保证——保证厂商在分化那些不满意的消费者拒绝购买其产品后，其他厂商不会来抢占其市场。

（4）随意使用缺乏合理性的标准。特别是当标准与认证结合在一起，某些产品如果得不到协会的认证，就无法与其他产品兼容使用或单独上市，该标准就是缺乏合理性的标准。

❶ 业界将此行为称为“塞私货”。最早由一些乳制品企业将“蒙牛在制（修）定奶业标准过程中，将一个名叫‘复原乳’的词写进自己制（修）定的《巴氏杀菌乳安全标准》和《灭菌乳安全标准》”的做法形容为“塞私货”。详见谢鹏：好牛奶，坏牛奶，载《南方周末》2009年10月1日第C17版。

B 合理原则适用时考虑的因素

当出现下列条件时，可以考虑适用合理原则：

(1) 标准的自愿或强制性质。自愿标准是指协会颁布了某项标准后，企业自行决定是否遵守，协会只负责向消费者提供某厂商的产品是否符合该标准的信息。而不是设计某种机制保证遵守（如集体拒绝第三方产品，拒绝使用某些便利设施。但采取开除会籍这样的方式来执行标准，则不在受规制之列。因为会员的享有会籍权利是与其遵守协会章程的义务（产品必须符合协会颁行的标准）结合在一起的)。

(2) 被标准排除的产品的竞争力。如果因为不符合现有的标准而被排除在外的产品几乎与现有产品同质，没有任何特征或卖点，则该排除应受到豁免；反之，如果被排除的产品具有一些消费者所偏好的特征，则该排除就违反竞争法。特征可以是有形的性质，也可以是无形的，如服务、分销模式、营销手段等。

(3) 被排除在外的竞争者的特征。反垄断法一般是保护竞争而不是竞争者。任何合理的市场行为都有可能导致现有竞争者的减少，关键是该竞争者是否对竞争具有实质性影响。如果因为标准的实施而将一个普通的竞争者排除，则对市场几乎没有影响，因为他的出局不会产生反竞争效应。如何判断竞争者是否具有实质性影响呢？可以通过其市场竞争策略和市场结构来衡量。如果该竞争者使用与其他厂商近乎相同的策略竞争（如价格)，在完全竞争市场上，则该排除不会产生妨碍竞争的效果。

(4) 采取标准的各方当事人的市场势力（market power）和身份。市场势力是指厂商在其自身利益不受损的条件下，提高价格、限定产量、排除竞争对手或划分市场的能力。如果具有高度市场势力的协会主导标准的颁行，则需要进行谨慎的审查，结合动机、目的、是否具有合理程序等因素综合考量。

(5) 颁行标准的动机和目标。法院一般会审查限制性措施（包括采取标准）背后的动机或目的，以便确定其是否合法。大致来说，好的动机和目的往往有利于受到指控的标准远离本身违法，而不良的动机和目的将会授以被限制的口实。

(6) 标准化是否具有合理、合法的程序。一般来说，一项标准在制定过程中或公布实施之前历经的程序较为公平合理，则其对竞争的损害就会降低。公平合理的程序大概包括四个环节：凡是可能受到此标准影响的当事人，特别是消费者，应该包括在内；受到负面影响的当事人有合适的机会表达自己的不满或诉求；标准的制定过程应该有书面记录，以备日后查验；应该通过公开的途径予以告示。

(7) 涉及消费者的健康、卫生和安全。消费者的健康、卫生和安全应该永远是第一位的，不论该目的的实现是否以牺牲竞争或效率为代价。但问题在于，协会的标准化可能是打着保护公众健康卫生的幌子，行限制竞争、损害效率之实，更有可能其根本不能保证公众的健康卫生。因此，对于以保证公众健康卫生为目的提出的标准化，必须满足以下三个条件：1）该标准化确实有促进公众健康卫生的作用；2）该标准的实施与公众健康卫生之间存在明确的合理的因果关系；3）没有其他办法比标准化更能达到保证公众健康卫生的目的。

综合来看，对于协会主导的标准化，应该确保其既能保证消费者的消费安全和多样化需求，便利消费比较和选择，尽量降低搜寻成本，又能保持厂商之间合理必要的竞争，促进资源优化配置，利于产品的创新。在审查协会标准化行为的时候着重考虑以下因素：标准的自愿性质（对于基本的安全、健康和卫生标准，应该强制实行。对于除此目的以外的标准可以自愿实行），协会的市场势力（当协会处于强势或垄断地位时，应加强对其程序的核查，应充分听取消费者等利益相关者的意见），经过合理的程序（经过必要的听证、收集社会意见、书面记录等步骤），确保安全、健康和卫生的标准优先（永远要保证消费者的安全、健康和卫生处于首要地位）。

6.4.3 我国标准化制度的设计

随着我国经济体制改革的不断深入和市场竞争的愈发激烈，标准化问题开始渐渐进入公众的视野，特别是伴随着近年来我国的食品卫生、安全生产和人民健康领域重大事故的频发，协会及其主导的标准等渐显重要作用，虽然目前我国尚无因标准或认证而产生反垄断诉讼案例，但现实中因标准而引发的矛盾和限制竞争问题日趋增多，需要未雨绸缪，故而有必要对我国的标准化和反垄断制度进行制度探讨和设计安排。

6.4.3.1 改革我国当前的标准化管理体制并实现由国家主导向行业协会主导的转变

目前我国的标准化管理实行统一领导、分级分口管理模式，由国家质量监督检验检疫总局负责统一管理全国标准化工作（由其下属单位中国国家标准化管理委员会（亦称中华人民共和国国家标准化管理局）和中国国家认证认可监督管理委员会（亦称中华人民共和国国家认证认可监督管理局）履行相关的标准制定和认证），各行政部门负责本行业的标准化具体管理。但理论分析和种种事实表明，协会比政府更具有标准制修的优势：1）协会相比政府机关更具有专业化、技术和信息的优势，因而其制定的标准更准确更实用；2）协会的成员企业处于直接接触消费者的位置，更了解消费者的需求和现实环境，因而能够更快更好地回应实践所提出的要求或挑战；3）协会主导标准化工作有助于增强行业协会的自治，减少国家行政权力的不当干预或过度管制。

在我国，虽然标准是由国家主导的，标准的制定权属于行政机关所专有，但很多标准在实践中却是由相关企业制定后并报国家批准而实施的。而国家的审批过程流于"走过场"形式，无任何实质意义。这样既不利于政府专注于其经济管理，又无法体现协会的自治性。还不如直接将标准的制定和执行工作权限授予行业协会，既能发挥其信息优势，又能减轻政府管理负担❶，同时将那些实质上是企业或行业标准的标准还原其本来面目，从而使那些以国家标准面貌出现的"行业标准"不再因其国家标准的身份而逃避反垄断法的审查，使之作为行业协会标准而面临反垄断机构的调查和评判❷。

6.4.3.2 对产品的标准实行分类化管理并注重从"入口"管理向"过程"管理转移

分类化管理是指对于不同性质、作用和影响程度的产品实施不同的标准管理。如对食品、药品、特种设备等事关消费者健康安全的产品实行强制标准制度，其他产品可实行自愿标准，并能根据实际情况的变化适时更改其强制或自愿性质。同时改变现有的重"入口"管理、轻"过程"管理，重标准制定轻标准执行运作机制。标准的贯彻执行和监督管理应该成为标准化工作的重心，但也是难点所在。为此，笔者提出如下设想：

卫生部、质量监督局分别负责药品、食品与特种设备等领域强制标准执行，自愿标准的执行可由行业协会自行组织执行，也可以委托第三方独立机构来执行，但应由国家质监局进行过程监管，保证其程序合理，定期或不定期对原有标准进行审核、检视，对于协会或独立机构的执行标准情况予以监管，防止垄断化倾向。

目前我国实施或公布的强制性国家标准见表 6-8。

表 6-8 目前我国实施或公布的强制性国家标准概况

标准涵盖范围	典型产品/服务类型
有关国家安全的技术要求	人民币伪钞鉴别仪，航空无线电导航台站电磁环境要求
保障人体健康和人身、财产安全的要求	运动头盔、自行车、滑板、轮滑运动头盔的安全要求和实验方法，食具消毒柜安全和卫生要求，大型焰火燃放安全技术规程，食品添加剂，生活饮用水卫生标准，方便面卫生标准
产品及产品生产、储运和使用中的安全、卫生、环境保护、电磁兼容等技术要求	磨齿机安全防护技术条件，医用电气设备——内窥镜设备安全专用要求，磨削机械安全规程
工程建设的质量、安全、卫生、环境保护要求及国家需要控制的工程建设的其他要求	建筑用外墙涂料中有害物质限量，烧结空心砖和空心砌块

❶ 我国《标准化法》第六条规定："对没有国家标准而又需要在全国某个行业范围内统一的技术要求，可以制定行业标准。行业标准由国务院有关行政主管部门制定，并报国务院标准化行政主管部门备案。"《标准化法实施条例》第 19 条规定：制定标准应当发挥行业协会、科学技术研究机构和学术团体的作用。

❷ 鲁篱（2003）第 296 页。

续表 6-8

标准涵盖范围	典型产品/服务类型
污染物排放限值和环境质量要求	船用柴油机排气烟度限值，海洋石油勘探开发污染物生物毒性，铀矿冶辐射防护和环境保护规定，烧碱单位产品能源消耗限额
保护动植物生命安全和健康的要求	牛冷冻精液，粮食作物种子，豆科草种子质量分级，经济作物种子，关中驴
防止欺骗、保护消费者利益的要求	心血管植入物——人工心脏瓣膜，外科植入物——金属材料——Ti-6Al-7Nb 合金加工材，首饰——贵金属纯度的规定及命名方法，假肢配置服务
国家需要控制的重要产品的技术要求	火灾自动报警系统组件兼容性要求，民用运输机场应急救护设施配备，反应堆外易裂变材料的核临界安全

资料来源：国家标准化管理委员会网站，http：//www.sac.gov.cn。

6.4.3.3 建立竞争性的多元标准体制❶

如果某种产品只对应单一标准，则极容易阻碍创新和导致垄断，但假设一项产品的标准是多元的（如既有最低质量标准，又有数值型标准），而且标准的制定过程开放，那么此类标准制度便允许相对较多的产品的存在，从而提供全方位的产品信息，便利消费者的购买，降低标准对创新的阻滞效果。

6.4.3.4 运用合理原则辨析标准化中的阻碍竞争问题❷

对标准化中的阻碍竞争问题，各国多以合理化原则来对待和处理。我国也可以借鉴其他国家的经验，做出如下的思路安排：

（1）首先考查标准化的真实目的。如果标准化是出于对公众健康、卫生和安全的考虑，或者其他一些善意的目的，如促进竞争、提高经济效率，则该标准化具备合法性的首要条件。反之，如果标准化的设定没有合理性基础，或者基于伪合理性基础，实质目的在于限制竞争，获取不正当利益，则该标准化应该受到规制。

（2）其次审视协会的市场势力（market power）。如果某一协会拥有的市场势力较小，其成员企业所占有的市场份额相对有限，则该协会所制定的标准一般不应面临限制竞争的指控；反之，如果它具备较大的市场势力，那就要进入下一步的审查。

（3）再次应该考察标准化的制定过程及认证程序的公正合理性。如果标准制定是由处于竞争关系的成员企业共同完成，则该标准化应当被认为具有公正性。反之，如果标准的制定仅仅是行业内少数企业单独制定，并未取得同行业其他企业认可或参与，则由此制定的标准因其程序不公正而应当受到详尽且严厉的调查。我国标准化工作的程序见图 6-2。

---

❶，❷鲁篱．行业协会经济自治权研究［M］．北京：法律出版社，2003：296.

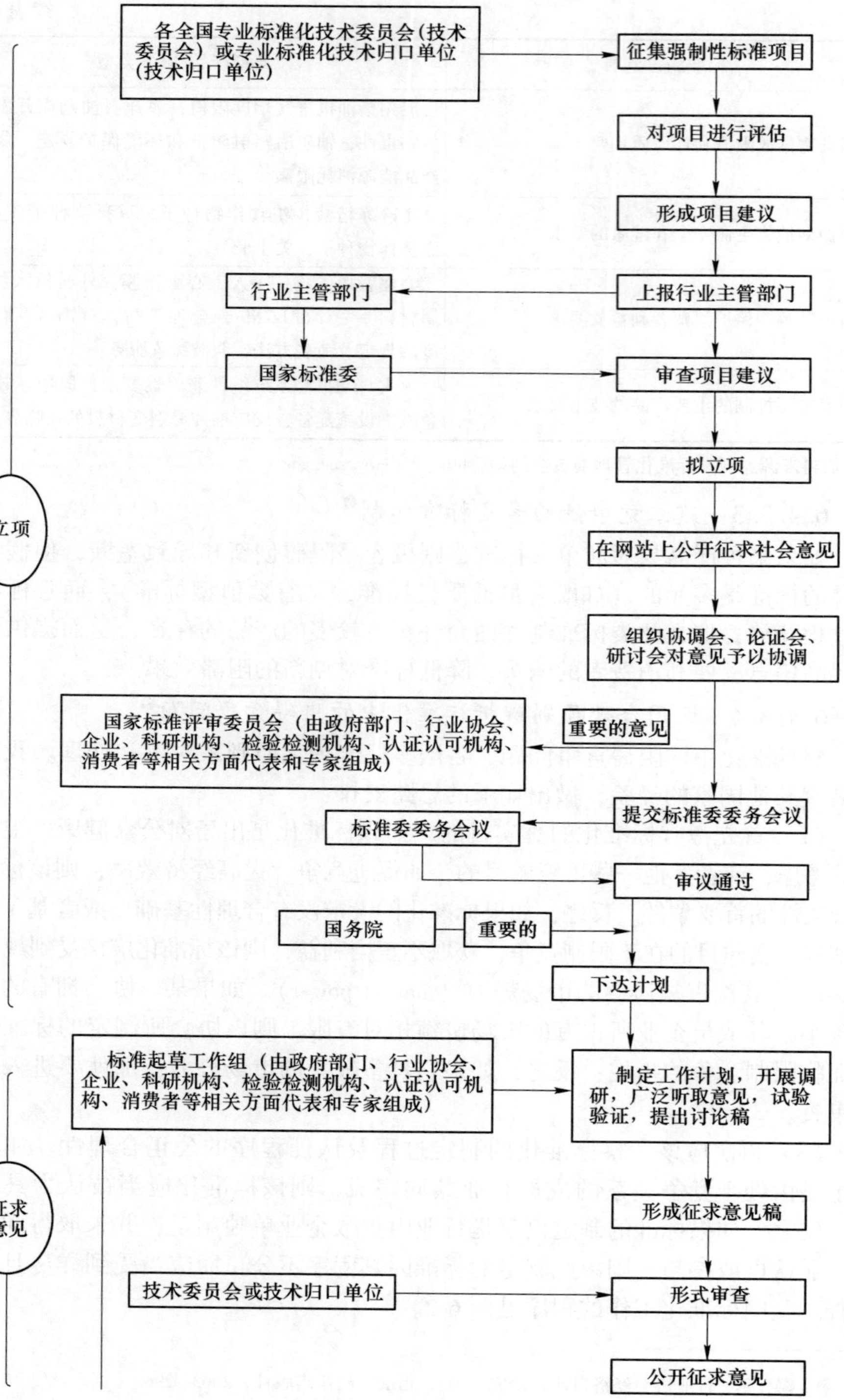
各全国专业标准化技术委员会（技术委员会）或专业标准化技术归口单位（技术归口单位）
征集强制性标准项目
对项目进行评估
形成项目建议
行业主管部门
上报行业主管部门
国家标准委
审查项目建议
拟立项
立项
在网站上公开征求社会意见
组织协调会、论证会、研讨会对意见予以协调
国家标准评审委员会（由政府部门、行业协会、企业、科研机构、检验检测机构、认证认可机构、消费者等相关方面代表和专家组成）
重要的意见
提交标准委委务会议
标准委委务会议
审议通过
国务院
重要的
下达计划
标准起草工作组（由政府部门、行业协会、企业、科研机构、检验检测机构、认证认可机构、消费者等相关方面代表和专家组成）
制定工作计划，开展调研，广泛听取意见，试验验证，提出讨论稿
征求意见
形成征求意见稿
技术委员会或技术归口单位
形式审查
公开征求意见

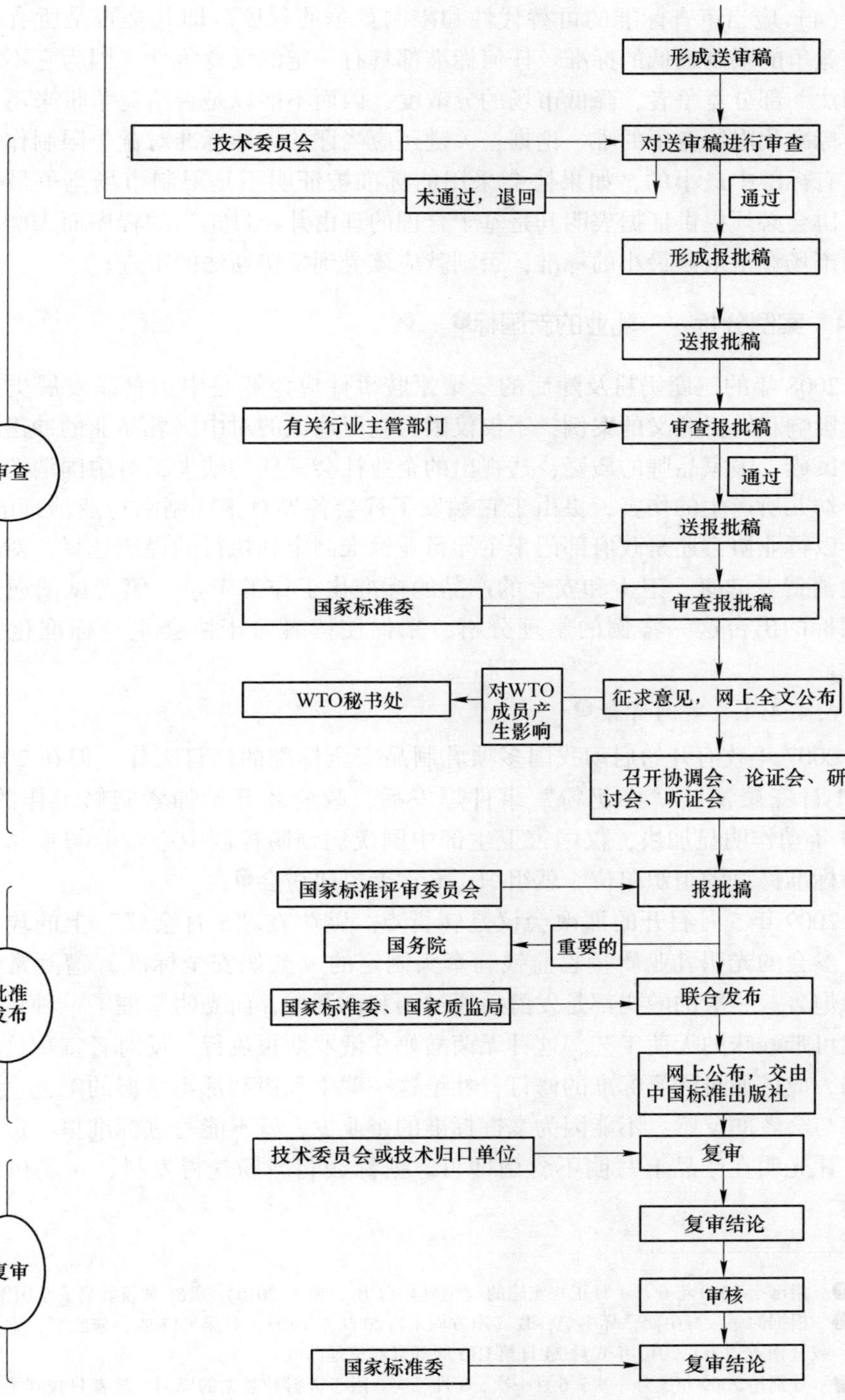

图 6-2 我国标准化工作的程序

（4）应当审查标准的可替代性和限制竞争的程度。即其是否是所有标准中对于竞争的限制最低的标准。任何标准都具有一定的反竞争性，因为它不可避免会淘汰一部分竞争者，降低市场的分散度，因而不能以是否给竞争带来不良影响作为标准化限制竞争的唯一论据，关键还应当评估该项标准对竞争限制作用是否是已有标准中最小的，如果协会采用的标准被证明不是限制市场竞争最小的措施，协会必须提供证据表明其是基于合理的理由并经过正当的程序而未能采用其他对市场竞争限制最小的标准，否则就应该受到反垄断法的审查。

6.4.4　案例分析——乳业的新国标❶

2008年的三鹿奶粉及随后的三聚氰胺事件应该算是中国食品发展史上具有重要影响和转折意义的案例，不仅仅因为它所造成的对中国乳品业的冲击，引发的对民族、国家品牌的质疑，透视出的企业社会责任的缺失，对中国消费者尤其是婴幼儿所产生的伤害，更由于它触发了社会各界对于乳制品行业治理的深思，对于以行业协会还是政府部门来主导行业标准制定和执行的谨慎选择，对于足以影响消费者健康、卫生和安全的产品的标准化工作的考量。笔者试图通过乳业新国标的出台这一案例的整理分析，来促使读者对于协会主导标准化工作的思考。

6.4.4.1　案例背景❷

2007年政府开始启动我国多项乳制品安全标准的修订工作。但在2008年9月11日三聚氰胺“毒奶粉”事件爆发后，政府才开始加紧制修工作的步伐。2009年动作明显加快，仅国家卫生部中国疾病预防控制中心营养与食品安全所作为标准修订的组织单位，就组织了6次专家研讨会❸。

2009年5月召开的那次会议是转折点。蒙牛在“5月会议”上的攻势很凌厉。参会的光明乳业质量总监钱莉牵头制定的《酸奶安全标准》遭到常温奶阵营的炮轰。一般的酸奶都是发酵后通过调和剂调酸，而光明掌握了一种让酸奶下线就可带酸味的无菌工艺，这种无菌酸奶在俄罗斯很流行。反对者宣称这不是真酸奶，应该通过酸奶标准的修订，杜绝这一蒙牛和伊利都不掌握的工艺。这引发很多与会者的反感：不能因为掌握标准的企业少，就不能写进标准里。退一万步说，让光明在产品上写明不含菌即可。据称钱莉当场气得发抖，一场风暴正在酝酿。

---

❶ 指已于2010年6月1日正式实施的《生乳》（GB 19301—2010）等66项新乳品安全国家标准。

❷ 根据谢鹏：好牛奶，坏牛奶，载《南方周末》2009年10月1日第C17版，朱红军：炮打乳业新国标，载《南方周末》2010年6月24日第C13版等资料整理而成。

❸ 分别是2009年5月一次，6月一次，8月三次。限于资料和数据的原因，笔者只找到了其中的五次会议时间，另外一次具体时间不详。

2009年7月17日，西部乳业发展协作会（代表西部地区中小乳企的利益）秘书长王丁棉（不久前曾任广东奶协副理事长一职）和西部乳协执行副会长魏荣禄一起，组织召开了中国（重庆）奶业高峰论坛会议。来自全国二十多个城市、二十多家乳制品企业和数家大中院校的代表，出席了此次“重庆峰会”。他们在会上纷纷指责蒙牛和伊利，在最近的乳业安全标准制定工作中“塞入了自己的私货，并企图忽悠消费者”。会议形成10条意见呈报卫生部。其中引起较大争议的有两个问题：第一，蒙牛在新标准的制定过程中“塞私货”，将一个叫做“复原乳”的词写进了自己制定的《巴氏杀菌乳安全标准》和《灭菌乳安全标准》中。复原乳是指用奶粉还原的液态奶。这种产品在原奶匮乏的条件下非常盛行，大量使用复原乳是发展中国家乳制品消费处于快速增长时期的特有现象。第二，伊利制定的针对牛奶收购环节的《生鲜乳安全标准》，该标准里的“生鲜牛奶蛋白质指标确定为2.95%”的规定激怒了参加重庆峰会的一些企业代表。据称，在国外蛋白质含量标准比较宽松，一般牛奶蛋白质指标为2.7%和2.8%的很常见。

此后，王丁棉和魏荣禄还直接上书卫生部部长陈竺，对标准的制定程序公开指责。上述争论很快引起了卫生部领导的重视，并于8月5日再次召开研讨会。一些持反对意见的企业代表和专家被邀请参会发言，包括魏荣禄。8月19日，召开专家送审稿会议，由专家对标准的每一条规定进行逐一评审和商议。8月20日左右，政府又秘密组织了一次专家与卫生部标准制定部门的沟通会。

在此期间，政府还于2009年6月组织召开过一次专家组会议，其中引起较大争议的是蛋白质含量的具体数据，据原国家乳制品定标组副组长曾寿瀛所说，“会场就像是钟摆，左边喊2.8，右边喊2.95，甚至还有喊2.7的，莫衷一是”。

此后新国标正式颁布前，曾经历了公开征集意见阶段，2010年4月，新国标正式公布，并于6月1日正式施行。其中的一些关键数值规定为：乳蛋白含量为2.8%（1986年为2.95%），菌落总数每毫升200万（2003年为50万）。此外，一度呼声颇高的体细胞标准也未出现在终稿中。对此，主持新国标制定的专家组组长、国家疾控中心营养与食品安全所副所长王竹天在接受采访时表示，新国标是立足国情的产物，蛋白质含量降低、菌落数放宽，是兼顾行业现实，保障散户奶农的利益，而体细胞未被纳入则还考虑到，一旦增设，整个行业将要增加巨额设备添置和检测成本，且监管体系也未做好准备，“步子不能走得太前”，如果急于比照欧盟或发达国家标准，“中国的乳业才要跨了”。另外，对于长久以来的巴氏奶阵营和常温奶阵营的对立，一位观察家认为新国标可能存在刻意平衡利益的影子：强制性地赋予了巴氏奶标鲜的地位，易于其被市场识别，这被视为胜利之处，而作为平衡，在生乳标准上，则适当倾向于常温奶阵营的诉求，如是则互有攻守。

6.4.4.2　案例评析

牛奶业国家标准的制定和修订，因其与骇人听闻的三聚氰胺事件直接相关联而备受关注，同时也饱受争议。就上述牛奶业（包括乳业）标准的制定始末来看，存在以下极具质疑之处：

(1) 缺乏合理合法的程序。虽然国家非常重视牛奶业标准的制修工作，也联合了众多政府机构和职能部门、专家和相关企业，但是作为受牛奶乳制品最直接影响的消费者却始终没能包括在内，整个过程自始至终都没有能代表消费者利益的声音出现，消费者缺乏表达利益诉求的简易通道和途径[1]。这不能不说是该标准制修工作的失败。诚然，消费者作为有限信息的掌握者和“局外人”，对于牵涉其中的专有术语和原理可能非常陌生，知之甚少，如对于菌落总数到底是10万、20万还是200万，乳蛋白量是2.8%还是2.95%等不甚了解，但是，并不意味着可以将消费者的声音和利益诉求撇开置之不理。至少可以邀请消费者协会等机构派出代表或聘请专家作为消费者的代言人参与标准的制定过程，做到程序合理。

(2) 乳业新标准比较多体现大企业的利益，存在“塞私货”现象。实际上，新国标的制定从始至终，都被人指责受企业特别是少数大企业主导。其中具有代表性的细节是，新国标起初吸纳了蒙牛、伊利等大企业参与，这本是国标制定的惯例，但后来引发指责，最终的折中结果是，新国标有史以来第一次没有了起草人和起草单位的栏目。显然这只是从形式上博得认同和避免了嫌疑，但实际上新国标仍然体现少数企业的利益，为大企业所左右。

(3) 乳业新标准修订工作与行业协会缺乏直接关联，以蒙牛、伊利为代表的大企业被提升到与中国奶业协会、中国乳制品工业协会等协会平起平坐的地位。这显然已将奶业、乳制品行业的协会撇在一边，大企业直接以与协会对等的身份参与标准的修订工作和会议，协会的地位和作用可见一斑，内部治理和职能发挥等更加可以想见。由此，更不利于彰显标准的公平合理性，行业内部派系林立，相互攻讦，推诿扯皮等现象就不足为怪。

(4) 乳业标准本身过多迁就企业的利益，对于消费者的基本健康卫生保障不够重视。前文曾经论及，相对于牛奶生产企业（包括在我国备受重视的作为三农问题之一的奶农的切身利益）的短期利润和竞争考量，消费者的健康卫生长远利益和社会效益永远而且必须是排在第一位的。但纵观乳业标准的制修全过程，生产者的利润和生产方式的选择（如乳蛋白质含量、奶牛体细胞）、散户奶农的

---

[1] 最近的新国标正式颁布前，曾经历了公开征集意见阶段。但显然，消费者是一个分散的集合体，其意见和利益表达比较松散，相对于在制定标准好后征集其意见，在制定过程中就吸纳消费者利益诉求更显科学合理。

利益却被摆在优先的位置。散户奶农利益的相对受重视地位，固然与我国的国情和政治体制不无关联，但是这并不表示应该保护落后、不科学的养殖方法和生产方式，尤其是不能通过降低标准牺牲大部分消费者的长远利益来满足少部分人的经济利益，更何况还存在通过技术来改变落后的方法途径。对以蒙牛和伊利等乳业巨头为主的生产者利益的偏袒更属愚俗之举。

（5）标准的强制性质不甚明确。相较于 2010 年 4 月颁布的新国标，旧国标中关于生乳蛋白质含量标准（2.95%）还是非强制性标准，供企业自己选择，无须强制遵守。但从实施的效果来看，该标准几乎没有被严格遵守过。原因很简单，如果企业遵守 2.95%的生乳蛋白质含量标准，则其生产成本就会大大提高，企业利润就大幅下降。除非是强制实施标准，否则没有企业自找麻烦。但是这些关键指标和含量都是事关消费者健康卫生的重要因素，应该从严予以强制施行。

6.4.5 讨论

以协会为主导来制定行业标准在我国固然尚存有诸多值得商议改进之处，还有很大的空间来保证其程序合理、过程得当，公平体现消费者的利益，保证产品的健康卫生。但是更为紧迫和更具争议的问题是，在标准确定下来后，如何确保标准的严格施行，谁来负责监督？是依靠协会自身的声誉和道德约束，还是由政府机构来进行监管，抑或是交由第三方机构来负责管理？这些都是值得深思和深入研究的问题。

6.5 行业协会的价格协调与价格联盟❶

6.5.1 问题的提出

行业协会是同行业企业为了克服市场失灵和政府失效而自主建立的第三方治理机制。价格协调和价格自律是协会功能的重要组成部分之一，在市场机制欠完善的发展中国家尤为必要。我国的许多协会均在其章程中明确价格协调是一项重要职能，国家相关政策对此亦持肯定态度。如 1997 年国家经贸委公布的《关于选择若干城市进行行业协会试点的方案》、1998 年国家经贸委又发布《关于部分工业产品实行行业自律价的意见》、2003 年国家发改委下发《关于引导和规范市场价格行为的通知》、《价格法》第 17 条等规章制度都规定行业协会有进行行业内部价格协调和行业自律的功能，并要求行业组织应当遵守价格法律、法规，加强价格自律，接受价格主管部门的工作指导。

❶ 本节根据张捷、张媛媛所发表文章《我国行业协会价格协调功能的经济学分析》有关内容整理改写而成。

但由于认识分歧和相关法律缺位，至今我国仍然没有对行业协会的价格协调功能予以清晰界定，导致现实中出现两种截然不同的倾向：一种倾向是行业协会“不作为”，对行业内企业的价格竞争或倾销行为完全听之任之，结果往往导致价格战轮番上演，一些企业竞相压价、低价倾销，致使行业的正常利润几被耗尽，企业只能通过偷工减料、以次充好来维持生存，不仅使消费者的利益受到损害（如 2008 年震惊全国的牛奶粉三聚氰胺事件，“大头娃娃事件”），而且频频引发国外的反倾销诉讼和对我国产品质量及安全问题的投诉（如出口美国的“毒玩具”事件和出口日本的“毒饺子”事件），严重损害了中国制造的声誉。一些产品供过于求的竞争性产业尤其是劳动密集型的出口产业经常发生这种情况。另一倾向是行业协会“不正当”作为或作为不当。一些协会打着价格协调和价格自律的旗号，暗中实行价格联盟垄断定价的勾当，限制正常的价格竞争，甚至相互串通联合涨价，损害消费者的利益，致使协会的价格协调活动嬗变为价格联盟。2007 年发生的世界拉面协会中国分会的涨价事件即为典型。这种情况常发生在市场集中度较高的寡头垄断型行业。

鉴于协会与生俱来的反竞争属性，加上方便面涨价等事件的影响，国家有关法律对行业协会组织集体订价行为进行严格限制，如 2008 年 8 月 1 日起正式实施的《反垄断法》第十六条和第四十六条、2010 年 12 月 4 日实施的新《价格违法行为行政处罚规定》第五条和第六条都规定禁止行业协会组织实施以获取不当利润为目的的价格垄断行为。但同时《反垄断法》第十一条以及新《价格违法行为行政处罚规定》第十条却又赋予行业协会适当的价格干预或协调职能。这里的问题在于，行业协会既要有所作为，肩负起维护行业竞争秩序的重任，同时又要谨防其价格协调流变为价格垄断，个中分寸十分难以把握。而《反垄断法》和《价格违法行为行政处罚规定》过于粗泛，缺乏可操作性，很难对协会的价格协调行为加以指引和规范。那么，我国的行业协会是否应当具有价格协调和价格自律的功能呢？如果应当具备这方面的功能，应当如何界定其内涵和外延？有专家指出，关于行业协会在反垄断中的地位问题，在各国有不同的规定，例如日本的相关法律就规定行业协会可以进行出口价格协调等，但这种价格协调必须经过相关主管部门的审批才能执行，相对于欧美，日本的行业协会对企业的约束和协调作用更大。

6.5.2 行业协会价格协调功能与必要性分析

6.5.2.1 行业协会价格协调的必要性分析

虽然很多国家都严格限制行业协会的价格协调行为，但笔者认为，在我国当前的发展条件下，赋予协会价格协调功能尤为必要，原因在于：

（1）我国处于经济转轨阶段，市场机制尚不完善，许多资源类产品仍然实行行政定价或享受政府补贴，易造成价格扭曲和各种矛盾，有必要通过市场和政府以外的第三种机制加以协调。

(2) 受要素禀赋、经济体制和产业结构等因素影响，我国许多最终消费品领域存在严重的产能过剩，过度竞争甚至恶性竞争等现象几乎早已司空见惯。为了防止因价格频繁波动而影响生产，维护正常的市场秩序，促进产业结构的有序调整，有必要赋予行业组织价格协调功能。但是，行业协会的价格协调并非单向涨价或者固定价格，也包括降价或增产，基本目的在于矫正价格扭曲和价格垄断，维护正常的竞争秩序。

(3) 行业协会的价格协调具有一定的合理性，在一定程度上能够提高经济效率。在很多时候，经营者之间通过形成价格联盟等价格卡特尔，旨在避免竞争风险，获取垄断利润。而以协会牵头进行的价格协调，迫于政府规制和社会舆论等方面的压力，往往具有比前者更多的合理性。一些协会的价格协调甚至具有约束其成员攫取超额垄断利润的作用❶，如为了应对可能产生的国外反倾销诉讼，行业协会可组织会员协商定价，防止低价倾销而被人授以反倾销的口实。而且，协会的价格协调并不仅仅局限于会员作为卖方的定价协调，会员作为买方（采购方）进行协调以抗衡卖方垄断也属于协会价格协调的范畴；同时，协会的价格协调还包括市场信息生产和商业仲裁活动，这些活动对于增强市场机制的有效性均大有裨益。

6.5.2.2 行业协会的价格协调功能分析

狭义的协会价格协调是指在协会指导下进行的定价协调活动，广义的价格协调更加丰富，应包括以下几方面内容：

(1) 提供信息和价格咨询服务。行业协会比政府更接近市场，比单个企业更加了解整体行业状况。故协会一方面可以协助政府开展价格调研，便于政府了解行业的价格动态，为政府制定宏观经济政策提供参考；同时还可以向企业提供价格信息和相关服务，以使其成员在制订本企业商品或服务价格时有据可循。

(2) 对行业内外的价格矛盾予以协调。在行业内外，如不同行业之间、行业内上下游企业之间、会员与会员之间、会员与非会员之间、国内市场与国外市场之间、生产商与消费者之间都可能产生价格矛盾和纠纷，如果得不到有效解决，可能会造成不良后果，因此协会需要扮演“斡旋者”的角色来协调价格矛盾。例如在对外贸易中，为了避免恶性竞争所导致的倾销，协会可以组织价格协调；或者当市场供过于求时，为了避免价格战，协会亦需要引导，倡导差异化竞

---

❶ 这一条理由在美国早期的反垄断实践中曾经被一些被告援引过。在 1979 年的广播音乐公司诉哥伦比亚广播系统公司案（Broadcast Music, Inc. V. Columbia Broadcasting System, Inc.）等案件中甚至被法院采纳。见［美］小贾尔斯·伯吉斯. 管制和反垄断经济学［M］. 冯金华，译. 上海：上海财经大学出版，2003：208.

争。值得说明的是，协会价格协调的目的旨在避免恶性价格竞争，而非构建价格联盟。

(3) 制定相关参考价格。协会可以制定行业商品或服务价格的定价原则、定价方法和参考价，包括行业基础价（最低销售价）、新产品销售价（决定标准价格）等，为企业确定价格、收费标准和招投标价格提供参考。在符合《反垄断法》的豁免条款和不损害消费者合法权益的条件下，协会还可以制定某些产品的对外统一销售价、设定共同价格的计算方式乃至行业统一销售价（如美国的新奇士协会——Sunkist）。

(4) 维护成员的合法权益。例如，当协会成员因外国竞争对手的倾销行为而遭受损失的时候，或者当成员的价格利益受到侵害时，协会有权作为成员的代言人进行协调交涉，或者诉诸法律。我国的《反垄断法》和《反倾销规则》对协会组织对外反倾销也做出了明确规定。

(5) 执行价格监督功能。即当协会某些成员的市场行为违反有关价格和反垄断的法律法规时，协会予以指正并进行行业自律，对于严重违规者还可以实施包括批评、教育、曝光等在内的非法律处罚。

在上述功能中，狭义的价格协调主要包括功能（2）和（3），即协调价格矛盾与制定行业参考价。但这两条又最容易与价格联盟所引致的垄断行为相关联，常常受到各界的批判。笔者认为，协会的价格协调功能与价格垄断行为并不能等同，前者是协会作为市场中介组织的正常功能，目的在于防止过度竞争；后者则属于违法行为，应由反垄断等法律予以规制。我们暂且将前者简称为协商定价，将后者称为价格联盟。下文就两者的区别做出尝试性探讨。

6.5.3 协商定价与价格联盟的区别

表面来看，协商定价和价格联盟均属于经营者通过达成集体协议来固定价格的行为，貌似很难辨别，但在实践中，仍然有可能对两者做出较为分明的界定。笔者认为，可以根据传统的 SCP 范式，即市场结构（structure）、市场行为（conduct）和市场绩效（performance）从以下三个要件（维度）来界定两者的区别。

6.5.3.1 市场结构

首先，市场结构是辨别协商定价和价格联盟的前提条件，也是最基础的判定条件。换言之，协商定价只有在行业已经出现恶性竞争的条件下才采用。恶性竞争是协会组织协商定价的基本要件，即在市场处于恶性竞争的条件下，行业内众多企业无法摆脱持续亏损甚至濒临破产的困境，应企业的要求，协会出面组织企业协商稳定产品价格，促成企业自愿达成价格协议。协会促成的协商定价在性质上是被动的，其目的在于避免行业面临整体萎缩。另外协会并不直接参与价格协议，它只促成业内企业达成停止价格倾销的共识，并负责协议的监督执行。

但在市场处于良性运作的条件下，如果协会出面组织行业内企业以协议、合同、倡议或其他方式共同商定产品价格，则应该被视为以牟取垄断利润为目的的价格联盟。价格联盟大都发生在垄断程度较高的产业中，且这些产业所在行业内往往存在被少数大企业所控制的协会。在大企业的掌控下，以协会名义组织的价格联盟，构成对正常市场竞争的侵害，既降低了经济效率，又损害了消费者及社会的利益。

判断市场是处于正常竞争还是恶性竞争的状态有很多标准或方法，包括利用厂商的数目和行业的集中度、平均利润率、产能利用率、最低成本价等一系列指标。但从法律和管理实践来看，大多数国家最惯常使用，同时也易于操作的标准非行业（市场）集中度莫属。下面以日本、美国和德国的实践为例进行概括性介绍。

日本的反垄断法规定了事业人团体（日本称行业协会为事业人团体）的限制竞争行为，指出事业人团体的价格卡特尔如果在一定的交易领域内实质性地限制竞争，原则上都是违法的。然而如何判断行业协会的价格卡特尔是否“实质性地限制竞争”在实践中缺乏可操作性。日本《禁止垄断法》第二条规定：在一个事业者在国内供给的（出口除外）同种商品或劳务在最近一年内的销售总额超过 100 亿日元的前提下，其市场占有率超过 1/2，或两个事业者的市场占有率之和超过 3/4，可以认为具有市场支配地位❶。同时，日本公平贸易委员会（JFTC）实行所谓的“大拇指规则”（rule of thumb），即如果市场中最大的 3 家企业的市场份额总和超过 80%，那么他们之间所达成的任何协议都会对竞争造成极大的限制。如果市场中最大的 3 家企业的市场份额总和达到 50%左右，那就需要考察市场条件中的其他相关因素，而如果这一总和比例低于 50%，则 JFTC 几乎不认为他们之间的协议会对竞争造成限制❷。

美国法律规定政府主管机构在审核厂商之间的协议是否构成串谋时，采用的判定标准是计算市场集中度，使用赫芬达尔-赫希曼指数（Herfindahl-Hierschaman index），简称 HHI。该指数用市场所有参与者的市场份额的平方和来计算❸。HHI 的范围是从 10000（在独家垄断的市场情况下）到近于零（在原子型的市场条件下）。一般把 HHI 测量出来的市场集中状况分为三类：没有集中的市场（HHI<1000）、中度集中的市场（1000<HHI<1800）和高度集中的市场（HHI>1800）。与测度四家企业集中度（CR4）的方法不同，HHI 不仅反映市场

❶ 尚明. 主要国家（地区）反垄断法律汇编［M］. 北京：法律出版社，2004：427~430.

❷ Schaede U. Cooperative Capitalism［M］. Oxford University Press，2000：122，142~144. 转引自鲁篱，周道树. 行业协会价格卡特尔反垄断法规制的比较研究［J］. 河北法学，2007，25（9）：104~107.

❸ 如果市场由 4 个企业组成，它们的市场份额分别是 30%，30%，20%和 20%，那么该市场的 HHI 就是 2600（即 30×30+30×30+20×20+20×20＝2600）。

上 4 家最大企业的市场份额，还反映其他企业的市场份额。

德国《反限制竞争法》第 19 条规定了“市场支配地位”的认定标准。一家企业的市场份额占全部份额的 1/3 或以上，3 家或 3 家以下企业的联合市场份额达到 50%，5 家或 5 家以下的企业联合市场份额占到 2/3，即被视为具有市场支配地位。

从上述几国关于市场地位和垄断势力的认定标准可知，在判断协会引导的价格协调（或价格联盟）是否合理时首先要参照市场集中度数据。但是到底应该用什么标准来判定垄断，有学者提出了相应的参考标准：如果进行价格协调的协会的市场份额不足 50%，则可以认定其价格协议不足以达到限制竞争的标准，可以豁免；如果该协会的市场份额在 50%～80%之间，则需要考虑其他的相关因素，才能判断价格协调行为是否合理。这些相关因素包括市场进入的难度、产品或服务的需求弹性以及产品的趋同程度等。如果所有企业的市场份额超过 80%，则认为是对相关市场的竞争造成实质性影响❶。我国《反垄断法》规定两个经营者的合计市场份额到达 2/3，三个经营者的合计市场份额达到 3/4 的标准就可以推定经营者具有市场支配地位。

同时也应该明确，市场集中度只是判断价格联盟和价格协调的必要条件而非充分条件之一❷，同时还必须综合考虑诸如平均利润率、固定成本、产能利用率等在内的其他指标。

6.5.3.2　市场行为❸

市场行为指协会组织协商定价的行为本身的合法性和合理性。考察协商定价行为最终要归结到对于行为程序的考察上。而对于行为程序，我国的《反垄断法》及相关法律都未能做出明确的规定。本章在此仅介绍日本、美国、德国三国的程序规定，以供参考。

（1）日本 1996 年的《禁止私人垄断及确保公正交易法》对于“价格的统一上调”行为做出了明确规定，要求主要参与调价的事业团体在 3 个月内以同一或相似的价格或比率上调时，须向公正交易委员会提交价格上调的理由报告。对于“旨在克服萧条的共同行为”，也规定要事先获得公正交易委员会的认可，公正交易委员会在做出认可申请的表示时，应事先与主管该事业的国务大臣进行

---

❶　鲁篱，周道树. 行业协会价格卡特尔反垄断法规制的比较研究［J］. 河北法学，2007，25（9）：104～107.

❷　Clabault and Burton（1966）利用美国 1955 年至 1965 年的数据分析了市场结构与市场（共谋）行为之间的相关关系，发现自《谢尔曼法》（Sherman Act）实施后的十年内，企业之间的共谋行为（主要指抬高价格）大多出现在低集中度市场（unconcentrated）上。转引自 Hay and Kelly（1974）.

❸　这里的行为主要指显性或明示协调行为，即公开的、或能提供证明的行为，而不包括默示或隐性行为，如：关于价格信息的交换，各式的倡议或声明等。

协商❶。

（2）美国的反垄断法（包括《克莱顿法》《谢尔曼法》《联邦贸易委员会法》）对协会参与或指导的价格协调行为的限制比较严格，这些行为基本上被认定为违法。但也有例外，即对那些面向国外市场而对美国国内市场竞争不构成阻碍的出口卡特尔则可以豁免，这在《韦伯-波默斯法案》中得到了体现。但即便如此，对于出口卡特尔企业的价格协调也做出了较为严格的程序性规定："对于从事出口贸易的企业，在成立 30 天内，要向联邦贸易委员会提交验证后的书面说明，内容有其办公室及营业地点、企业领导、股东及其他成员的名单、地址，……应委员会的要求，上述当事人还应提供有关其组织机构活动、经营管理及同其他企业、公司、合伙、个人间的关系，……无论何时，委员会确信企业的联合、合同、活动限制了国内贸易或限制了国内竞争者的出口贸易，委员会可向企业、企业官员、代理人发出传票，要求出庭，经调查，若委员会确认为违法，则向企业发出要求企业调整其经营以遵守法律的建议书"。另外，1982 年《出口贸易公司法》规定了出口贸易适用美国反托拉斯法的豁免情况，要求其事先获得由商务部会同司法部签发的出口贸易审查证书（ETCR），ETCR 中指定的人在证书中规定的且符合证书条款的活动，对州和联邦反托拉斯法项下的诉讼享有有限豁免，而且还规定申请人为了获得 ETCR 必须证明其出口行为满足若干条件❷。

（3）德国的《反限制竞争法》也对适用除外责任的价格卡特尔提出了明确的程序性要求。拟进行价格协调的卡特尔首先要向卡特尔当局提出其提价的申请，经过登记，并在申请登记时附上协会合理化的意见书或相应的经济联合会和企业联合会的意见书。上述申请书要公布在联邦公报上。此外还应公布将（提价）建议提交申请登记的人以及（提价）建议所指向的对象。申请登记以后，参与企业每隔两年须向监管当局报告有关事项、章程或合伙合同以及参与企业的范围等方面的变更情况。

从上述几国对协会参与或指导的价格协调行为的程序规定来看，协会在组织协商定价时应当遵循一套建立在民主、透明和公开原则基础上的法定程序。因此，我国可以规定，协会组织协商定价必须先征得会员大会的同意，并要求协会与交易相对人团体（如消费者协会等）协商，就合理价格取得共识后，协会才可代为向物价管理部门申请，申请时必须提出行为的正当理由，行为的主旨、具体内容和实施方法等信息，然后由物价管理部门召开听证会或座谈会，并附上专家学者和利益相关者的意见，在确定协商定价对整体经济和公共利益的利弊影响后方可准予其实施。并可视实际的市场背景对协会的申请行为附加条件、期限或

---

❶ 1998 年以后的日本《禁止垄断法》删除了对于"旨在克服萧条的共同行为"的豁免。

❷ 具体可参见尚明. 主要国家（地区）反垄断法律汇编［M］. 北京：法律出版社，2004：291.

其他限制等。这套程序可以保证协商定价是出于维护行业和社会的整体利益而非为了少数企业的私利。相反，寡头垄断企业之间的价格联盟往往只能采取私下串谋、订立秘密协议的形式，拿不到台面上来，更遑论事先得到主管机构的批准或审核。

6.5.3.3 市场绩效

市场绩效可以从生产效率、消费者福利以及社会总福利等角度来衡量。这里的市场绩效主要集中在社会福利上面。另外，在分析价格联盟的福利效应时增加了生产效率的分析。为了方便起见，本书将协商定价的福利效应定义为竞争（或效率）效应（efficiency effect），将价格联盟的福利效应定义为垄断效应（monopoly effect）。

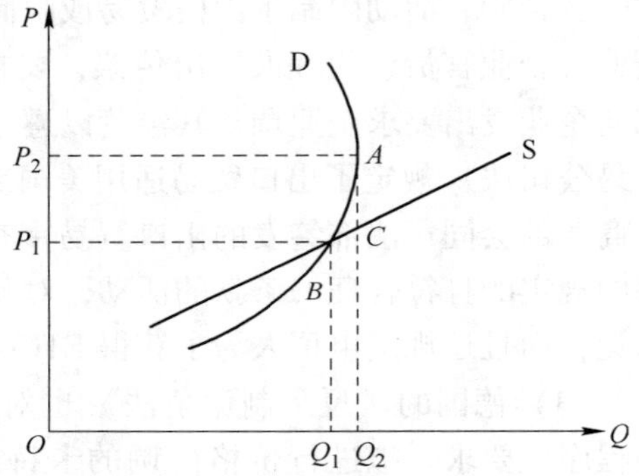

图 6-3 协商定价的福利效应

如前所述，协商定价是以市场存在恶性竞争为前提的，而在恶性竞争的市场上，由于价格的不断下降，企业要想生存下去只能不断压缩成本，当减低成本的正常手段被用尽以后，剩下的办法就是偷工减料、以次充好、降低产品质量，这样一来，市场就会蜕变为一个劣质品驱除优质品的“柠檬市场”。在对产品质量存在信息不对称的情况下，价格会成为消费者判断质量的依据（所谓便宜无好货），消费者行为会出现逆向选择，即其对产品的需求随着价格的下降反而会减少，因而出现向右上方倾斜的需求曲线。如图 6-3 所示，尽管在市场价格 P_1 上供需能够实现均衡（B 点），但它显然不是最优价格，因为价格提高后需求还可以继续扩大。这时如果协会出面组织协商定价，使市场价格由 P_1 提高到 P_2，则消费者对商品的需求量将由 Q_1 增加到 Q_2，假设市场出清，厂商供给量也将增至 Q_2。从福利状况来看，消费者剩余增加了区域 P_1P_2AB 的面积，显示消费者福利状况得到改善；生产者剩余增加了区域 P_1P_2ACB 的面积，显示厂商的福利水平提高幅度大于消费者；社会总体的福利水平为消费者剩余与生产者剩余增加值之和，社会总体福利水平也得到明显改善。显然，协商定价对社会福利产生帕累托改进的效果。因此，我们称协商定价具有效率效应。

价格联盟效果则不同，它以市场正常竞争为背景，市场上的产品属于“正常品”，消费者的需求曲线向右下方倾斜（见图 6-4）。当协会组织价格联盟，将市场价格由 P_1 提高到 P_2 后，消费者对商品的需求量将由 Q_1 减少至 Q_2，假定市场出清，厂商供给量也减至 Q_2。从福利状况来看，消费者剩余减少了区域 P_1P_2AB 的面积，消费者福利状况恶化；生产者剩余增加额为区域 P_1P_2AC 与区域 CBE 的面积；厂商的福利水平虽然提高，但是两者之和却是净损失区域 ABE 的面积（即所谓的无谓损失（deadweight loss）），由此而导致社会总体福利水平下降，社会福利损失区域 ABE 的面积。我们称价格联盟具有垄断效应。

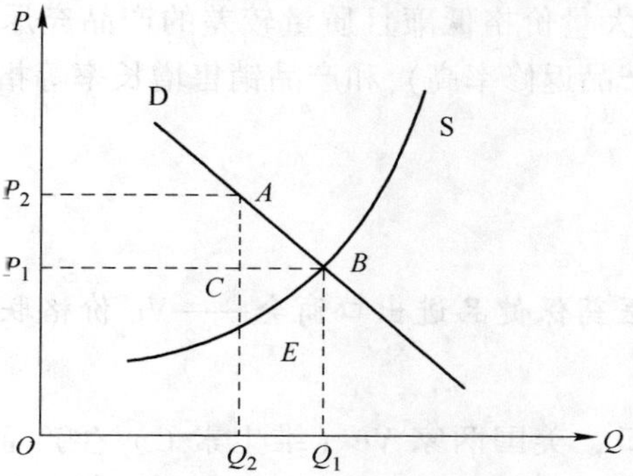

图 6-4 价格联盟的福利效应

另外，如果价格联盟发生在集中度高或者垄断性行业中，则除了上文所分析的无谓损失外，还有 X-非效率（X-inefficiency）（Comanor and Harvey，1969；Parker and Connor，1979）。X-非效率主要是指在垄断条件下，垄断厂商生产成本的增加（相对于完全竞争市场）所造成的资源浪费。如图 6-5 所示，图中 MA 曲线表示垄断厂商收取的价格，C_mB 表示垄断厂商的边际成本曲线，C_c 表示完全竞争条件下厂商收取的价格（或成本）。则矩形 C_mC_cHG 的面积即为 X-非效率损失。因此，当价格联盟发生在寡占型行业或市场时，不仅仅是社会福利受损，同时资源的配置或利用效率也会下降。

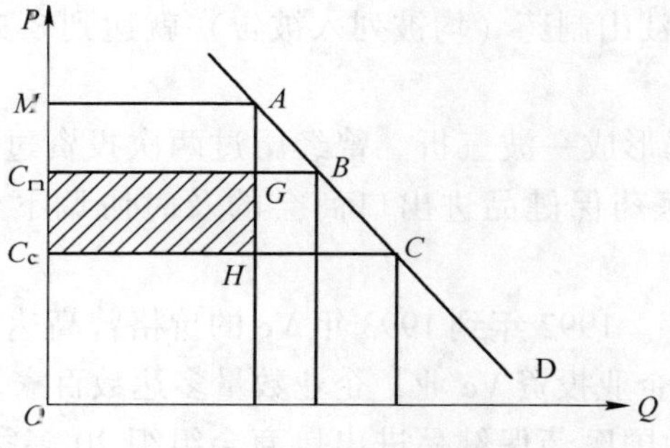

图 6-5 垄断条件下的 X-非效率

从以上理论分析可知，协商定价既增加生产者的福利，也能改善消费者的福利，具有效率效应；而价格联盟在提高生产者福利的同时，却将带来消费者福利的减少（绝对值比前者大），同时还会造成 X-非效率，具有垄断效应。正因为协商定价具有正的经济效益和社会效益，即便在理论上是不被法律所允许，但由于其具有相当的合理性与正当性，也应当得到法律豁免（鲁篱，2003）；而价格联盟则必须受到法律的规制和惩罚。

在实践中，协商定价对消费者福利的影响难以直观判断，一般通过消费者对产品质量的评价（如大量价格低廉且质量较差的产品充斥市场，消费者投诉增加）、产品返修率（产品返修率高）和产品销售增长率等指标，仍然可以得出大致的结论。

6.5.4 典型案例分析

6.5.4.1 中国医药保健品进出口商会——Vc 价格联盟案[1]

A 案例始末

2007 年 1 月 26 日，美国两家 Vc（维生素 C）生产企业 Ranis Company 和 Animal Science Products Inc. 向美国纽约东区法院提起诉讼，称我国六家主要 Vc 生产企业（石药集团旗下的维生药业、华北制药集团旗下的维尔康药业、东北制药、华源集团旗下的江山制药以及中国制药集团和石家庄制药集团有限公司）"在中国医药保健品进出口商会的组织下，形成卡特尔联盟，限产保价，操纵市场价格，使原告企业支付的售价高于加入'价格联盟'公司所给的售价"，违反了美国《谢尔曼法》第 1 条和《克莱顿法》第 4 条和 16 条关于反垄断的规定，希望法院判处被诉方 3 倍于这个损害结果数额的罚金，并承担诉讼费用。

据了解，Vc 是目前我国最大的西药原料药生产品种，我国是世界上最大的 Vc 生产国和出口国。2004 年在全球 12 万吨左右的 Vc 产能中，仅"四大家族"——石药集团旗下的维生药业、华北制药集团旗下的维尔康药业、东北制药、华源集团旗下的江山制药（均被列入被告）就达到 8.2 万吨，占全球 Vc 产能的 68%。

Vc 业的产业格局形成一波三折。曾经历过两次投资过度和价格大战的国内 Vc 行业，都在中国医药保健品进出口商会的及时协调下化解危机，顺利渡过难关。

第一次是 1995 年。1992 年到 1993 年 Vc 的价格曾高达每公斤 14 美元，巨大的利润空间吸引大量企业投资 Vc 业，企业数量多达数百家。为了规范 Vc 行业的无序竞争，1995 年中国医药保健品进出口商会组织 20 多家主要 Vc 生产经销企业，就价格自律议定方案，即通过许可证制度实行出口配额并限价。激烈的竞争

---

[1] 根据《法制日报》（2005-7-5）http://www.legaldaily.com.cn/misc/2005-07/05/content_163338.htm 以及 New York Law Journal. In re Vitamin C Antitrust Litigation, 06-mdl-1738 [J/OL]（2008/11/13）整理而成。

和残酷的价格战最终导致了 Vc 产业的调整和联合，形成了 Vc 生产的“四大家族”。2001 年我国加入 WTO 后取消了这项制度。

第二次是 2001 年。从 2000 年 5 月到 2001 年底，国内 Vc 业因竞相扩产造成巨大积压库存，出口价格从每公斤 5 美元左右往下跌到每公斤 2.8 美元左右，有关国家对我国的反倾销调查一触即发。此时“四大家族”占据了世界市场 60% 左右的份额。2001 年底，中国医药保健品进出口商会专门召集行业会议，包括“四大家族”在内的主要 Vc 企业达成自律协议，自愿控制出口数量和进度，防止国外提出反倾销调查。根据控方两家公司提供的证词，此举导致美国市场上的 Vc 价格由 2001 年 12 月份的 2.5 美元/千克（美国控方提供的证据显示，2001 年 11 月 16 日，在中国医药保健品进出口商会的组织下，Vc 企业通过举手表决的方式达成协议，保持对美出口 3 美元/千克的 CIF 价格）上升至 2002 年 12 月份的 7 美元/千克。2002 年平均价格为 3.2 美元/千克。而 2002 年中国 Vc 行业的利润率达到了 60.2%，同比上升 28.1%。2003 年价格继续上涨，加上 SARS 因素的影响，2003 年 4 月份最高达到 15 美元/千克。2003 年全年平均价格为 5.9 美元/千克，比上年上涨了 84%。控方进一步宣称，虽然在 2003 年 11 月底和 12 月份时，Vc 价格下调，但是中国 Vc 企业在中国医药保健品进出口商会的组织下又达成提价限产协议。2003 年 12 月初价格为 3.2 美元/千克，月底涨至 9 美元/千克。另据被告之一江苏江山制药承认，2003 年 6 月中国医药保健品进出口商会曾组织上述中国六家 Vc 企业设定一个最低价 9.2 美元/千克。而且美国公司指出，中国 Vc 企业是唯一能够在 4.5~5 美元/千克左右的成本条件下生产出 Vc 并出口到美国的企业，因此不存在所谓的恶性竞争问题。

所有上述证据最终都被法院采纳，其中有些部分是中国被诉企业主动提供或承认的。中国医药保健品进出口商会组织的上述价格联盟行为最终都被法院判为违反美国反垄断法，商会和涉诉企业最终也都承认了上述事实。

值得一提的是，商务部、海关总署 2003 年 11 月曾发布第 36 号令，我国自 2004 年 1 月 1 日起对 Vc 等 36 种商品试行出口预核签章管理。这些商品的出口企业到海关办理报关手续时，必须持经进出口商会签章后的合同，否则不得申报出口。商品名录由商务部会商海关总署，在商会申请的基础上进行调整并对外公告。同时发布的《出口商品预核签章操作程序》规定，由中国轻工工艺品、中国医药保健品等 6 大进出口商会[1]“负责出口商品预核签章的具体实施工作”，商会要对企业的出口合同填写预核签章表，在出口合同的成交价格和数量位置还要加盖预核签章的防伪印章。预核签章一般不固定特定商品的价格，而是给出一

---

[1] 中国轻工工艺品进出口商会、中国五矿化工进出口商会、中国食品土畜进出口商会、中国机电产品进出口商会、中国医药保健品进出口商会、中国纺织品进出口商会。

个价格范围。

因此，中国医药保健品进出口商会的上述价格协调行为是否能够得到豁免取决于商会是否是履行政府（商务部）出口秩序规范职责，或政府授权其限产调价，或纯粹的“民间团体组织企业控制价格”（如果能够证明企业是在服从本国政府在出口价格方面的强制性规定，鉴于制定强制性的出口价格是一国政府的主权行为，美国法院将根据国际礼让原则给予相关企业豁免，比如1997年的新西兰乳制品案曾经得到豁免）。虽然商务部派代表到法院作证，但最后当地法院认定中国医药保健品进出口商会的价格联盟行为的“政府”角色不明确，而被裁定为“民间团体组织企业控制价格”，最终受到了处罚。

B 简要评析

不仅商会、行业协会等行业组织在国内筹划、参与或领导行业内企业实行价格联盟会受到严格的监管，在国外市场上进行类似的价格协调控制时更容易被当地政府监控，特别是所涉及的企业在市场份额、调价程序等方面涉嫌违反所在国的反垄断（或反托拉斯）法时，尽管许多国家的政府机构对于本国商会/行会组织价格联盟只涉及出口市场而且不对本国市场造成影响时给予豁免。

本案中中国医药保健品进出口商会所组织的会员企业多次集体调价虽说针对的是出口市场，对国内市场的竞争无显著影响，但是由于所涉及的企业在市场结构（以市场集中度衡量）、市场行为（调价实施程序和过程）等方面都不满足恶性竞争条件下的价格自律行为要件，因此被裁定为正常竞争条件下的价格联盟，属于反托拉斯法规制的范畴。

该案例是在中国医药保健品进出口商会为防止出口企业低价竞争而被国外提起反倾销诉讼的背景下实施的。因此，作为行业组织，行业协会不仅要正确把握好防止行业内企业进行恶性竞争（出口市场上会被提起反倾销诉讼）而采取协调行动的尺度，同时要抑制企业利用商会或行业协会平台实施违反正常竞争的价格联盟冲动，这需要行业组织从市场条件、程序等方面谨慎考量。

6.5.4.2 世界拉面协会中国分会方便面联合涨价案❶

A 案例始末

2007年7月下旬以来，我国市场上方便面涨价的消息引起社会各界广泛关注。国家发改委不断收到群众投诉举报和律师来函，反映“世界拉面协会中国分会”（以下简称方便面中国分会）及相关企业涉嫌串通上调方便面价格。国家发改委随即立案调查，并约见有关人员核实了解情况。

经查明，2006年底至2007年7月初，方便面中国分会先后三次召集有关企

❶ 商务部条法司，尚明．反垄断法理论与中外案例评析［M］．北京：北京大学出版社，2008：98~100.

业参加会议，协商方便面涨价事宜。

2006 年 12 月 26 日，方便面中国分会在北京召开一届八次峰会，研究棕榈油和面粉涨价引起的企业成本增加问题。会议商定了高价面（当时价格每包 1.5 元以上）、中价面（当时价格每包 1 元以上）和低价面（当时价格每包 1 元以下）调价的时间和实施步骤。

2007 年 4 月 21 日，方便面中国分会在杭州召开一届九次峰会，再次研究方便面调价日程。会议明确了调价幅度和调价时间，高价面从每包 1.5 元涨到 1.7 元，计划 6 月 1 日全行业统一上调。

2007 年 7 月 5 日，方便面中国分会又一次在北京召开价格协调会议，部分企业决定从 7 月 26 日起全面提价。

最终达成一致意见：康师傅、统一、今麦郎、日清、农心等十多家知名企业全部参与此次统一调价，其市场覆盖率达到 95%以上。与此同时，1 元钱以下低端面的价格调整，将由各企业根据自身情况采取不同的提价策略。

7 月 23 日，该会负责人接受媒体采访，公布了涨价消息，社会反响强烈。

有关企业按照以上会议协调安排，从 2007 年 6 月起，相继调高了方便面价格。

对于这次涨价事件，国家发改委认定：方便面中国分会多次组织、策划、协调企业商议方便面涨价幅度、步骤、时间；印刷会议纪要在《中国面制品》杂志刊发，向全行业传递龙头企业上调价格的信息；通过媒体发布方便面涨价信息，致使部分地区不明真相的群众排队抢购。上述行为严重扰乱了市场价格秩序，阻碍了经营者之间的正当竞争，损害了消费者合法权益。此外，方便面中国分会在被调查过程中，没有提供完整的会议纪要文本；接受调查后，通过媒体发表不实言论，否认串通涨价事实。

方便面中国分会和相关企业的行为，违反了《价格法》第 7 条“经营者定价，应当遵循公平、合法和诚实信用的原则”，第 14 条“经营者不得相互串通，操纵市场价格”，第 17 条“行业组织应当遵守价格法律、法规，加强价格自律”的规定，以及国家发改委《制止价格垄断行为暂行规定》第 4 条“经营者之间不得通过协议、决议或者协调等串通方式统一确定、维持或变更价格”的规定，已经构成相互串通、操纵市场价格的行为。基于以上认定，国家发改委做出以下处理意见：责令方便面中国分会立即改正错误；公开向社会做出正面说明，消除不良影响；宣布撤销三次会议纪要中有关集体涨价的内容。对方便面中国分会和相关企业的串通涨价行为，国家发改委将深入调查，并依法做出进一步处理。

B 简要评析

本次涨价的直接原因是由于方便面原料成本上升。据报道，自 2006 年以来，方便面原材料的价格不断上涨。其中，占据方便面成本 18%的棕榈油，从 2006 年均价 4200 元/吨，已猛增到 8000 元/吨，仅此一项，方便面成本即增高

11.12%。而占方便面成本三成的面粉价格也由2006年的均价2.04元/千克，上涨到2.16元/千克，由此影响到方便面成本增高1.72%。此外，辣椒、马铃薯淀粉等主要原材料也都在上涨。由此可见，方便面因原料价格的上涨而导致的成本增加在13%以上，有的企业原料成本则上扬20%。

在市场经济下，企业是营利性组织，因成本增长而实行涨价策略，是企业的理性选择。因此，当时占据国内六成市场的中低价方便面都开始整体涨价，最高提价幅度达到40%，平均在20%左右。如此涨价，是否像大多方便面企业声称的那样，不涨价就会亏本经营。对此，也有不同意见者。白家粉丝宣传部主任胡远强指出，虽然方便粉丝和方便面产品有所不同，但是产品成本构成基本一致。"方便面总成本上升不到10%。但是，方便面企业曾于2007年春节前后暗中'瘦身'，其变相涨价涨幅就高达10%。此次涨幅平均达到20%。前后加在一起今年（笔者注：2007年）方便面涨价达到30%。"

方便面协会宣布的"企业几乎是亏本经营"也是站不住脚的。康师傅所属的康师傅控股公司是香港的上市公司，因此财务状况相对透明，其一季度业绩报告显示，康师傅的方便面营业额同比增长29.44%至3.51亿美元，占公司整体营业额的52.07%，营业利润为2460.5万美元，上升30.83%。这样的业绩，显然不是亏本经营。

方便面价格属于市场调节价，企业有权自主决定。在方便面生产成本普遍上升的情况下，企业适当提高方便面价格是可以理解的。但是，企业调整价格的行为必须符合现行法律规定。企业可以涨价，但不可以联合涨价，尤其不能由行业组织牵头实施价格联盟。在市场上，可能会出现企业相继调整价格的行为，如果这种调整没有事先共谋，即没有一致的意思表示，一致行动只是巧合，那么法律不应对此进行干涉。相反，企业之间通过协商，以契约或其他协同方式达成价格联盟，则违反了《反垄断法》的规定，属于违法行为。

6.5.5 总结

协商定价与价格联盟是一对关系非常微妙的概念，不论从理论上还是从实践操作上来看都是如此。虽然本节按照SCP范式对两者作了初步的界定和分析，列出了多种判断标准和指标，但是在现实中，各国的反垄断法（或反托拉斯法）将主要判断界限都集中在市场集中度上面。本章得出的初步结论是：在产业集中度比较高的行业内，出现价格联盟时往往是属于反垄断法规制的范围。但是不能将此结论绝对化[1]，即认为只要在集中度高的行业，出现价格上升即为价格联

---

[1] 对于将衡量垄断的指标唯一设定为市场份额的集中度这一观点，张维迎是不赞同的。详见张维迎. 市场的逻辑［M］. 上海：上海人民出版社，2010：79.

盟，必须予以制止或制裁的做法是片面的。得出结论还必须综合考虑其他因素，如固定成本、产品利润率、合法性程序的审查等。同时，不可否认，这些产业集中度高的行业往往是寡占型行业，最容易被视为出现合谋或涉嫌违反反垄断法，正如美国著名企业家亚科卡在任克莱斯勒公司总裁时所说，他很害怕和通用或福特汽车的总裁一道吃饭，因为这样做很容易被怀疑他们之间有什么合谋，让新闻界知道，以为三大汽车公司又在串通价格，使消费者利益受损❶。

另外，本书虽然对协商定价和价格联盟作了区分，即在行业出现过度竞争时，往往需要以协会为指导进行协商定价，以避免恶性竞争；价格联盟则是一种违反正常竞争的行为，属于反垄断法的规制范畴。但在产业政策和竞争政策两者的权衡上，各国的考虑并不一样，要根据本国的经济发展水平和发展阶段来选择。一般认为，在一些经济发达国家，产业组织政策的主要目标取向是反垄断，防止经济力量过分集中；而在一些发展中国家，为提高优势产业的国际竞争力，一般把着重点放在反过度竞争、提高产业集中度上。关于不同发展阶段的政策选择，魏后凯（2003）提出近期内应把产业组织政策的重点放在提高产业集中度上，以解决我国面临的集中度过低导致过度竞争的问题；而从中长期发展来看，国家产业组织政策应逐步转向反过度竞争与反垄断并重，并最终把着重点转移到反垄断、防止经济力量过分集中上来❷。

6.6 行业治理失灵的矫正——行业协会的自律与他律机制的构建

行业协会是一种互益性会员制组织团体，一般奉行自由入会、自愿进出的原则，并实行自主办会和自主治理，会员企业根据协会的章程和规章制度平等地参与会务管理，建立内部治理结构和治理规范，涉及多数会员利益和整体行业利益的问题由会员企业民主决定，排除任何形式的外在干预或政府控制，因而行业协会的治理主要依靠自律机制解决。但行业协会作为一种互益性团体组织，具有狭隘的利益代表倾向，往往在过于追求成员利益或行业利益的同时造成对外部利益体的侵害，出现自愿失灵，如价格同盟、不合理的集体抵制、不合理行业标准的制定或集体寻租等，因此必须对行业协会的狭隘利益倾向进行一定的规制和引导，通过制度设计来保障行业协会在追求自身利益的同时又不造成自我利益的过度膨胀（甚至以牺牲社会公共利益为代价），为此必须构建合理有序、行之有效的外来规范约束机制——他律机制，动用合理的政府力量、第三方团体、消费者和社会舆论的力量，促使行业协会朝正规化、合理化方向发展。他律机制由哪些

---

❶ 生活时报［J/OL］.（1999-07-02） http：//www. gmw. cn/01shsb/1999-07/02/GB/1027% 5ESH5-238. htm.

❷ 魏后凯. 市场竞争、经济绩效与产业集中：对中国制造业集中与市场结构的实证研究［M］. 北京：经济管理出版社，2003：231.

内容组成，如何建构行业协会的他律机制，怎样在保持行业协会自律的合理范围条件下引入他律机制，如何处理好行业自律与他律的关系，本书试图对于行业自律与他律的这些问题进行初步的探讨。

6.6.1 行业自律与行业他律的关系

6.6.1.1 行业自律

自律一般视为 self-regulation 的中文翻译，《布莱克维尔政治学百科全书》将自律定义为“某个人或集体管理其自身事务，并且单独对其行为或命运负责的一种状态。更狭义地说，它是根据某个人或集体所特有的‘内在节奏’来赞誉自主品格或据此生活的品质（这需要摆脱外部强制）的一种学说”。上述定义强调相对于国家系统而存在的个人或社会组织，重视个人或组织制定规则、自我管理的界限和能力。因此，自律是指在一定的社会团体中，由其成员独立自主地制定章程，并由章程支配其成员行为，包括自我设权，自我约束，自我管理，自我服务，自我发展和自我实现，是一个相对于他律的概念。

相应地，行业协会自律是指行业协会全体成员共同民主制定并执行规则，以此来约束自身行为，实现行业内自我监管，维护自己的利益。换言之，行业协会全体成员既具有制定规则的权利，又必须践行规则的相关义务。一般认为行业协会自律包括以下几方面内容（魏静，2007）：（1）自我规范。协会通过制定和实施行业规则，规范成员的经营活动，提高竞争效率，维护交易秩序。（2）自我管理。协会自行管理团体事务和成员间的公共事务，提升管理效率，促进协会的发展。（3）自我约束。协会通过内部机制，约束成员的行为，使之符合法律规定和社会其他方面的合理要求。（4）自我控制。行业协会通过制定和实施团体内公共政策，规范团体及其成员的业务发展方向和策略步骤，并将团体、成员利益与社会整体利益以及相关团体利益予以合理协调，自觉将团体及其成员利益的自我追求保持在社会许可的合理限度内。（5）自我实现。协会自律的目的是为了实现协会组建的宗旨，即最大化全体成员的共同利益。

6.6.1.2 行业协会的他律

他律是相对于自律的规制手段，是以包括政府法规、新闻舆论或其他第三方机构在内的外来力量对行业协会进行规制管理、评估监督的过程。他律机制主要包括四方面内容：

（1）法律规制。国家立法机构发布的相关法律构成了行业协会的行动大法，既是对行业协会行为的系统约束，又是判断其行为正当性的基本标准。法律规制一般对行业协会的主体资格、管理运作程序、税收、不公平竞争等内容做出规定并予以必要的管制。

（2）行政规制。在我国，行业协会实行登记管理机关和业务主管单位的

“双重管理”体制。我国《社会团体登记管理条例》规定民政部门是社会团体的登记管理机关，其他行政部门（一般是工商联、经贸局等）是社会团体的业务主管单位。并在第二十七条和第二十八条分别对登记管理和业务主管单位的职能予以明确。

(3) 舆论监督。主要是指大众传播媒介的监督。舆论监督的作用主要体现在两个方面：一方面大众传媒的揭露成为政府规制机构和司法机构的主要信息来源。如我国牛奶业爆发的三聚氰胺事件中，相关问题就从媒体的披露开始。另一方面，媒体“曝光”影响公众的态度和行为，对行业协会造成巨大舆论压力，从而使之保持相对克制的态度。

(4) 第三方独立监督。第三方通常是具有权威公正的中间机构或组织。由它们制定标准，对行业内的成员机构之工作和项目进行评审、鉴定，并在此基础上确认或否定成员机构自己所做的评审结论，对行业协会的治理绩效进行适当的评级并适时提供给决策者或公之于众，以达到对行业协会进行监督的目的。

6.6.1.3 行业自律与他律的关系

所有现代政治理论都受到组织的自治和对组织的控制这对矛盾的困扰。社会团体有效行动的必要条件是拥有自治地位，即它应有独立于其他组织控制的自主性。但是独立或自治也存在一定的局限：组织可能利用各种机会增加不公正，助长狭隘的团体主义或个体主义意识，漠视更广泛的公众利益。因此，这些团体应当自治还是被控制？换句话说，应当有多少自治或多少控制，应当如何处理自律与他律的关系或限度？

一般认为行业协会的自律分为三个层级：最低层级的自律是法律约束和权威监督的结果；其次一级的自律是舆论监督与道德规范约束的结果；最高层级的自律则已成为行为主体的人格，超越一切的监督而达到自为的境界（周志忍等，1999）。自律的形成和自我约束的内化乃一复杂的辩证过程，很少有人或团体在无任何外力约束的情况下进行自律。早在19世纪初，黑格尔（1961）就认识到“同业公会必须处在公家这种上级监督之下，否则，它就会僵化、固步自封而衰退为可怜的行会制度”。

对大多数团体而言，自律行为的形成仍有赖于外部力量的监督与约束，即他律。行业协会的自律更是如此。由于行业协会的反竞争性和自愿失灵，我们不能期望行业协会完全按照符合社会福利最大化的路径来行事，总有不规矩的情况出现，例如价格联盟，不正当的集体抵制，对于环境、公共健康卫生安全的漠视等问题。因此，鼓励行业协会自律规范，以阻止政府过度掌控行业协会，但不能忽视法律等外部力量对行业协会的他律与监督。自律规范在行业协会组织法规高度发展的国家最为盛行与成功，相反地，在行业协会相关法令才现端倪的国家，有意义的自律规范并不存在或尚未成熟。这表明，规范行业协会的法律与协会本身需要更高的行为标准的自律之间相辅相成。

另一方面，虽然行业协会自律的形成有赖于他律，但对政府监督控制等他律力量的依赖越大，越会削弱行业协会自律的力量，反倒不利于行业协会的治理，不能带给其成员当初加入行业协会时所期望得到的利益。因此他律力量不宜干预行业协会的内部运作程序和事务，如给予协会关于日常管理、制定和执行行业道德规范、内部奖惩等权力，而应该让行业协会自己管好自己的事情。

因此，必须在行业自律与他律之间找出并维持一个合理的程度，让自律能从低层级向高层级转化，由他律方特别是政府所施加的影响仅维持在建立辅助性制度的最低限度（对于固定价格、不正当集体抵制等行为的认定，对于产品的环境保护、质量安全和公共健康卫生的强制标准），以发展为主，规制为辅，通过促进与强化行业协会的能力，让行业协会可以学习管理他们自己的组织与未来。

6.6.2 目前我国行业协会自律与他律机制存在的问题

在我国，行业协会的自律机制还不完善，自律水平和效果尚处于较低层次，行业协会的他律性监管也刚刚起步，他律力量有待进一步加强，他律机制亟待改进。就目前而言，面临的问题有：

（1）以自律机制为基础的行业协会治理过程中反竞争行为时有发生。这不仅凸显了自律机制的狭隘与不足，更表明行业协会的他律力量羸弱，他律机制极不完善。

如前文所述，行业协会存在着“志愿失灵”，可能牺牲公共利益或第三方利益来促进保护本协会本行业的利益。如 2005 年初，在广州发生的“广州‘眼镜直通车超市’状告广州市眼镜商会”一案中，广州市眼镜商会号召其会员抵制广州眼镜直通车超市（非商会会员）。2007 年，“世界方便面协会中国分会”组织本行业龙头企业召开峰会，研究棕榈油和面粉涨价引起的企业成本增加问题，接着发生方便面涨价的事件。2008 年，震惊全国的奶粉中添加“三聚氰胺”事件和 2011 年皮革奶事件等等。这些事件都凸显了行业协会自律机制的局限性，协会存在扩大化合理化局部利益的倾向。对于行业协会的他律监管存在相当大的真空地带，他律机制尚未建立起来。

（2）现有的双重管理体制已不适应行业协会发展。双重管理体制是计划经济体制的产物，在我国有关行业协会等社团组织管理的规范法律制度框架尚未建成之前，曾经发挥了重要的监督管理作用。但随着市场经济体制的深化，以及中国民间行会自身的发展，双重管理体制也日益显示出其局限性。

1）合法登记的行业协会等民办社团组织要么是半官半民的组织，要么是在政府严密的掌控之下。越来越多的行业协会等社团组织不能通过合法通道进行登记注册，而选择其他的权宜之途，民间自发形成的行业协会由于现行制度（如一业一会、一地一会）的限制，无法合法地纳入现有体制之中，而游离于体制之外，但为了获得合法身份，往往不得不屈服于政府设置的种种障碍，因此被抹上了浓重的政府选择的色彩，同时出于对优惠政策和资源资金的考量，它们不得不听命于政府。

2）政府越来越难以对行业协会进行有效的过程监管。“组织缺位”在中国并不是监督主体的缺乏，而是表现为官方监督主体的多样化和激励不足。民政部门、业务主管部门、业务指导单位、审计部门等都对行业协会负有监督的职责，但现有法规缺乏对于部门之间的职责分工，以及各监督主体实施监督的程序和手段的明晰界定。监管主体多样化在理论上导致奥尔森所提出的“集体行动的逻辑”，在实践上导致责任不清、权限不明、相互推诿等问题。

3）限制竞争原则不利于行业协会的健康发展。政府不当监管造成的另外弊端是人为地限制行业协会之间的竞争，主要表现为两个方面：一是分级管理带来地域上的限制竞争。《社会团体登记管理条例》规定了我国实行“分级登记，分级管理”的社团管理制度。这种管理模式在一定程度上符合当前的国情，但是我国的分级管理还要求行业协会的空间范围不能超过其行政管辖区域，这造成协会之间在地域上相互分割，各自为政，互不干扰，互不竞争的局面。二是在同一行政区域内，不允许设立相同或相似的社团。《社会团体登记管理条例》第13条明确规定“在同一行政区域内已有业务范围相同或者相似的社会团体，没有必要成立的，登记管理机关不予批准筹备”。这样就造成在各行政区域内同一业务领域内某一协会一会独大的局面，从而人为地制造了行业协会的垄断地位。

4）社会监督与环境约束不容乐观。存在的问题主要有：

①公众监督意识薄弱。从监督和责任机制角度来看，观念缺失首先表现为监督意识的薄弱。多年来的全能政府实践，社会主义制度下利益高度一致性的过分强调，道德人假设，政治领域对权力缺乏制衡和制度化约束等，必然导致对个人觉悟的过分信赖，公民权利意识和监督意识薄弱，甚至表现出无奈和理性的冷漠。

②舆论监督要么无力，要么存在某种程度的“误导”。这是两个极端。监督无力来自于渠道不畅等因素。另外，如果出现一两个典型的负面事件新闻（如实施价格垄断的方便面协会），各种媒体就会紧抓不放。虽然对于行业协会的舆论监督总体上来讲有利于其保持克制和守规，但过度的频遭媒体曝光，会对行业协会的整体形象造成不利影响，这对我国发展尚不完善的行业协会来说，也会造成某种程度上的打击。

5）第三方独立监督缺乏。目前我国的第三方独立监督基本上处于空白状态。对于行业协会治理绩效的评估考察还主要局限在业务主管单位和登记管理机关手中❶。我国《社会团体登记管理条例》第30和31条规定社会团体要将财务、工

❶ 《社会组织评估管理办法》已于2010年12月27日公布，并将自2011年3月1日起施行。该办法虽然对包括行业协会在内的众多社会组织的评审作了相应的规定，评审实行“政府指导、社会参与、独立运作”的工作机制，但最终决定权和主导权仍然掌控在政府手中（民政部），独立的第三方监管和评估依旧欠缺。

作报告等提交给主管单位、审计单位接受审计和评估。政府部门由于其专业性所限和可能存在的腐败，使之对行业协会的评估审查并非客观全面。因此，引入第三方独立监督必不可少。而这样的第三方独立监管在我国几乎处于空白。

6.6.3 构建行业协会自律与他律机制良性互动的思路

综上所述，由于行业协会的自律存在相对局限性，有必要建立行业协会监管的他律机制。同时要把握好自律与他律的合理限度，使他律机制能够在监督、规范自律的基础上，引导行业协会走向制度化的自律之路。

（1）法律应规范并鼓励行业协会采取规范其自身活动的明确标准，给予行业协会管理其内部事务（如行业协会的组织、日常管理、内部惩罚约束机制）足够的权限，在不违背法律的前提下，充分发挥行业协会的主动性、能动性和专业性优势。但对于涉及公共利益以及第三方利益（如价格协调、针对非会员企业的集体抵制、信息交换、环境保护、产品质量安全卫生健康等）的问题，应该引入以政府为主导的他律机制，进行严格的审核与监管。目前我国的《反垄断法》以及相应的《价格法》等法律虽然已经出台，但是对于上述问题缺乏可操作性的细致规范，应该进一步予以明确。

（2）改革现有的双重管理体制，建立责任清晰、权限分明的政府监管体系，给予行业协会发展成长的健康宽松的政策环境。变双重管理体制为单一明确的管理体制，对于行业协会的设立，要建立准入制，改变现有的许可制。

（3）渐进式完成对于“半官半民”、“官办”行业协会的改造，营造一个相对公平合理的行业协会竞争发展环境，实行政社分开、政会分开。政府部门要从对行业协会的内部事务和行业发展的具体干涉中解放出来，注重对基本的制度和管理规则的制定。取消现有的一地一会、一业一会的限制，引导行业协会的适度竞争发展。

（4）借鉴国外的经验，通过引入科学规范的评估机制及其体系，逐步形成对行业协会进行社会化监督的间接管理体制，完善我国行业协会监督机制。美国、英国、日本、菲律宾、印度等国家先后建立了许多半官方或民间的中介性或学术性的评估机构，采用定量和定性的指标体系，定期或不定期对行业协会进行包括绩效、项目、组织管理和综合能力在内的各类评估，通过中介组织或学术团体开展的评估形成了对行业协会开展科学评析和公示的机制，也成为政府加强监督管理的重要辅助手段之一。

7 结论与政策建议

7.1 结论

行业协会的出现是作为弥补政府失灵和市场失灵而产生的第三方治理机制。为了达到规范行业秩序，维护产业健康稳定发展所需的宏观环境，促进经济民主和政治民主的逐步建立等目的，必须保持行业协会良好的行业治理。但行业协会又是一种互益型会员制团体组织，为了实现其会员利益和特定集团利益，必须在组织域内构建决策民主、权责明晰、彼此协调和相互制约的运行机制和运作体系，这就涉及行业协会的组织治理。本书正是基于这一思路，在借鉴“域”概念的基础上，分析了转型时期我国行业协会治理的两个方面——组织域内的组织治理和社会域内的行业治理。

在组织域内，行业协会存在典型的弱型治理特征——治理主体的治理动机较弱，治理目标趋于模糊，治理机构的制衡效能不足。这与行业协会产权主体多元化（产权主体理论上包括会员、政府和捐赠人）而导致的后果紧密相关，如产权模糊化，治理目标多元化（既要提供俱乐部产品，又要提供行业公共产品(具有准公共产品的性质)），委托代理关系复杂化（会员大会-理事会委托代理、理事会-执行者委托代理），轻物质重精神激励，主要依靠非法律软性惩罚(缺乏法律、合约等强制性机制，只能依赖批评教育、内部通报、曝光、罚款、集体抵制、开除会籍等方式)，所有者缺位导致监督机制弱化，搭便车现象严重等。行业协会的弱治理特征决定了其治理绩效的高低更多地依靠道德约束、声誉、社会资本等非正式制度，更具有柔性，更偏好自律。在众多影响行业协会治理绩效的因素中，文章着重分析了社会资本存量高低对协会治理的作用，概括了行业协会的内部社会资本和外部社会资本组成要素，并对行业协会社会资本积累途径进行了分析，提出了会员结构与利益共同论、协会服务论三种要素理论，利用调查数据对理论假设进行了实证检验，结果表明社会资本对于行业协会治理绩效具有显著的正向影响。

在社会域中，行业协会更注重自律，本质上是一种民主型自主治理，需要排除政府的不合理干预，处理与非会员企业、消费者等外部相关者的利益协调，最终目的在于建立良好的行业市场秩序和行为规范。本书对行业治理的构成、理论基础作了相关分析，并利用调查数据进行实证检验，对决定行业协会治理绩效的因素进行了详细解析和验证。

因此，组织域内的组织治理与社会域内的行业治理构成行业协会治理。行业协会治理是一种基于弱组织特征的民主自主治理。组织治理与行业治理又是相互作用、彼此关联的。行业治理是协会的基本目标和主要功能，组织治理是行业治理的基础和保障，两者互为条件、相互促进。但从行业协会的生发原理来看，行业治理更为基本。在行业治理与组织治理的关系上不存在孰轻孰重的问题，行业协会治理的重点在于寻找两者之间的平衡点，保持一种合理的协同治理。

行业协会的弱治理特征、自主治理属性又决定了治理过程中可能存在的限度，容易出现类似政府失效和市场失灵一样的志愿失灵。在组织域内，协会可能会过度依靠精英治理，形成靠人管会而非靠制度治会的现象；如果内部选举结构和制衡机制不健全，资本实力雄厚的大企业可能会操纵协会，形成事实上的“大企业控制”；由于缺乏对协会的执行层（秘书长）的绩效衡量指标和强物质激励，在民主机制不完善的协会中易形成“内部人控制”格局。在社会域内，由于特定的政治制度安排（即准法团主义特征），我国的行业协会最易被政府所掌控，尤其以众多的体制内协会更为明显；行业协会可能偏离其原始的职能和性质，过度追逐商业利益，沦为赚钱装置；行业协会追求行业利益最大化，但也最容易利用各种机会来寻租，还会借协商定价之名行价格联盟之实来获取垄断利益，通过主导制定行业标准来植入不合理的狭隘性局部利益，从而构成对消费者和非会员企业等的利益侵害。为此，本书对价格联盟和价格协调进行了初步的辩证分析，对行业协会与行业标准制定的制度设计进行了理论探讨。

同时两个域度内的各种失灵现象之间以及域际间的失灵问题又是彼此联系在一起的，如过度依赖精英治理可能导致治理精英所代表的企业或利益小团体掌控协会，形成大企业控制；行业协会一旦被内部人控制，就可能偏离原来的办会方向，蜕变为少数人的赚钱机器，过度追逐商业利益，导致营利倾向严重；政府也可能操纵协会，通过协会来谋取私利；行业协会的其他行为，如价格联盟、主导标准订立也成为其获得商业利益的机会。为此，要在确保行业自主治理权限的基础上，加强他律力量对行业协会的约束，构建法律、政策、第三方力量、公众等他律主体与行业自律相结合的协会监管机制，以实现协同治理和协会善治。

7.2 政策建议

为了建立决策民主、权责明晰、运转协调和相互制约的内部运行机制，确保行业协会在不侵害消费者利益和公共利益的条件下合理追逐本行业和会员的利益，本书提出下列政策建议：

（1）首先要处理好行业协会与政府的关系。在我国特定的国情条件和发展实际下，行业协会的发展模式既不能盲目照搬西方多元主义和法团主义的经验，也不能完全摒弃两种制度的合理性，应该立足我国实际，学习其优良的内容，对两种模式予以综合改良。第一，要从性质上对现有的协会进行分门别类区别对待。对于那些“半官半民”、“官办”协会进行民间化民主化改造，可以保留其自愿入会、自愿参加、内部组织结构设立等非政府组织特征，同时政府要设立准入门槛，放弃对协会领导层任免的干预，赋予会员大会、理事会监事会等内部结构相应的治理职能，注重对基本制度和“游戏规则”的制定，实行“政社分开、政会分开”；对于那些自下而上形成的民间协会，要真正授予其自主治理的权利，注重对其自我发展能力的培养，特别是要敢于放权，主动分权，杜绝“伪放权、假放权”，更要凸现协会的“自愿入会、自由退出、平等参与、利益冲突的自主协商”等自主治理特征，建立以信任和合作为基础的网状结构和内部沟通化平台以及以行业利益为最高准则的行为模式。

（2）改革现有的双重管理体制，放开“一业一地一会”限制，建立责任清晰、权限分明的政府监管体系，给予行业协会发展成长的健康宽松的政策环境。变双重管理体制为单一明确的管理体制，允许行业协会实现一定程度的竞争、兼并和重组，鼓励优胜劣汰，引入协会退出机制，建立准入制。

（3）法律应规范并鼓励行业协会采行规范其自身活动的明确标准，给予行业协会管理其内部事务（如协会内部结构的建立、组织的设立、日常管理、内部惩罚约束等）足够的权限，在不违反相关法律法规的前提下，充分发挥行业协会的主动性、能动性和专业性优势。对于涉及公共利益以及第三方利益（如价格协调、针对非会员企业的集体抵制、信息交换、环境保护、产品质量安全卫生健康等）的问题，应该引入以政府为主导的他律机制，进行严格审核与监管。目前我国的《反垄断法》以及相应的《价格法》《反价格垄断规定》等法律法规虽然已经出台，但是对于上述问题缺乏具有可操作性的细致规范，应该进一步予以明确。

（4）建立健全民主选举程序，规范协会的机构设置，完善监督机制。在行业协会内部，要经过严格的民主程序（如差额选举、会员公开投票选举）等甄选包括协会正副会长、理事会、秘书长等在内的管理层，遴选行业内具有良好口碑、热心协会事业、具有全面管理知识和技能的人为协会领导人，防止各种形式的变相终身制。同时要规范协会的议事程序，严格按照国家法律法规设立治理机构，切实贯彻同票同权、一人一票制度，杜绝规模歧视和资本歧视，从而保证协会重大事项的决策能够符合大多数会员的利益，反映行业的整体需求。在理事会中可以设立代表中小企业会员的专门席位，避免将理事席位与捐款数额挂钩，保证中小企业有充分的机会表达自己的利益诉求。要真正确立会员大会的最高权力地位，并通过设立监事机构来监督协会领导层和执行层的活动。更为重要的是，要激发领导层的非物质动机，如利他动机、声誉动机、成就动机等，保障他们将主要精力投入到公益性工作上。

（5）行业协会可以通过增强会员的同质性和利益的共同性，加强理事会成员选举的民主性并适当扩大理事会成员的比重（特别是中小企业会员的理事占比），提高协会服务水平，积极满足会员需求和及时解决内部纠纷，严格执行协会的章程规约等途径来增加社会资本。必须指出，在现有体制下，片面追求会员同质性，将协会变为大企业俱乐部和将中小企业排斥在外的做法，其实并不利于协会社会资本的积累。

（6）借鉴国外的经验，通过引入科学规范的评估机制及体系，逐步形成一种对行业协会进行社会化监督的间接管理体制，对完善我国行业协会监督机制具有重大意义。美英日菲印等国先后建立了许多半官方或民间的中介性或学术性的评估机构，采用定量和定性的指标体系，定期或不定期对行业协会进行包括绩效、项目、组织管理和综合能力在内的综合评估，通过中介组织或第三方力量开展的评估形成了对行业协会开展科学评析和公示的机制，也成为政府加强监督管理的重要辅助手段之一。《社会组织评估管理办法》对包括行业协会在内的社会组织评估进行了原则规定，但失之粗疏，有待进一步细化。

参考文献

[1] Biddle and Milor. Economic Governance in Turkey: Bureaucratic Capacity, Policy Networks, and Business Associatioins [C]//Maxfield Sylvia and Ben Ross Schneider. Business and the State in Developing Countries. Ithcac, NY: Cornell University Press, 1997.

[2] Bhagwati J N. Lobbying and Welfare [J]. Journal of Public Economics, 1980, 14: 355~363.

[3] Buchanan J M. An Economic Theory of Clubs [J]. Economica, 1965, 125 (32): 1~14.

[4] Cattell R B. Handbook of Multivariate Experimental Psychology [M]. Chicago: Rand McNally, 1966.

[5] Clabault J M, Burton J F. Sherman Act Indictments, 1955~1965: a Legal and Economic Analysis [M]. New York: Federal Legal Publications, 1966.

[6] Comanor William S and Harvey Leibenstein. Allocative Efficiency, X-efficiency and the Measurement of Welfare Losses [J]. Economica, 1969, 143 (36): 304~309.

[7] Damsgaard J, Lyytinen K. The role of Intermediating Institutions in Diffusion of Electronic Data Interchange: How Industry Association in the Grocery Sector Intervened in Hong Kong, Finland, and Denmark [J]. The Information Society, 2001, 17 (3): 195~210.

[8] Dasgupta Sudipto, Shin Jhinyoung. Information Sharing, Information Free-riding and Capital Structure in Oligopolies [J]. International Journal of Industrial Organization, 1999 (17): 109~135.

[9] Doner R F, Schneider B R. Business Associations and Economic Development: Why Some Associations Contribute More Than Others [J]. Business and Politics, 2000, 2 (3): 261~288.

[10] Frans van Waarden. Emergence and Development of Business Interest Associations: An Example from The Netherlands [J]. Organization Studies, 1992, 13 (4): 521~562.

[11] Garvin D A. Can Industry Self-regulation Work [J]. California Management Review, 1983, 25 (4): 37~52.

[12] George A. Hay and Daniel Kelley. An Empirical Survey of Price Fixing Conspiracies [J]. Journal of Law and Economics, 1974, 17 (1): 13~38.

[13] Grant W, Coleman W. Conclusions [C] //Grant, W.. Business Interests, Organizational Development and Private Interest Government, Berlin: De Gruyter, 1987.

[14] Gunningham N, Rees J. Industry Self-regulation: an Institutive Perspective [J]. Law & Policy, 1997, 19 (4): 363~412.

[15] Hanifan L J. The Rural School Community Center [J]. Annals of the American Academy of Political and Social Science, 1916, 67: 130~138.

[16] Harry S. Gerla. Federal Antitrust Law and Trade and Professional Association Standards and Certification [J]. Dayton Law Review, 1994, 471 (19): 471~503.

[17] Hollingsworth J R, Lindberg Leonl. The Role of Market, Clan, Hierarchies and Associative Behavior [C] //Streeck, W. and Schmitter, Philippe. Private Interest Government: Beyond Market and State, Sage Publications Ltd, 1985.

[18] John E. Lopatka. Antitrust and Professional rules: A Framework for Analysis [J]. San Diego Law Review, 1991, 28: 301~386.

[19] Joseph F. Bradley. The role of trade association and professional business society in America [M]. Pennsylvania; The Pennsylvania State University Press, 1965.

[20] Joseph Rees. Development of Communitarian Regulation in the Chemical Industry [J]. Law & Policy, 1997, 19 (4): 477~528.

[21] Kai A. Schatt and David L. Brown. Social Capital and Grassroots Development: The Case of Roma Self-Governance in Hungary [J]. Social Problems, 2000, 47 (2): 201~219.

[22] Lester M. Salamon. Partners in Public Services: The Scope and Theory of Government Nonprofit Relations [C] //Powell W. W. . The Nonprofit sector: A Research Handbook, New Haven: Yale University Press, 1987.

[23] Lin N. Social Capital [M]. Cambridge : Cambridge University Press, 2001.

[24] Parker Russell C, John M. Connor. Estimates of Consumer Loss Due to Monopoly in the U. S. Food-Manufacturing Industries [J]. American Journal of Agricultural Economics, 1979, 61 (4): 626~639.

[25] Paxton Pamela. Is Social Capital Declining in the Unites Stated? A Multiple Indicator Assessment [J]. American Journal of Sociology, 1999, 105 (1): 88~127.

[26] Pfeffer J, Salancik G R. The External Control of Organizations [M]. New York: Harper and Row, 1978.

[27] Posner R A. The Social Costs of Monopoly and Regulation [J]. Journal of Political Economy, 1975, 83: 807~827.

[28] Priest M. The Privatization of Regulation: Five Models of Self-Regulation [J]. Ottawa Law Review, 1997~1998, 29 (2): 233~267.

[29] Procassini Andrew A. Competition in Alliance: Industry Association, Global Rivalries and Business-Government Relations [M]. Westport, CT: Quorum Books, 1995.

[30] Putnam R. Bowling Alone —The Collapse and Revival of American Community [M]. New York: Simon & Schuster, 2000.

[31] Rademakers Martyn F L. Agents of Trust: Business Associations in Agri-food Supply Systems [J]. International Food and Agribusiness Management Review, 2000, (3): 139~153.

[32] Recanatini F, Ryterman R. Disorganization or Self-Organization: the Emergence of Business Associations in a Transition Economy? FEEM Working Paper, No. 2600, 2000. www-wds. worldbank. org/servlet/WDSContentServer/WDSP/IB/2001/03/01/000094946 _ 01021007442964/Rendered/PDF/multi_ page. pdf.

[33] Schaede U. Self-Regulation and the Sanctuary Strategy: Competitive Advantage through Domestic Cooperation by Japanese Firms. Working Paper of the Conference. The Changing Japanese Firms, Columbia, 1998.

[34] Schaede U. Cooperative Capitalism: Self-Regulation, Trade Associations, and the Antimonopoly Law in Japan [M]. Oxford: Oxford University Press, 2000.

[35] Schneiberg Marc，Hollingsworth J. Rogers. Can Transaction Cost Economics Explain Trade Association? [C] //Masahiko Aoki, Bo Gustaffaon, and Oliver Williamson. The Firm as a Nexus of Treaties, London and Beverly Hills：Sage Publications. 1990：320~346.

[36] Schram V R. Motivating Volunteers to Participate [C] //L. F. Moore. Motivation Volunteers：How the Rewards of Unpaid Work Can Meet People' s Needs, Canada：Vancouver Volunteers Centre, 1985：13~29.

[37] Staber U，Aldrich H. Trade Associations Stability and Public Policy [C] //Hall, R. H. and R. E. Quinn. Organizational and Theory and Public Policy, London：Sage Publications, 1983.

[38] Tullock G. Constitutional Mythology [J]. New Individualist Review, 1965 (3)：13~17.

[39] Tullock G. Competing for Aid [J]. Public Choice, 1975, 21：41~52.

[40] Uphoff Norman T. Learning from Gal Oya：Possibilities for Participatory Development and Post-Newtonian Social Science [M]. London：Intermediate Technology Publications, 1996.

[41] Whiteley Paul F. The Origins of Social Capital [C] //Van Deth, Jan W., Maraffi, Macro, Newton, Kenneth & Whiteley, Paul. Social Capital and European Democracy. NY：Routledge, 1999.

[42] Woolcock M, Narayan D. Social Capital：Implications for Development Theory, Research and Policy [J]. The World Bank Research Observer, 2000, 15 (2)：225~249.

[43] [英] 阿纳尔多·巴尼亚斯科（Arnaldo Bagnasco）. 约翰·欧文（John Irving），译. 信任与社会资本 [C] //凯特·纳什、阿兰·斯科特. 布莱克维尔政治社会学指南. 李雪，吴玉鑫，赵蔚，译. 杭州：浙江人民出版社，2007.

[44] 埃莉诺·奥斯特罗姆. 公共事物的治理之道——集体行动制度的演进 [M]. 余逊达，陈旭东，译. 上海：上海三联书店，2000.

[45] 边燕杰，丘海雄. 企业的社会资本及其功效 [J]. 中国社会科学，2000，(2)：87~99.

[46] 才国伟，赵永亮，张捷. 政府支持、行政干预与行业协会的发展——基于粤浙两地问卷调查的实证研究 [J]. 经济管理，2010，(2)：1~9.

[47] 蔡磊. 非营利组织基本法律制度研究 [D]. 重庆：西南政法大学，2004.

[48] 蔡宁，张彬. 非营利组织的协调失灵及其特殊管制机制研究 [J]. 中国地质大学学报(社会科学版)，2004，4 (2)：18~23.

[49] 曹建明，贺小勇. 世界贸易组织 [M]. 北京：法律出版社，1999.

[50] 陈俊龙，孙扬澄，金鑫. 非营利组织绩效提升的策略研究 [J]. 上海经济研究，2003，2：54~59.

[51] 陈林. 徐伟宣. 从企业法人治理到非营利组织法人治理 [J]. 中共宁波市委党校学报，2003，(4)：27~31.

[52] 陈剩勇，马斌. 温州民间商会：自主治理的制度分析——温州服装商会的典型研究 [J]. 管理世界，2004a，(12)：31~49.

[53] 陈剩勇，马斌. 温州民间商会：民主的价值与民主发展的困境 [J]. 开放时代，2004b，(1)：138~149.

[54] 陈剩勇，汪锦军，马斌. 组织化、自主治理与民主——浙江温州民间商会研究 [M]. 北

京：中国社会科学出版社，2004.
[55] 陈晓军．互益性法人法律制度研究［M］．北京：法律出版社，2007.
[56] 程子娴．商会寻租行为研究［D］．广州：暨南大学，2008.
[57] 戴建中．现阶段中国私营企业主研究［J］．社会学研究，2001，(5)：65~76.
[58] 戴维·米勒，韦农·波格丹诺．布莱克维尔政治学百科全书［M］．邓正来，译．北京：中国政法大学出版社，2002.
[59] 邓国胜．非营利组织评估［M］．北京：社会科学文献出版社，2001.
[60] 邓国胜．非营利组织评估体系研究［J］．中国行政管理，2001 (10)：41~43.
[61] 迪特尔·梅迪库斯．德国民法总论［M］．邵建东，译．北京：法律出版社，2000.
[62] 董亚炜．政府职能、国家权力与社会发展［D］．上海：复旦大学，2005.
[63] 段军．我国非营利组织相关法律问题之研究［D］．北京：对外经济贸易大学，2006 .
[64] 范省伟．基于组织变迁视角的行业协会发展研究［D］．西安：西北大学，2005.
[65] 冯巨章．企业合作网络的边界：以商会为例［J］．中国工业经济，2006 (1)：72~79.
[66] 付小飞．我国行业协会权力研究［D］．长沙：湖南大学，2010.
[67] 高丙中．社会团体的合法性问题［J］．中国社会科学，2000 (2)：100~109.
[68] 戈登·塔洛克．寻租——对寻租活动的经济学分析［M］．李政军，译．成都：西南财经大学出版社，1999.
[69] 郭于华，杨宜音，应星．事业共同体——第三部门激励机制个案探索［M］．杭州：浙江大学出版社，1999.
[70] ［德］黑格尔．法哲学原理［M］．范杨，张企泰等译．北京：商务印书馆，1961.
[71] 侯雪梅．论行业协会限制竞争行为的法律规制［J］．中国民航飞行学院学报，2005，16 (4)：7~11.
[72] 胡杨成．基于 BSC 的非营利组织绩效模糊综合评价［J］．华东理工大学学报（社会科学版），2005 (4)：54~57.
[73] 黄孟复．中国民营经济发展报告 No. 5［M］．北京：社会科学文献出版社，2008.
[74] 贾西津，等．转型时期的行业协会——角色、功能与管理体制［M］．北京：社会科学文献出版社，2004.
[75] 贾西津．第三次改革——中国非营利部门战略研究［M］．北京：清华大学出版社，2005.
[76] 江华．民间商会的“一业多会”问题及其求解路径［J］．中国工业经济，2008 (5)：25~35.
[77] 江雪梅，包迪鸿．对我国价格卡特尔规制的法学研究［J］．浙江大学学报（人文社科版），2005 (7)：69~74.
[78] 金锦萍．非营利法人治理结构研究［M］．北京：北京大学出版社，2005.
[79] 李炳秀，陈晓春．内部人控制与非营利组织治理结构探讨［J］．云梦学刊，2005 (2)：53~56.
[80] ［美］理查德·H·霍尔．组织、结构、过程及结果［M］．张友星等，译．上海：上海财经大学出版社，2003.

[81] 李晗，曾峻．审计委员会制度与民间非营利组织治理［J］. 中国总会计师，2005（8）：74~75.
[82] 黎军．基于法治的自治：行业自治规范的实证研究［J］. 法商研究，2006(4)：47~54.
[83] 黎军．行业组织的行政法问题研究［M］. 北京：北京大学出版社，2002.
[84] 李小宁，田大山．非营利科研组织的激励机制［J］. 中国科技论坛，2003(4)：70~73.
[85] 梁上上．论行业协会的反竞争行为［J］. 法学研究，1998（4）：114~124.
[86] 林南．社会资本理论与研究简介［J］. 社会学论丛，2007（4）：1~32.
[87] 林震岩．多变量分析：SPSS 的操作与应用［M］. 北京：北京大学出版社，2007.
[88] 刘春湘．非营利组织治理结构研究［M］. 长沙：中南大学出版社，2007：38.
[89] 刘宏鹏．非营利组织理事会角色与责任研究——基于中美比较分析的视角［J］. 南开管理评论，2006，(1)：103~112.
[90] 刘梅．行业协会反竞争行为法律规制研究［D］. 北京：中国政法大学，2007.
[91] 刘庆斌．应对金融危机需要“抱团取暖”［EB/OL］.［2009-3-22］新华网，http：//news. xinhuanet. com/theory/2009-03/22/content_11041981. htm.
[92] 刘世定．占有、认知与人际关系——对中国乡村制度变迁的经济社会学分析［M］. 北京：华夏出版社，2003：74.
[93] 刘兴国，等．社会资本对我国民营企业创业行为的影响［J］. 经济管理，2009（31）：41~46.
[94] 鲁篱．行业协会经济自治权研究［M］. 北京：法律出版社，2003.
[95] 鲁篱，周道树．行业协会价格卡特尔反垄断法规制的比较研究［J］. 河北法学，2007（9）：104~107.
[96] 马丁·利克特．企业经济学：企业理论与经济组织导论［M］. 范黎波，宋志红，译．北京：人民出版社，2006：328.
[97] 马述忠，沈国华．对浙江省农产品行业协会运作模式的案例分析［J］. 中国农村经济，2005（1）：51~58.
[98] 马迎贤．非营利组织理事会：一个资源依赖视角的解释［J］. 经济社会体制比较，2005（4）：81~86.
[99] 马迎贤．从代理理论的角度谈非营利组织治理［J］. 财会月刊，2006（11）：13~15.
[100] 曼瑟尔·奥尔森．集体行动的逻辑［M］. 陈郁，郭宇峰，李崇新，译．上海：上海人民出版社，1995.
[101] 毛刚．我国非营利组织内部治理机制研究［D］. 成都：西南交通大学，2005.
[102] 毛刚，朱莲，郭耀煌．西方非营利组织管理者薪酬激励解析［J］. 外国经济与管理，2005（7）：51~57.
[103] 孟唯．非营利组织及其治理［D］. 北京：中国社会科学院，2003.
[104] 尼科尔森．布莱克韦尔组织行为学百科辞典（中文版）［M］. 北京：对外经济贸易大学出版社，2002.
[105] 潘越，等．社会资本、政治关系与公司投资决策［J］. 经济研究，2009（11）：82~94.
[106] 庞成芳．渔业行业协会——重构我国渔村社会资本的理想选择路径［J］. 中国渔业经

济，2009，27（1）：41~44.
[107] 彭南生．行会制度的近代命运［M］．北京：人民出版社，2003.
[108] 彭泽益．中国工商行会史料集（导论）［M］．北京：中华书局，1995.
[109] 钱颜文，姚芳，孙林岩．非营利组织治理及其治理结构研究：一个对比的视角［J］．科研管理，2006（2）：114~121.
[110] 秦诗立，岑丞．商会：从交易成本视角的解释［J］．上海经济研究，2002（4）：52~60.
[111] 青木昌彦．比较制度分析［M］．周黎安，译．上海：上海远东出版社，2001.
[112] 青木昌彦，等．政府在东亚经济发展中的作用——比较制度分析［M］．北京：中国经济出版社，1998.
[113] 全汉升．中国行会制度史［M］．天津：百花文艺出版社，2007.
[114] 尚明．主要国家（地区）反垄断法律汇编［M］．北京：法律出版社，2004.
[115] 尚明．反垄断法理论与中外案例评析［M］．北京：北京大学出版社，2008.
[116] 沈晓彦．行业协会政府监管机制探析［D］．长沙：国防科学技术大学，2005.
[117] 石碧涛，张捷．行业协会的精英治理利弊问题分析［J］．西南农业大学学报（社会科学版），2011，9（3）：7~12.
[118] 史晋川．中国民营经济发展报告（上册）［M］．北京：经济科学出版社，2006.
[119] 苏力，葛云松，张守文，高丙中．规制与发展——第三部门的法律环境［M］．杭州：浙江大学出版社，1999.
[120] 孙丽军．行业协会的制度逻辑：一个理论框架及其对中国转轨经济的应用研究［D］．上海：复旦大学，2004：12~13.
[121] 孙立平，晋军，毕向阳，等．动员与参与——第三部门募捐机制个案研究［M］．杭州：浙江人民出版社，1999.
[122] 孙立清．基于社会资本视角的行业协会职能分析［J］．开放导报，2007(2)：109~110.
[123] 唐跃军，左晶晶．中国非营利组织的评估指标体系［J］．改革，2005(3)：104~106.
[124] 汤蕴懿．行业协会组织与制度［M］．上海：上海交通大学出版社，2009：21.
[125] 田凯．非协调约束与组织运作——中国慈善组织与政府关系的个案研究［M］．北京：商务印书馆，2004：18~21.
[126] 田凯．中国非营利组织治理结构的演变［C］//高丙中，袁瑞军．中国公民社会发展蓝皮书．北京：北京大学出版社，2008.
[127] 万江红．行业协会与企业信任的建立与培育：社会资本视角的分析［J］．学会，2008（5）：27~29.
[128] 王保进．多变量分析：统计软件与数据分析［M］．北京：北京大学出版社，2007.
[129] 汪段泳．民营经济论文精品选［M］．北京：北京大学出版社，2007.
[130] 王怀勇．公司自治限度研究［D］．重庆：西南政法大学，2009.
[131] 王名．非营利组织管理概论［M］．北京：中国人民大学出版社，2002.
[132] 王名，贾西津．行业协会论纲［J］．经济界，2004（1）：71~76.
[133] 王伟昌．非营利组织的治理和评估［J］．云南行政学院学报，2005（4）：56~59.

[134] 王永治．关于行业协会价格功能定位及其行为规范的几个问题 [J]．价格理论与实践，2003（10）：13~14.
[135] 魏后凯．市场竞争、经济绩效与产业集中：对中国制造业集中与市场结构的实证研究 [M]．北京：经济管理出版社，2003.
[136] 魏静．商会法律制度研究 [D]．重庆：西南政法大学，2007.
[137] 魏静．商会自治的基石：商会自治规范研究 [J]．西南农业大学学报（社会科学版），2009，7（4）：29~32.
[138] 魏文享．中间组织——近代工商同业公会研究 [M]．武汉：华中师范大学出版社，2007.
[139] 文武汉．完善行业协会价格功能搞好市场价格调控 [J]．广东社会科学，2004（3）：34~40.
[140] 吴军民．行业协会的组织运作：一种社会资本分析视角 [J]．管理世界，2005（10）：49~57.
[141] 吴军民，刘汉辉．社会资本与民间组织运作——以广东南海专业镇行业协会 [J]．华东经济管理，2005（9）：42~46.
[142] 小贾尔斯·伯吉斯．管制和反垄断经济学 [M]．冯金华，译．上海：上海财经大学出版社，2003.
[143] 萧新煌．非营利部门：组织与运作 [M]．台北：巨流图书公司，2000.
[144] 谢喜超．我国行业协会价格协调功能研究——对协会集体协议定价的分析 [D]．广州：暨南大学，2008.
[145] 徐林清，张捷．我国行业协会的营利倾向与治理困境 [J]．南京社会科学，2009，(3)：47~52.
[146] 亚当·斯密．国民财富的性质和原因的研究 [M]．郭大力，王亚南，译．北京：商务印书馆，1972.
[147] 杨团，唐钧．非营利机构评估 [M]．北京：华夏出版社，1998.
[148] 叶常林，许克祥，虞维华，等．非政府组织前沿问题研究 [M]．合肥：中国科学技术大学出版社，2009.
[149] 游钰．卡特尔规制制度研究 [M]．北京：法律出版社，2006：167.
[150] 于光远．经济大词典 [M]．上海：上海辞书出版社，1992.
[151] 余晖，等．行业协会及其在中国的发展：理论与案例 [M]．北京：经济管理出版社，2002.
[152] 郁建兴，黄红华．民间商会的自主治理及其限度——以温州商会为研究对象 [J]．中共浙江省委党校学报，2004，(5)：5~16.
[153] 郁建兴，江华．商会发展中的问题与挑战——温州行业商会、协会调查 [J]．中国改革，2006，(10)：26~28.
[154] 郁建兴，江华，周俊．在参与中成长的中国公民社会：基于浙江温州商会的研究 [M]．杭州：浙江大学出版社，2008.
[155] 郁建兴，宋晓清．商会组织治理的新分析框架及其应用 [J]．中国行政管理，2009，

286 (4): 59~64.

[156] 郁建兴，吴宇．中国民间组织的兴起与国家—社会关系理论的转型 [J]. 人文杂志，2003 (4): 142~148.

[157] 曾维和．非营利组织治理中的综合监督机制探讨 [J]. 兰州学刊，2004 (3): 198~200.

[158] 张洪武．多中心秩序与社区治理模式选择 [J]. 河北学刊，2005 (4): 73~76.

[159] 张捷，张媛媛．商会治理的基本特征及中国的经验证据 [J]. 经济管理，2009，31 (11): 148~153.

[160] 张捷，王霄，赵永亮．商会治理功能与组织边界的经济学分析：基于公共选择的理论框架与中国的经验证据 [J]. 中国工业经济，2009 (11): 109~119.

[161] 张捷，张媛媛．我国行业协会价格协调功能的经济学分析 [J]. 技术经济与管理研究，2009 (6): 92~95.

[162] 张捷，徐林清，张媛媛．转型期中国产业中间组织的制度变迁 [J]. 产经评论，2010 (2): 9~19.

[163] 张捷，徐林清，等．商会治理与市场经济：经济转型期中国产业中间组织研究 [M]. 北京：经济科学出版社，2010.

[164] 张科静，陈颖，高长春．基于价值链的创意城市竞争力指数评价指标体系研究 [J]. 科学管理研究，2009 (27): 39~43.

[165] 张明．非营利组织的治理机制研究 [D]. 广州：暨南大学，2008.

[166] 张冉．我国行业协会组织治理研究 [J]. 华中科技大学学报（哲学社会科学版），2007 (6): 53~57.

[167] 张冉．我国行业协会管理体制弊端、实践创新及变革趋势 [J]. 昆明理工大学学报（社会科学版），2007 (4): 8~13.

[168] 张曙光，金祥荣．中国制度变迁的案例研究（第五集）浙江卷 [M]. 北京：中国财政经济出版社，2006.

[169] 张旭昆，秦诗立．商会的激励机制 [J]. 浙江大学学报（人文社会科学版），2003，33 (2): 120~127.

[170] 张媛媛．中国商会治理的基本特征——基于广东、浙江的经验证据 [D]. 广州：暨南大学，2010.

[171] 张跃庆，张念宏．经济大辞海 [M]. 北京：海洋出版社，1992.

[172] 赵永亮，张捷．商会服务功能研究：公共品还是俱乐部品供给 [J]. 管理世界，2009，(12): 48~56.

[173] 郑成林，浦文昌．我国行业协会的组织制度与治理结构：建设民间商会 [M]. 西安：西北大学出版社，2006: 101.

[174] 仲伟周．中国非营利组织行为的研究现状与未来趋势 [J]. 预测，2003 (3): 12~16.

[175] 周美芳．论非营利组织治理理论与我国非营利组织治理的方向 [J]. 经济纵横，2005 (8): 58~61.

[176] 周红云．社会资本与中国农村治理改革 [M]. 北京：中央编译出版社，2007.

[177] 周桐宇．中国民间商会与民营企业发展的互动关系研究［D］．上海：复旦大学，2007.
[178] 周志忍，陈庆云．自律与他律：第三部门监督机制个案研究［M］．杭州：浙江人民出版社，1999.
[179] 朱英．近代中国商会、行会及商团新论［M］．北京：中国人民大学出版社，2008.
[180] 朱展斌．行业协会在行业自律管理中的作用［D］．广州：暨南大学，2006.
[181] 邹宜斌．社会资本：理论与实证研究文献综述［J］．经济评论，2005(6)：120~125.
[182] 邹至庄．中国经济转型［M］．北京：中国人民大学出版社，2005.

冶金工业出版社部分图书推荐

书　　名	作　者	定价(元)
建筑工程经济与项目管理	李慧民	28.00
施工企业会计（第2版）（国规教材）	朱宾梅	46.00
初级会计学（本科教材）	西凤茹	29.00
系统动力学在财务管理中的应用	谢英亮	18.00
系统动力学在建设项目财务评价中的应用	谢英亮	16.00
管理学概论（本科教材）	杨红娟	29.00
工程造价管理（本科教材）	虞晓芬	39.00
技术经济分析理论与方法	胡茂生	29.00
基础会计与实务（高职高专规划教材）	刘淑芬	30.00
基础会计项目实训（高职高专规划教材）	刘淑芬	20.00
财政与金融（高职高专规划教材）	李　鹰	32.00
现代企业管理（高职高专规划教材）	李　鹰	28.00
电子商务基础（高职高专规划教材）	李　哲	25.00
国际金融（高职高专规划教材）	张新亚	39.00
国际贸易单证实务（高职高专规划教材）	蔡飞鹤	32.00
矿业经济学	李详仪	15.00
货币银行学	刘　颖	24.00
产业循环经济	北京现代循环经济研究院	69.00
投资项目可行性分析与项目管理	王维才	29.00
企业投资项目可行性研究与核准申请	李开孟	98.00
城市循环经济系统构建及评价方法	史宝娟	22.00
企业技术创新财务管理	田丽娜	20.00
煤业集团绿色供应链管理	杨玉中	25.00